反「近代」の思想

荻生徂徠と現代

船橋晴雄

中央公論新社

目次

荻生徂徠肖像　致道博物館蔵

装丁・本文組　山田信也

反「近代」の思想

——荻生徂徠と現代

第一章　現代日本の開化
――徂徠と漱石

明治の文豪夏目漱石は、日本の「近代」というものに最も真摯《しんし》に、また最も根底から向き合った人物である。従って、軽佻浮薄にそれを賛美することもしないし、また反対に頑迷固陋《ころう》にそれに背を向けることもしない。漱石の全作品が、いわば「近代化」あるいは「欧化」への滔々たる流れに押し流される日本人の苦悩をテーマにしているともいえる。

その中でも、漱石の「近代」に対する考え方が最も秩序立って明確に示されたのが、明治四十四年（一九一一）八月、和歌山においてなされた「現代日本の開化」という講演であろう。この講演でまず漱石は、現代（明治四十四年）の日本が直面している「開化」とは、「人間活力の発現の経路である」と定義をする。そしてそれにより、「距離が縮まる、時間が縮まる、手数が省ける」というように世の中は便利となりまた贅沢になる。

ところがそれだけなら手放しで喜ばしいことだといえるかといえばそうではない。それは西洋の開化が内発的であるのに対し、日本の開化は外発的であるという点にある。即ち、日本の場合は突然西洋の影響を受けて以降、その圧迫により「已むを得ず不自然な発展を余儀なく」され、またその早いスピードに追いつこうとして「恰も天狗にさらはれた男の様に無我夢中で飛び付いて」行かざるをえない。

それでいて「現代の日本の開化を支配している波は西洋の潮流で其波を渡る日本人は西洋人でないのだから、新しい波が寄せる度に自分がその中で食客《いそうろう》をしてゐるような気持になる」。そして「斯う云ふ開化の影響を受ける国民はどこかに空虚の感がなければ」ならない。「夫を恰も此開化が内発的でもあるかの如き顔をして得意でゐる人のあるのは宜しくない」。それは虚偽であり、軽薄である。

「是を一言にして云へば、現代日本の開化は皮相上滑りの開化であると云ふ事に帰着する」。しかし、それ以外の道を歩む訳にもいかないので、「涙を呑んで上滑りに滑つて行かなければならない」と、中ば諦めたように、また突き放したように結語する。

「開化」即ち「文明開化」、あるいは「近代化」は、明治の日本人の誰もが否応なくそれに直面し、巻き込まれざるを得なかった時代の潮流であった。

その中で明治の日本人は、これにうまく乗り移ろうと、「富国強兵」「脱亜入欧」の道を選択した。それらの選択はその時点では、他に考えられなかった道であったかもしれないが、その後の日本が辿った道を振り返ってみれば、もう少し違った選択もあったのではないかという気がしないでもない。

というのも、たしかに彼我の軍事力、経済力、科学力などにおいては格段の懸隔があったことは否定できない。しかし、国民の智力や文化力などの面においては、必ずしも大きな格差があった訳ではなく、一部にはより進んだと思われる発展も遂げていたとも考えられる。

してみると、帝国主義の時代、列強の植民地獲得競争の時代という時代背景がなければ、我が国においても、

ILLUSTRATED BY H.KUROGANE

もっとゆっくりした形で「開化」が進んでいくこともありえたのではないかとも思われるのである。漱石も、そのことを次のように言う。

日本と雖も昔からさう超然として只自分丈の活力で発展した訳ではない。ある時は三韓又或時は支那といふ風に大分外国の文化にかぶれた時代もあるでせうが、長い年月を前後ぶつ通しに計算して大体の上から一瞥して見るとまあ比較的内発的の開化で進んで来たと云へませう。

歴史議論にイフを多用することは慎まなければならないが、より穏やかな東西交流の時代が続いていたならば、その後の世界はかなり変わっていたであろうと思われるのである。

そして今日の世界が抱える問題、それらすべてが「近代化」の結果だというつもりはないが、地球温暖化、環境破壊、格差の拡大、地域社会の解体、都市の荒廃、移民排斥、原理主義やテロリズムの暴走、感染症の急速な伝播などの問題も、その様相をかなり異にしていた可能性がある。

「文明開化」が始まって、百五十年が経つ。世代でいえば五世代くらいの長い年月である。

第一世代は、いうまでもなく日本を「開化」の方針に定め、牽引していった世代である。人物でいえば伊藤博文（一八四一―一九〇九）、福沢諭吉（一八三五―一九〇一）、そして渋沢栄一（一八四〇―一九三一）などのいわゆる「天保生まれの老人」達である。

第二世代が、幼少期から成年にかけて「開化」の滔々たる波が始まり、必死になって「天狗にさらはれた男の様に無我夢中で飛び付」かざるを得なかった世代である。人物でいえば、三人の「文豪」を挙げることができるだろう。即ち、森鷗外（一八六二―一九二二）、夏目漱石（一八六七―一九一六）、永井荷風（一八七九―

一九五九）である。

彼らには儒教的な、士大夫的な、漢籍に裏打ちされた教養が、幼児からの教育（例えば「素読」）によって身についていた。それはいかに彼らがそれぞれ洋行、留学し、少なくとも一時期は西洋文明に心酔した時があったとしても、拭いきれない心中の相克や苦悩を感じざるをえないほど強固なものであり続けた。

その漱石ですら、今や「文豪」という死語となりつつある言葉とともに、学校の教科書から消えつつあるという。しかし、何かを消せばより見通しがはっきりするものではない。何かを消すことによって、かえってわかり難くなるのである。

その何かとは何かといえば、かつての日本人は自らの教養を漢籍で培い、圧倒的な中国文化の影響の下にいたということである。もとより中国人と同じものではないが、日本人の血肉にこれらがしっかりと刻まれていたことは否定し得ない。「なまじ教養があるのが邪魔をして」という決まり文句があるが、これがしっかり刻まれている人ほど、欧米の思想との葛藤も大きかったし、またそのことによってノイローゼになったりもしたのである。

漱石がロンドンで一種の「ひきこもり」状態になって、周りから「夏目狂せり」といわれた時期があったことはよく知られている。その一因にこのカルチャーショックが大きかったことがあることは間違いない。

後年、漱石自身その漢籍への親近感を次のように述懐している。

僕は漢文が好きだ。好きだというても近頃は余り読まぬ。然し日本の柔かい文章より好きだ。今では暇があれば読みたいと思うて居るが、暇がないから読まぬ。アーいふ趣味は西洋にも一寸ないと思ふ。

所謂和文といふものは余り好かぬ。又漢文でも山陽などの書いたのは余り好かぬ。同じ日本人の書いた漢文でも享保時代のものは却て面白いと思ふ。人は擬古文というて軽蔑するが、僕は面白いと思ふ（『予の愛読書』）。

「山陽」とは、いうまでもなく頼山陽（一七八〇―一八三二）。その『日本外史』は幕末の志士等のバイブルとなった。漢籍的表現をすれば、その「大言壮語」「気宇壮大」「悲憤慷慨」などが漱石の趣味に合わないということである。

一方ここで漱石が「享保時代のもの」といっているのが、荻生徂徠を中心としたいわゆる「古文辞派」の作品である。享保から十八世紀中頃まで大いに流行した。特に徂徠の著したものは、漢文の簡潔さと論旨の明晰さが相乗効果を生んで、慣れれば読んでいて気持ちが良いくらいである。

また修善寺の大患後に書かれた『思ひ出す事など』では、こんな一節もある。

子供の時聖堂の図書館へ通つて、徂徠の蘐園《けんえん》十筆を無暗に写し取つた昔を、生涯にただ一度繰り返し得た様な心持が起つて来る。昔の余の所作が単に写すといふ以外には全く無意味であつた如く、病後の余の所作も亦殆んど同様に無意味である。さうしてその無意味な所に、余は一種の価値を見出して喜んでいる。

漱石が「子供の時」と記しているのは、何時頃なのか、一人で湯島聖堂の図書館へ通うというのだから多分十歳前後ではないかと思われる。

金之助少年が写し取っていたというのは、例えば次のような漢文であったであろう。

不信鬼神者。不知鬼神也。惑鬼神者。亦不知鬼神也。其為不知均矣。世所謂知者。多不信鬼神。焉得知（『蘐園二筆』）。

これをいわゆる「読下」せば、次のようになる。

鬼神を信ぜざる者は、鬼神を知らざるなり。鬼神に惑ふ者も、また鬼神を知らざるなり。その知らずとなすは均《ひと》し。世のいはゆる知者は、多く鬼神を信ぜず。いずくんぞ知たるを得ん（西田太一郎読下し。なお徂徠らの書いた原文は訓点のないものが多い。そもそも徂徠自体読下しはコジツケだとしているくらいで、漢文は頭から読むものだとの考えからである。従って以下引用する読下し文は、それぞれに訓点を付けた人物がいる訳だが、以下いちいち誰の読下し文かを引用することはしない）。

このように読下す時、原文には次のように訓点（返り点、送り仮名）が付されるであろう。

不《ル》レ信《ゼ》二鬼神《ヲ》一者《ハ》、不《ル》レ知《ラ》二鬼神《ヲ》一也。惑《フ》二鬼神《ニ》一者《モ》、亦不《ル》レ知《ラ》二鬼神《ヲ》一也。其為《スハ》レ不《ト》レ知《ラ》均《シ》矣。世《ノ》所謂知者《ハ》、多不レ信《ゼ》二鬼神《ヲ》一。焉《ゾ》得《ン》レ知《タルヲ》。

さらにこれを現代語訳するとすれば、例えば次のようになるだろう。

鬼神を信じない者は、鬼神を知らない。鬼神に惑う者も、また鬼神を知らない。どちらも知らないということでは同じだ。世の中のいわゆるインテリは、多く鬼神を信じない。それでどうして知者といえるのだろうか。

このように現代語訳して、果して原文を理解したことになるのだろうか。

そもそも「鬼神」とは何か。日本語でいう「おに」とか「かみ」と同じものなのかどうなのか。その「鬼神」を「信」ずるとか「惑」うとかいうことは、どのようなことをいうのか。「鬼神」を信じないことが、どうして知であるかなしかと関係するのか。

「鬼神」の問題については第十七章であらためて詳しく論ずることとしたいが、これを例えば「近代」の合理主義の考え方から、「おに」であろうが「かみ」であろうが、そんなものは迷信か邪教のようなもので論ずるに足らないと、一概に否定し去って果してよいものなのだろうか。

そもそも「近代」とは何を以て「近代」とするのか、そのメルクマールは何か、また、どこの国でも古代・中世・近世・近代と同じような発展の姿を辿るものなのか。また「近代」は一つの「歴史の終わり」で、今後の人類はずっと「近代」を歩いていくことになるのか。その議論は尽きない。何しろ明治以降の日本人の根本課題であるから、書籍も汗牛充棟とあると思われる。

そこでここでは唯一、徂徠をいわば日本の「近代化」の旗手として祭り上げた丸山眞男の『日本政治思想史研究』(東京大学出版会、一九五二年)における徂徠像と、これに対する子安宣邦氏の反論(『「事件」としての徂徠学』青土社、一九九〇年)を挙げておくことにしよう。

筆者の前後の世代の者にとって、丸山の『日本政治思想史研究』は、ある種の懐かしさを持って思い出すことができるだろう。戦後、いわゆる「進歩的文化人」の社会的影響力が大きかった頃、それはそのバイブルの一巻で、一読難解、再読誤解、三読不可解の好例のような本だったからである。

大学生の頃筆者の周囲にも「丸山信者」がいて、その「素晴しさ」を得々と説明してくれるのだが、筆者は半読（半分くらいまでは読んだという意）しただけで音を上げてしまい、そのまま放ったらかしてしまった記憶がある。

誤解あるいは無理解をおそれずに丸山の所説を大把みでいうと、まずわが国の近世儒教の発展とは、朱子学的思惟様式の解体と、徂徠学の成立と捉えることができる。即ち朱子学における思惟様式とは、その思想の根底に、「一方天道とか天理とか呼ばれる宇宙的自然と、他方『本然の性』と呼ばれる人性的自然」とを連続して捉える点にあり、これを自然的秩序という。これに対して徂徠学においては、秩序は「先王」（中国古代の聖王達）が作為的に制作した「礼楽といふ外部的客観的制度」によって達成されるものと捉えられることになるから、これを作為的秩序と呼ぶことができる。

このように「政治的＝社会的秩序が天地自然に存在するといふ朱子学的思惟から、それが主体的人間によって作為さるべきものとする徂徠学的論理」の対立には、「中世的な社会＝国家制度観と近代的市民的なそれとの対立といふ世界史的な課題」が内包されているとする。

ここで丸山は、いわゆるゲマインシャフトとゲゼルシャフトの両概念を持ち出してくる。

即ち朱子学のような「自然的秩序思想がその主観的な意図に於ても客観的な内容に於てもゲマインシャフトに照応して」いるのに対し、「徂徠の作為の立場が意図としていかにゲマインシャフトを目指さうと、そこにゲゼルシャフトの（しかり窮極的には社団《フェライン》の！）論理が浸潤して」いることは疑いをいれない。

そしてこの「作為」の論理は、彼の住む封建社会に対して、「一はそれが封建的秩序の変革、新秩序の樹立の論理的武器たりうること、二はそれが封建的社会関係及びその観念的紐帯（五倫、五常）から実質的妥当根拠を奪って之を形骸化する」ことによって、その腐蝕、解体を促したものとされる。

ここに至って徂徠は、前近代＝封建社会の解体者として位置づけられ、日本の「近代化」の旗手として祭り上げられることになるのである。

思うに丸山も「近代化」への強迫観念を強く持った「知識人」として、何としても日本の思想家の中に、「近代化」を切り開いた人物を見出したかったのであろう。わが国にもこういう先賢がいるぞということである。

この丸山の所説に対して子安氏はいくつかの観点から批判を投げかけているが、例えばこの「自然」と「作為」の対立を、ヨーロッパの歴史にあてはめて、中世的制度観と近代的市民的なそれとの対立に擬《なぞら》えるのは「恐ろしく困難なことであり、尋常な読みをもってしては不可能であろう」とか、徂徠のいう「聖人」に「絶対的作為主体」としてのキリスト教的神を比定するのは誤りであるとか、そもそも江戸思想史に「近代」についてのストーリーを読み込むことが本当の「思想史」なのかとか、いずれも肯綮《こうけい》に中《あた》る所が多い。

徂徠を「近代」あるいは「近代化」と結びつけたいのであれば、丸山のように「市民社会」がどうかとか「ゲゼルシャフト」がどうかとか、西欧的政治制度や思想概念などに無理やり結びつけるのでなく、後述するが、例えば徂徠が江戸の兵学や医学に与えた影響、その根底に流れているあえていえばリアリズムの精神のようなものを、指摘すべきであったであろうと思われる。

徂徠自身の思想は、渡辺浩氏が次に説くように、徹底して反「近代」である。

荻生徂徠の思想の根幹は、ときに「近代的」と呼ばれる立場の逆、ほぼ正確な陰画である。すなわち、歴史観としては反進歩・反発展・反成長である。そして反都市化・反市場経済である。個々人の生活については反「自由」にして反平等であり、被治者については反「啓蒙」である。そして政治については徹底した反民主主義である。そういうものとして見事に一貫しているのである（渡辺浩『日本政治思想史』東京大学出版会、二〇一〇年）。

なお、ここで自由と啓蒙にだけ括弧が付されている理由はよくわからないが、文脈からして何か特別な意味を付しているようには思われない。この渡辺氏の「反」に付け加えるとするならば、徂徠の思想は当時ですら「反時代的」であった。しかし、その「時代錯誤」性故に、徂徠の思想には今日の問題を考える「時代性」があると筆者は考える。

それは時代が変わったからである。

今さら「近代」ではない。今日のわれわれにとって「近代」は既に色褪せてボロボロになった旗のように見える。数々の戦で目覚しい勝利を収めたけれども、その犠牲も多かった。あらためてその決算を迫られているのである。

あたかもその時期はいわゆるパワーシフトの時期と重なり合っている。即ち、アメリカの覇権の終焉あるいはイギリスから通算して二百年にわたるアングロ・サクソンの覇権の終焉とともに、「近代」も終わるのではないかということ、もう一つは中国の擡頭とともに、これまでの「近代」的価値観とは違った価値観が強く出てくる可能性があることである。

後者については、筆者は先に『中国経済の故郷を歩く』（日経BP社、二〇一四年）においてこのことを考え、「天下」「中華」「中庸」「礼楽」「法術」「変易」「対待《たいたい》」「大同」「江湖」などのキーワードに注目すべきことを論じた。

日本でいえば、徂徠の「前近代」を考えることを通じて、「ポストモダン」を考えることができるのではないかということである。それがこの本を書く動機になっている。

「前近代」ということで漱石に戻る。

漱石が「開化」に圧倒される前の日本の姿を歌い上げた小説が『草枕』であろう。桜、菜の花、雨、峠の茶屋、馬の鈴などなど、ここに織り上げられた世界は、一幅の文人画を見るような、蕪村の俳諧を絵にしたような、桃源郷を尋ね歩いているような世界である。既に明治の末年には、このような東洋的な世界は次第に消えかかっていた。

小説の後半で、主人公である画工の逗留する温泉宿の隠居と、観海寺の大徹和尚との間で、次のような会話が交される。

「ほんに」と和尚さんは後ろを振り向く。床は平床《ひらどこ》を鏡の様にふき込んで、錆気《さびけ》を吹いた古銅瓶《こどうへい》には、木《もく》蘭《らん》を二尺の高さに、活けてある。軸は底光りのある古錦襴《こきんらん》に、装幀の工夫を籠めた物徂徠《ぶつそらい》の大幅《たいふく》である。絹地ではないが、多少の時代がついて居るから、字の巧拙に論なく、紙の色が周囲のきれ地とよく調和して見える。あの錦襴も織りたては、あれ程のゆかしさも無かつたらうに、彩色が褪せて、金糸が沈んで、華麗《はで》な所が滅《め》り込んで、渋い所がせり出して、あんないゝ調子になつたのだと思ふ。焦茶《こげちゃ》の砂壁に、白い象牙の軸が際立つて、両方に突張つて居る、手前に例の木蘭がふわりと浮き出されて居る外は、床全体の趣は落ち付き過ぎて寧ろ陰気である。

「徂徠かな」と和尚が、首を向けた儘云ふ。

「徂徠もあまり、御好きでないかも知れんが、山陽よりは善からうと思ふて」

「それは徂徠の方が遥かにいゝ。享保頃の学者の字はまづくても、何処ぞに品がある」
「広沢《こうたく》をして日本の能書《のうしょ》ならしめば、われは則ち漢人の拙なるものと云ふたのは、徂徠だつたかな、和尚さん」
「わしは知らん。さう威張る程の字でもないて、ワハ、、、」

茶会でまず鑑賞されるのが「床」である。そこがどのようにしつらえてあるのか。どのような器に何の花が活けられているのか、「軸」は誰の作で何が書かれている、あるいは描かれているのか、そしてどのような装幀が施され、これら全体から何を味わうのか、そこから亭主のどのような意図を読みとるのか等々。

この漱石の「床」の見方は、この茶会の見立てを見事になぞったものであり、漱石の時代の人々にとっては、ごく自然な作法であったのである。

作法というのは、ことさらに勉強するようなものではない。数多くの経験を積んで自然に身につけるものである。身につけば、それは流れるように溢れてくる。文化とはそういうものである。

ここで小説『草枕』の「亭主」は漱石である。では「亭主」はこの場面でどのような意図を、読む者に示しているのか。

何故徂徠の大幅が飾られているのか。漱石については過去ありとあらゆる観点から研究し尽くされたともいわれる。もとより漱石専門の研究者でもない筆者は、それらすべてに眼を通している訳でもないが、この疑問について議論した研究や評伝あることを聞かない。

憶測を逞しくすれば、漱石はここで、「開化」「近代化」に抗しうる最も強力な人物として徂徠を思い描き、そのことを暗示したのではないかとも思われるのである。

第二章

汚名

——徂徠とニッコロ

塩野七生氏に『わが友マキアヴェッリ』（中央公論社、一九八七年）という名著がある。ルネッサンス期のフィレンツェを舞台に、国家の存亡を賭けて活躍した行政官、外交官、思想家、哲学者そして劇作家（後年マキアヴェッリは、自らを「歴史家、喜劇作家、悲劇作家」と自己規定している）ニッコロ・マキアヴェッリ（一四六九―一五二七）の生涯の活動と思索の跡を、流麗な筆致で活き活きと書き記したものである。

（塩野氏はそのファースト・ネームを「ニコロ」としているが、わが国では「ニッコロ」が多く使われているようなので、本書では「ニッコロ」で統一する）

世の中に大きな影響を与えた思想家や政治家の名前に「イズム」や「イスト」を加えて、その思想やその体現者を表わすことがある。例えば、カルヴァンの「カルヴィニズム・カルヴィニスト」、マルクスの「マルキシズム・マルキスト」、毛沢東の「マオイズム・マオイスト」などである。

マキアヴェッリには、「マキアヴェリズム・マキアヴェリスト」のペアが冠せられている。今日の用語法からすれば、「マキアヴェリズム・マキアヴェリスト」は「目的のためには手段を選ばず」「権謀術数」の代名詞であり、他者からそのような烙印を押されることは、「汚名」であり「悪名」であろう。

本章ではそのいわば手あかのついた言葉から離れて、彼をマキアヴェッリとファミリーネームでなく、ニッコロとファーストネームで呼ぶこととしたい。塩野氏が「わが友」と冠するように、彼は智恵があり、親しみやすく、信義に厚く、一緒に居て楽しい友人のように思われるからである。筆者の都合もつけ加えれば、その方が副題も、「徂徠とニッコロ」となって落着きが良い。

そこでまず何をもって「マキアヴェリズム」とされるのかについて、ニッコロの著作で確認しておこう。「マキアヴェリズム」を典型的に示す例として後世よく引用されるのは、『君主論』(第十八章)である(池田廉訳、中公文庫)。

現代の経験の教えるところでは、信義などほとんど気にかけず、奸策をめぐらして、人の頭を混乱させた君主のほうが、むしろ大きな事業(戦争)をやりとげている。

君主は、野獣と人間をたくみに使いわけることが肝心である。

人間は邪悪なもので、あなたへの約束を忠実に守るものでもないから、あなたのほうも、他人に信義を守る必要はない。

りっぱな気質をそなえていて、後生大事に守っていくというのは有害だ。そなえているように思わせること、それが有益なのだ。たとえば慈悲ぶかいとか、信義に厚いとか、人情味があるとか、裏表がないとか、敬虔だとか、そう思わせなければならない。

必要にせまられれば、悪にふみこんでいくことも心得ておかなければいけない。

これだけ引用すれば十分であろう。

そしてこれだけを見れば、ニッコロに反道徳的、権力亡者、瀆神的、無神論者といったレッテルを貼ることもできるだろう。

実際『君主論』は一五五九年にローマ教会によって禁書扱いを受けた。しかし本書は実際には後のヨーロッパの君主達によく読まれた。何といっても実践的で参考になるからである。その最も熱心な読者の一人が、十八世紀の「啓蒙」君主フリードリッヒ大王（一七一二—八六）である。彼は『君主論』を各章毎に反駁批判した『反マキアヴェッリ論』を著している。同じく十八章に対する大王の批判を一部引用してみよう（大津真作訳、京都大学学術出版会、二〇一六年）。

マキアヴェッリという、人類のなかでももっとも意地悪く、極悪な人間は、この章において、犯罪を正しいものとして広めるために、狂気が彼に示唆するありとあらゆる議論を用いている。

この章で出くわす混乱やいんちきな推論は、数限りなくある。著作のほかの章に比べて、はるかに多くの悪意と同時にはるかに多くの弱さが支配しているのは、まさにこの章である。その道徳が退廃しているのと同じくらい、その論理は悪しきものである。この犯罪の詭弁家は、偽装してでも、君主たちは、世間の人びとにつけ込んでもよい、とあえて断言する。

マキアヴェッリ——この徳の壊乱者は、君主たちをペテン師と偽善者にするに違いないさまざまな理由については、さほどうまい推論を組み立ててはいない。

もろもろの悪徳がマキアヴェッリの両手のなかで増殖していく、その繁殖力に注意してもらいたいのである。彼にとっては、君主が不信仰であるという不幸を抱えこむだけでは十分ではない。さらに、彼は、君主の不信仰に偽善という冠をかぶせたがってさえいる。

これもこれだけ引用すれば十分であろう。

しかし、かく言うフリードリッヒ大王自身は、「慈悲ぶか」く、「信義に厚」く、「人情味」があり、「裏表がな」く、「敬虔」な人物であったのか。

答えは「否」である。彼こそ十八世紀後半のヨーロッパにおいて、「権謀術数」を用いてプロイセンを一大強国たらしめた（だからこそ「大王」とよばれる）張本人であり、ニッコロの思想の忠実な実践者であった。

これに対するニッコロは、「慈悲ぶか」いと「敬虔」という点を除けば、「信義に厚」く、「人情味」があり、「裏表がな」い人物であったようである。

彼が『君主論』で記したことは、人間存在の実相であり、それを前提として展開される政治力学の構造である。そしてその分析が真実に迫れば迫るほど、文章は生彩を放ち、時には眼をそむけたくなるような醜悪な実相が露わになる。

それは仕方ないことである。しかし、見たくもない真実を消すことはできない。できることはその真実を前提として、より高い目標に達するために努力を続けることである。ニッコロが営々孜々《しし》と続けた努力、書き続けた気力こそ、その実践であったように思う。

その全体像を知るには塩野氏の名著に委ねることとして、ここでは、「汚名」発生の背景について考えてみたい。

まず時代環境が挙げられよう。

ニッコロの生きた時代、十五世紀後半から十六世紀前半にかけての、イタリア、フィレンツェ。まずニッコロが九歳の時、イタリア・ルネッサンスの象徴、ロレンツォ・デ・メディチ暗殺未遂事件が起こる（パッツィ家の陰謀）。二十三歳の時にロレンツォが死に、その二年後のフランス、シャルル八世のイタリア侵攻によってメディチ家はフィレンツェから追放される。さらにドミニコ会修道士サヴォナローラの神政政治とその処刑。イタリアは、フランス、スペイン、神聖ローマ帝国という外国勢力に国土は蹂躙され、各国は勢力拡大に鎬《しのぎ》を削る。中世以降盤石な体制を築いてきたローマ教皇庁にも綻びが見える。一五一七年には、ルターが教皇庁への質問状をヴィッテンベルクの教会に掲げ、宗教改革の狼煙《のろし》が上がる。そして一五二七年、皇帝軍によるローマ劫掠《ごうりゃく》。この年にニッコロは亡くなっている。

まさにニッコロは、「権謀術数」の横行する弱肉強食の世界、宗教的権威に翳《かげ》りの見え始めた時代に生きていたのである。

「きれい事を言っていられるか」という言葉がある。自らの存亡がかかっている時に、何が生きる指針になるのかということが問われる。謀略、暗殺、掠奪が日常の中で、国家の安泰、国民生活の安寧を図ろうとすれば、より強い政治指導者が求められるのは当然であるし、ニッコロがその典型としてチェーザレ・ボルジア（一四七五―一五〇七）を評価したのもわかるような気がする。「悪を以て悪を制す」。政治は時に非情でなくては務まらない。その処方箋の一部だけを抽《ぬ》き取ってニッコロを批判するのは、公正ではない。

ここでニッコロが成し遂げたことの中で、最も時代的意味を持つことは、政治の宗教からの自由ということであろう。

政治、即ち人間の統禦（本書では以下「統禦」という言葉を多用しているが、その理由は、人間集団を動かすには、強権的な「統制」でもない、制度的な「統治」でもない、「術」のようなものが必要であるとの考えに相応《ふさわ》しい語彙と思われるからである）は、神の栄光のためにあるものではなく、キリスト教の教えに従ってなされるものでもない。政治には、政治それ自体の目的と原理があり、それは人間存在のリアリティを前提として組み立てられなければならないという、今日から見れば当り前のことである。

ニッコロのフィレンツェ共和国書記局書記官（一四九八年より一五一二年まで）としての八面六臂《ろっぴ》の活躍。例えば、外交使節としてピサ、イーモラ（カテリーナ・スフォルツァ、括弧内は外交の対象、以下同）、リヨン（フランス王）、ウルビーノ（チェーザレ・ボルジア）、ペルージア、シエナ、ジュネーブ、インスブルックなど（ドイツ皇帝）、ローマ（ユリウス二世）などの各地に派遣されたこと、あるいは外国勢力や傭兵を排してフィレンツェ共和国の市民より成る常備軍を創設したこと、レオナルド・ダ・ヴィンチと組んでアルノ河の水流を変えフィレンツェを海港化する計画を推進したこと（この計画は失敗に終わった）などに比べれば、生前のニッコロの思想家としての影響力は限定的なものだったように思われる。

ニッコロが一五一七年に僅か五ヶ月で書き上げたとされる『君主論』は、当初献呈を予定していたメディチ家のウルビーノ公ジュリアーニは同年急逝してしまったし、急遽代りに献呈することとなったジュリアーニの甥のロレンツォ・ディ・メディチも翌年亡くなってしまい、折角の努力が実らなかったのである。またニッコロの生前、本が出版されることはなく、一五三二年になって初めて公刊されている。

しかし思想家の影響力は、その思想が偉大であればあるほど、死後にこそ高まるものであることは、世の古今東西を問わない。ニッコロの思想は、その後の西洋社会を主導した政治・宗教・思想の指導者達に、長くかつ深い影響を与えた。

筆者にその思想史を辿る力はないが、面白いのは、一方において「悪魔の書」と非難されつつも、時に求められる時代があるということである。例えば、ナポレオン戦争時代のドイツにおいて積極的に評価する動きが出てきている。当時のドイツの置かれた状況がニッコロの時代のイタリアに似ていたからであろう。この点を付言しておく。

最後に、冒頭に掲げたニッコロの自己規定、即ち、「歴史家、喜劇作家、悲劇作家」について考えてみたい。「歴史家」というのは、まさにその通りであろう。リウィウスの『ローマ建国史』に学び国家経営のあり方を説いた『ディスコルシ――ローマ史論』、フィレンツェの起源からロレンツォの死までを書いた『フィレンツェ史』が、ニッコロの歴史家としての営みの双峰であろう。

「喜劇作家」としては、戯曲『マンドラーゴラ』と『クリーツィア』の二作が挙げられる。特に前者は一五一八年の謝肉祭の折に初演され、大ヒットとなってニッコロの文名を高めた作品で、今日でもよく上演されている。人物の造形、プロットの構成、科白のテンポと的確さ、いずれをとっても舌を捲く出来映えで、筆者としては、ニッコロにもっと沢山この手のオペラを残してもらいたかったと思わざるをえない。

問題は三番目の「悲劇作家」である。ニッコロの「戯曲」は先の二作だけで、いずれも「悲劇」ではない。

では何が「悲劇」なのか。思うに、悪とともに生きなくてはならない人間存在自体が悲劇なのではないか。その宿命を描いたのが、人間の統禦を主題とした『君主論』であり、人間の戦争を主題とした『戦争の技術』である。この二作を書いたことで、ニッコロは「悲劇作家」となったのである。

江戸の大儒荻生徂徠も、ニッコロ同様後世必ずしもその真価が理解されず、あるいは誤解されて、「汚名」を蒙ることとなった例として挙げることができるだろう。

まずニッコロ同様、徂徠も人間存在の実相を抉《えぐ》り出し、その実相を前提として、政治即ち人間の統禦をいつも考えていたという共通項がある。例えば、次のような考え方はどうか。

総ジテ陰謀ハモト仁ノ道ナリ。敵・身方《みかた》ノ人数ヲ損セズ坐《い》ナガラニシテ功ヲ収ムルコト、是陰謀ノ本意ナリ。其上聖智ノ人ノスル陰謀ハ陰謀ノ迹ヲ見セズ、人ソノ陰謀ナルコトヲ知ルコトナシ。是兵家ノ極意ナリ（『鈐録《けんろく》』、『鈐録』は、徂徠の軍学書である。詳しくは第八章で紹介する。なお、以下、古文の引用については現代語訳を「大意」として掲げる。本書では訓詁を宗としている訳ではないので、正確さより読み易さを心掛けた）。

〔大意〕陰謀というものはもともと仁の道である。敵味方の人員の損傷を少なくしていながらにして成果を上げるのが陰謀の本来のあり方である。また、智恵のすぐれた人のする陰謀は、陰謀の証拠を見せず他人はそれが陰謀だと知ることもない。これが兵法の極意である。

陰謀は決して悪いことではない。むしろより上位の善を達成するための手段たりうるからである。

同様により高い目標、例えば「民を安んずる」ためであったら、為政者は道理に外れ、人に笑われることであっても、進んでそのような道を歩まなくてはならない。

サレバ人君タル人ハ、タトヒ道理ニハハヅレ、人ニ笑ハルベキコトナリトモ、民ヲ安ンズベキコトナラバ、イカヤウノコトニテモ行ハント思フホドニ、心ノハマルヲ真実ノ民ノ父母トハ云ナリ。カロキモノ、妻子ヲスゴストテハ、恥ヲモカヘリ見ザル心ノ如クナリ（『太平策』。『太平策』は、八代将軍吉宗に対する政策提言と考えられている書である）。

〔大意〕人君たる者はたとえ道理に外れ、人に笑われるようなことでも、それが人々の安心安寧につながるのなら、どのようなことでも行うのだというくらいに、強い心を持っている者を真実の「民の父母」というのである。身分の低い者が妻子を養うために、恥をもかえりみないようなものである。

「陰謀」とか「道理ニハハヅレ」とか、言わずもがなのことかもしれない。徂徠にしてもそれを奨励している訳ではない。ただそれによって「敵身方ノ人数ヲ損セズ」とか、「民ヲ安ンズ」ることが出来るならば、使用をためらわないということだ。後の儒学者が批判するようにそれは「功利」かもしれない。しかしそのような汚名を着せられようと、人のため民のために粉骨砕身する人間の統禦者のどこが怪しからんというのかと説いているのだ。

この『鈐録』にしても『太平策』にしても、直ちに公になったものではない。写本等で広まったり、弟子などの口からその存在や内容が公になったりするのである。

一世を風靡《ふうび》した徂徠学も十八世紀も後半になると、次第に下火となり、次から次へと反徂徠の著作が刊行されるようになる。

そのような反徂徠派の先鋒として、大坂懐徳堂の学主中井竹山（『非徴』など）や、「寛政の三博士」の一人で寛政異学の禁を推し進めた尾藤二洲（『正学指掌』）などが挙げられるであろう。

竹山は「言説ヲ非スルモ、行事ヲ非スルモ同ジコトナリ」という考えに立って、徂徠が臨終に臨んで、家族や門人が恥じいるようなウワ言を叫んで転げ回ったのは、日頃の他者をおしのけようとする徂徠の不遜な気持ちが表われたものである（『先哲叢談』、『先哲叢談』は、江戸時代の儒学者の伝記逸話集で、筆者を原念斎という）などと、徂徠の人格批判をするまでに至っている。

一方二洲の批判の鉾先は、徂徠の考え方が何から何まで「功利」の説に毒されていると断罪している。その徂徠批判のポイントを以下みてみよう。

古文辞学ハ、物徂徠ヨル起ル。余初年学ビタル故ニ能《よ》ソノ意ヲ知レリ。其学ノ主トスル所ハ功利ニアリテ、聖人ノ言ヲ仮ルハ縁飾マデナリ。

（中略）

先王ノ道ヲ明ラカニスルトハ、カノ礼楽ノ説ニ通ズルヲイフ。モシ礼楽ナケレバ、先王ノ道モナシト、大意是程ノ事ナリ。左レバ其学タヾ理民ノ術ノミニテ、自己ノ身心ハ置テ問ハザルナリ（尾藤二洲『正学指掌』以下同）。

〔大意〕古文辞の学は荻生徂徠によって始められた。自分も子どもの頃これを勉強したので、よくその考え方を知っている。その学が中心とするものは功利である。聖人の言葉を借りてはいるが、それは単なるお飾りである。

（中略）

徂徠学でいう先王の道を明らかにするというのは、先王が制作した礼楽の意味内容を承知することにある。そしてその大意はこの礼楽がなければ、先王の道もないとするまでのことである。とすれば徂徠学はただ民を治める術を説いているだけで、自らの修養については何ら問題としてはいないのだ。

朱子学では人格的修養と政治的有効性を一体のものとして考えるから、為政者（君子）はすべからく身の修養（修身）をすべきであるということが基本である。徂徠学はそれを一顧だにしないと憤慨しているのだ。学問がそうだから、

故ニ身ニ非法ノ事ヲ為レドモ恥トセズ。其徒ミナ先王ノ礼、先王ノ義ナドイフコトヲ口実トスレドモ、其志ハ蘇張《そちょう》ニ過ギズ。或ハ嵆阮《けいがん》ガ放蕩ニナラヒト一世ヲ傲睨《ごうげい》セントス。モシソレニ向ヒテ義理ヲ説ク者アレバ、耳ヲ掩ヒテ腐儒ノ陋見《ろうけん》ト嘲リ笑フ。カカル輩《やから》世ニ多クナリテ、淫縦奇怪ノ行ヲスル者往々ニ蔓《はびこ》レリ。

〔大意〕従って徂徠学の徒は法に反するような事をしても恥とすることなく、口では先王の礼とか先王の義とか言っているが、その本心は（戦国時代の遊説家）蘇秦・張儀の類と変わりなく、（竹林にこもって清談に耽った）嵆康《けいこう》・阮籍《げんせき》の徒にならって、世の中をおごり高ぶって睥睨しようとしている。もし連中に向かって義とか理とかを説く者がいたら、耳を覆ってそれは腐れ儒者の低劣な意見だと嘲笑する。こんな連中が世の中に多くなって、みだらでしまりのないそして奇怪な行いをする者がはびこるようになってしまったのだ。

当時、徂徠学をすると人柄が悪くなるという批判があり、その末流には、そういわれても仕方のないような連中が大量発生したことは間違いない。

そして二洲は最後に礼楽といっても、今日では既に滅びてしまったもので、それを実践することなど出来ないのに、徂徠の徒は上辺を飾って功利の事ばかり主張するのは、俗に「一犬虚に吠ゆれば、百犬声に吠ゆ」という「吠声《べんせい》の徒《ともがら》」そのものではないかと結んでいる。

そもそも竹山のような論法で人格批判を行うのは、学者のすべきことではない。また、二洲のように「功利」そのものを否定してしまったら「功利」で動いている実社会に何ら影響を与えることはできない。いずれも徂徠のようなより広い視野、人間に対する深い洞察を欠くと評されても仕方ないであろう。

しかしこのような反徂徠の風潮は、十八世紀後半、天明から寛政にかけて大きな流れとなった。徂徠の後世に与えた影響が大きかっただけに、その反撥の流れも広く、長く続いたのである。

そして別の観点からする徂徠批判が明治以降に生まれた。

丸山眞男に「荻生徂徠の贈位問題」と題する論文がある。これは前章の『日本政治思想史研究』の強引なストーリー作りと違って、極めて冷静かつ実証的な論文である。「贈位」とは、「正三位」とか「従四位」とか、国が国家に功績のあった政治家や官僚、経済人や学者研究者等に位階を贈るものである。

丸山が問題にしたのは、その「贈位」において、徂徠及びただ一人の例外を除いてその学派が除外されたのは何故かということである。

丸山前掲論文によって、江戸期の儒学者達が、大日本帝国時代にどのように「贈位」されたのかを見てみよう。

（従三位）
山崎闇斎
頼　山陽

（正四位）
中江藤樹
山鹿素行
新井白石
伊藤仁斎
熊沢蕃山
藤田幽谷
藤田東湖
藤原惺窩
貝原益軒
中井竹山

（従四位）
室　鳩巣
浅見絅斎
三浦梅園
帆足万里
林　羅山
佐藤一斎
古賀精里
尾藤二洲
伊藤東涯
皆川淇園
安井息軒
山県周南

この並べ方は「贈位」順であり、生年順といったものではない。また、闇斎と山陽は、当初正四位であったものが、後に従三位とされた。なお、荷田春満、賀茂真淵、本居宣長、平田篤胤のいわゆる「国学の四大人《うし》」は従三位を贈られている。

ここに露骨に表われているのが、当時の「皇国史観」である。山崎闇斎は儒学者でありながら「垂加神道」を創設し、また浅見絅斎らその門流は「天皇現人神」信仰の源流となった。頼山陽は、その『日本外史』で天皇中心の日本史を構想し、幕末の志士達の思想的バックボーンとなった。

これに対して、見事に徂徠、及びその門流の太宰春台、服部南郭、平野金華、安藤東野、三浦竹渓、山井崑崙、宇佐美灊水《しんすい》など「蘐園《けんえん》」の俊秀達が除外されている。唯一人の例外が山県周南である。周南は長州の藩校明倫館の学頭を務め、藩主の侍講でもあった大物である。明治政界の牛耳を執った長州閥に対する「忖度」があったのか。

しかし、何故そこまでして徂徠及びその門流を貶《おとし》めなければならなかったのか。

一般に徂徠の支那崇拝と朝廷軽視が問題となったとされている。即ち、徂徠が自らを称するに「日本国夷人物茂卿《ぶつもけい》」などとするのは怪しからんし、『政談』などで幕府を絶対視し朝廷を軽んじていることが許せぬということである。

この偏頗な扱いが、大正四年の大正天皇即位大典に伴う贈位に当って問題となった。問題提起をしたのは、当時の立憲国民党総務犬養毅（木堂）である。木堂はこの二点について、徂徠は日中を対等な関係を持つ国と認識していたこと、また朝廷を軽視するというのなら、林羅山などの方が余程強硬であり、それが贈位されて徂徠は贈位されないというのは理窟が立たない。贈位というのは朝廷に忠勤を励んだという観点からではなく、対象者の学問如何によって判断されるべきではないかなどの理由を挙げて論陣を張った。

この論争の経緯は丸山論文に詳しいが、結論からいえば、木堂の一人相撲に終わり、徂徠があらためて贈位されることはなく、またこの論争が災いして、昭和三年の昭和天皇の即位大礼時の贈位でも徂徠は無視されて終わっている。

当時の「皇国史観」に凝り固まった賞勲官僚の頑迷さと、官学の権威を振りかざす御用学者の陰湿さが覗《うかが》われる事件である。

第十四章で詳しく触れることとしたいが、実は「皇国史観」の中核概念「国体」は徂徠学から生まれているし、後期水戸学への徂徠の影響は否定することはできない。また、国学の方でも、真淵・宣長・篤胤に対する徂徠の影響も指摘されている。もしそうだとすれば、彼らは自らの生みの親を知ってか知らずか抹殺してしまったことになる。

ニッコロも同様だが、徂徠のように幅広い活躍をしたスケールの大きい人物というのは、評価が難しいものである。

では最後に現在、徂徠のその「汚名」は雪《そそ》がれたのか。

前章で触れたように戦後、徂徠の「復権」は丸山眞男の『日本政治思想史研究』によってなされたといってよい。この書物によって徂徠は、一躍日本の「近代化」の先覚者のような取り上げ方がされたのである。戦後民主主義の旗手としての丸山の影響力の下、長くこのような徂徠像が定着することになった。

これに対して、丸山の作り上げた徂徠像は、丸山の世代の日本人に共有された「近代化」に対する強迫観念の賜物であり、日本の歴史を無理やり西欧の歴史にひきつけて、徂徠の思想を近代市民革命や社会契約的な秩序観に等しいものと見なすのは間違いであるとの批判（子安宣邦など）がなされたことは前章で述べた通りであり、今日ではこの考えが広く支持されているようである。

徂徠の幅広い分野における活動、独創的な政治哲学・倫理思想の構築、後世に及ぼした長く深い影響など関心は尽きない。これまでにも多くの識者が徂徠の評伝を書いてきた。

例えば、

野口武彦『荻生徂徠――江戸のドン・キホーテ』（中公新書、一九九三年）
日野龍夫「謀叛人荻生徂徠」（『江戸人とユートピア』岩波現代文庫、二〇〇四年所収）
尾藤正英「国家主義の祖型としての徂徠」（『日本の名著16　荻生徂徠』中央公論社、一九七四年所収）（なお講談社学術文庫『荻生徂徠「政談」』所収、帯封に「悪魔の統治術か。近代的思惟の先駆けか。」とある）
渡辺浩「反「近代」の構想」（『日本政治思想史』東京大学出版会、二〇一〇年所収）
佐藤雅美『知の巨人――荻生徂徠伝』（角川書店、二〇一四年）

などである。これらのタイトル、副題などを見ても、徂徠が単なる「汚名」とか「盛名」などでは片づけられぬ、一筋縄ではいかぬ人物であることがわかる。

それ人の人を知るは、おのおのその倫《ともがら》においてす。ただ聖のみ聖を知り、賢のみ賢を知る（『弁名』）。

〔大意〕人が人を知るというのは、それぞれそのレベルにおいて知ることができる。聖人であってはじめて聖人を知ることができるし、賢人であってはじめて賢人を知ることができる。

こういう断定に接すると、一方でその通りなんだろうなと思うと同時に、凡愚の身としては途方に暮れる思いを禁じえない。

本書は江戸の大儒荻生徂徠の伝記ではない。「ただ大儒のみ大儒を知る」訳だから、筆者にその資格はない。伝記ではないが、徂徠の残したものの中から、今日のわれわれに何がしかの示唆を与えるものを抽出して、筆者なりにポストモダンの経済社会を展望してみようとするものである。それなら許されるであろう。

第三章 南総の恩

――徂徠と方庵

人は誰しも教育なしに人となることは出来ない。生まれ落ちた時から母親に言葉を教わり、言語を通じて社会や世界を学んでいく。

儒教は、今では宗教としての生命力を喪った、時代遅れの封建道徳の塊のような見方しかされていないが、それが北東アジアそして日本の社会に及ぼした影響は広く、深い。もとより功罪があるが、功の一つに挙げられるのが教育の重視であろう。

「有教無類」。「教えありて類なし」(『論語』衛霊公篇)という言葉があるが、あるものは教育であって、人間に種類がある訳ではない。逆にいえば教育のない者は獣に等しいということだ。

徂徠の最初の教育者は、その当時としては当り前のことであるが、医を業としていた父方庵《ほうあん》であった。七、八歳(かぞえ)の頃というから、今でいえば小学校一、二年生であるが、方庵は徂徠に一日の間に起こったことを記録させた。例えば、お城に上ったとか、客が来たとか、何の話をしたとか、何をなしたとか、天候や家庭の些事に至るまで、毎晩寝る前に、必ず口ずから授け、漢文で記録させたのである。これによって、

十一、二歳になった頃には、もうひとりで書が読め、句読の方法などを受けずに済んだのは、このためであると、後に徂徠は述懐している（『譯文筌蹄』）。

このことが書かれている『譯文筌蹄《やくぶんせんてい》』は、一種の漢和辞書である。徂徠の著作としては『蘐園随筆』に次いで二番目に公刊（正徳四年）されたものだが、事実上徂徠の処女作といえる。

漢文を理解し、自家薬籠中のものにする際のコツのようなものをまとめたもので、「筌蹄」の「筌」は魚を取る伏籠《ふせご》、「蹄」は兎を獲る罠《わな》、即ち、それが取れてしまえば用済みとなるものの意で『荘子』に出典がある。

これは徂徠が増上寺門前で舌耕していた時の講義ノートをまとめたものとされ、漢文で詩文を書く時に大変プラクティカルなものとして評判となり、早くから写本が出回り、よく知られていたものである。

まずその構成がユニークである。漢和辞書といってもよくある、単に部首画数順に漢字の解説を施すというのではない。語というのは同じような意味であっても、実は微妙にニュアンスや用法が異なるものが数多くあり、これに習熟することが、文章が読めるあるいは文章を作るに当って肝となる点であるという考えから、二四三三の漢字を独自の基準で分類し、そのニュアンスの差や用法の実際を解説している。

作家はその処女作にその本分が表われるとよくいわれるが、本書にも、徂徠の鋭い言語感覚と発想の自在さを感じることができる。

例えば、その冒頭は、「閑静靖恬寂寞寥闃舒徐謐」の十一字がひとかたまりとして説かれている。

これは、徂徠が子どもの頃父親から「閑静」の意味とその差を懇切に教えてもらったことを忘れぬためであるとして、「予《わ》れ昔、先大夫（父）の庭に趨《はし》りて、閑静の字義を與《あづか》り聞けり」としている。「庭に趨りて」というのは、孔子がその息子伯魚（鯉）に彼が庭を横切った時に、「詩を学んだか」と「礼を学んだか」を問うた故事（『論語』季氏篇）に由来する表現である。

そして徂徠はこのような教育が、自分が和訓を退《しりぞ》け、文字の意味を正確に考えるようになった所以《ゆえん》であるとしている。

方庵がとりわけ教育熱心な父親であったという訳ではない。当時の知識階級においては、ごく普通の父と子の姿であっただろう。

これに対して文字の読めない人々はどうだったか。農家なら農家の、職人なら職人の職業教育が施されていた。それはことさらな教育というものではなく、「カエルの子はカエル」という世の中で、自然と親から子へと、生きるために必要なワザや知恵が伝承されていたのである。

ひるがえって今日の教育というものを考えてみると、それがあまりにも学校教育に依存し切っているのではないかとも思われる。そしてそのあまりに画一的な教育が、人それぞれの個性を抑圧する一方で、それに耐え切れない子ども達を無気力に追いやっているのではないかということにも気づく。

徂徠は方庵の次子として江戸二番町に生まれている。寛文六年（一六六六）である。この時期方庵は町医を開業していたが、寛文十一年に後に五代将軍となる舘林侯綱吉の側医となった。従って、徂徠に口述筆記させた「お城に上った」というのは綱吉の許に往診したことになる。まずは恵まれた少年時代であっただろう。

ところが延宝七年（一六七九）、徂徠十四歳の時、方庵は綱吉の勘気に触れ、江戸所払いに処せられる。所払いというのは、追放刑である。島流しのような大罪ではないが、居住の制限を受ける。

そこで方庵一家は、妻の実の父鳥居氏の在所、上総国二宮荘本納村に身を寄せることになる。

ここで荻生家の由緒と、この時点での方庵一家の家族構成を確認しておく（以下、主として平石直昭『荻生徂徠年譜考』〔平凡社、一九八四年〕の考証に拠る）。

徂徠は自身、「物茂卿《ぶつもけい》」などと自署しているが、武によって立った古代の豪族物部《もののべ》氏の末裔であることを自らの誇りにしていた。

しかし明確な血のつながりがある訳ではなく、徂徠が京都の儒者堀景山に送った書状によれば、徂徠の祖先はもともとは源氏の末裔で、戦乱の中物部季任という者に匿《かくま》われて以来、物部を名乗るようになり、三河の荻生の城主として根を張るようになってから荻生を称するようになった。徂徠の高祖父の時、徳川氏に追われ、伊勢の北畠氏を頼って白子（三重県）に移住した。

徂徠の祖父玄甫の時武士を廃し、寛永年間に江戸に出て今大路道三に就いて医を学び、これを業とするようになった。玄甫の医業を継いだのが荻生景明《かげあきら》方庵である。

方庵の妻、徂徠の母は鳥居忠重の娘とされている。鳥居家はもともと、徂徠自身「愚拙母方の高祖父は、台徳院（秀忠）様のとき、大御番頭鳥井久兵衛と申者にて候」（『鈴録外書』）と記しているが、後に絶家となっている。忠重はもと大久保甚右衛門組の与力を務めた人物であるが、故あって致仕し、知己たる旗本高木忠左衛門の知行所たる上総本納に閑居していた。なお忠重は自分の娘（徂徠の母）を児島正朝に養女に出した代りに、正朝の一男を自分の惣領息子に取っている。ここで大久保家は二三六〇石、高木家は一五〇〇石、児島家は四五〇石など、いずれも中級以上の旗本の家である。なお、この徂徠の母は南総流寓の翌延宝八年に亡くなっている。

本納には方庵の母も同道していた。方庵の母はお花といい、武蔵平山城主であった平山盛重の娘とされる。その母のお千は尾崎氏の出で、その尾崎氏は北条氏の家臣を務めたが、秀吉の小田原攻めの際に陣没した。さらにお千の母お竹は太田道灌の娘とされている。

こうしてみると、徂徠の周辺の人物像が明らかになってくる。士分、それも中級武士の縁辺である。

方庵には四人の子どもがあった。

長男春竹は、後に方庵が赦にあって江戸に戻る時、一人本納に残り、医を業とした。

徂徠は次男である。

三男観《たすく》は、後に幕府儒官に登用され、徂徠の良き協力者となった。徂徠が別家を立てたので、方庵の荻生家は観が継いだ。

この他、後に山角定恒に嫁いだ妹がいた（後に離縁となった）。この山角家も六〇〇石の旗本である。

それから十余年、方庵一家は南総の地を転々とするが、徂徠にとってそれは自らの原点となった。

不佞《ふねい》、茂卿、十四、五の時、先君子に従いて、房総に東游す。総の南、蓋《けだ》し帆丘《ほのおか》の山有ると云えり。迺《すなわ》ち板倉氏の虚なり。荒廃すること百年、城は隍《おか》に復《もど》る。然れどもその巓《いただき》に猶《な》お塁壁・台池の遺有りて、隠隠《いんいん》として睹《み》るべきのみ。左は高原を控え、右は灊《しん》水を帯び、東に嚮《むか》いて以て踞《うずくま》り、属郷《ぞくごう》の二十有四、俯窺《ふき》すべし。外の九十九里の沙、大海のこれを銜《ふく》み、遥碧《ようへき》は彎彎然《わんわんぜん》たり（『復軒板君六十の序』徂徠集）。

〔大意〕私が十四、五の時、父に従って房総に住んだことがあった。その上総の国に帆丘山という山がある。板倉氏の城の跡である。廃城になって百年、城跡は丘に戻りつつあるが、山頂には土塁や城壁の一部が残っている。左方を見れば高い丘が連なり、右には夷隅川が流れている。東方には集落が二十四、五あろうか、さらに九十九里の砂浜が大海に接し、波打ち際は大きく湾曲しているのが見える。

徂徠が、木下順庵門下で幕臣となった板倉復軒の六十の賀を祝うための「序」の冒頭である。

板倉氏はもと関東管領上杉氏に仕え、総州帆丘城主を務めた。復軒がその末裔であることを知り、懐旧の思いを込めて徂徠は記したものと思われる。

南総生活はそれから十余年続き、元号でいうとこの間、延宝、天和、貞享、元禄と変わった。『荻生家旧記』によれば、この間まず本納には五年余り、その後横地下村へ移った。名主の小河彌右衛門の招きによるものだという。この横地というのは「風俗」の良き所で真言宗のお寺が多く、方庵などは真言僧に「悉曇」(サンスクリット)を学んだという。徂徠はここで円頓寺の住職覚眼法印から『四書大全』を借りている。覚眼はのち隣の松ケ谷村の勝覚寺の住職に招かれ、ここに釈迦堂を再建するが、方庵一家は横地下村に四年在住して、次に菊間に移る。覚眼法印が菊間の千光院へ移ったのに従ったのである。しかしこの地は「風俗悪し」ということで、半年ほどで船頭給へ移住する。

この「風俗悪し」というのは、『旧記』にあるように博奕や道楽が蔓延しているというようなことだろう。

ここに三年居て最後に岩和田へ移る。網元の大野庄助宅に寄寓するのであるが、これは方庵が庄助の父庄兵衛の病を治したことから招かれたものとされている。

一口に南総といっても、今日言う内房、外房、北の横地下から南の岩和田までは優に直線でも五〇キロメートルはある。

この本納村(茂原市本納)、横地下村(山武市横地下)、菊間村(市原市菊間)、船頭給村(一宮町船頭給)、そして岩和田村(御宿町岩和田)は、括弧内に現在の地名を付記しているが、全部地名がそのまま残っている。

地名はその土地の過去の記憶である。近年町村合併等で訳のわからない地名が増えたが、千葉県下市町の見識を感じる。

五村のうち本納を除く四村は海辺の村々である。また、内房の菊間を除き他の四村は外房である。

海辺の村々ということは、水に乏しく良田が少なかったことが予想される。一方で、特に船頭給や岩和田など、河口や小湾などの良港に恵まれた所では漁撈が盛んであり、また、水戸やその先の奥州各港をつなぐ舟運も、日本海ほどでなかったとしても盛んであったろうと思われる。

当時の上総及び安房（下総を除く現在の千葉県）は、大多喜に松平氏二万石（もと本多氏十万石）、久留里に土屋氏（二万石）、勝山に酒井氏（一万五千石）など譜代の大名と、残りは旗本領が入り組む混在地となっていた。

今でも名医の許には人が集まる。方庵は他家への出仕は禁じられていても、民間人を診察療治することはお構いなしであっただろう。方庵一家が居を何度も変えたのは、南総一円で名医との評判が立ち、あちこちから招聘する動きがあったことの結果ではなかったか。

このように徂徠の教育の最初の師は父方庵であったが、この南総において徂徠は多くの「師」に出会っている。

第一に、勝覚寺の覚眼法印が挙げられる。方庵一家を温かく迎え入れ、なにかと気を遣ってくれた。徂徠は『四書大全』しか引用していないが、覚眼法印は、仏典に限らず数多くの書物を蔵していた筈であり、若き徂徠がそれらを貪るように読破していたことが容易に想像される。『四書大全』とは、「四書」即ち「語孟学庸」、即ち『論語』『孟子』『大学』『中庸』の注釈書をまとめたもので、朱子学の基本文献である。

また徂徠は「茂卿ハ幼ヨリ僧ニ多《く》ツキ合侍ル」（『太平策』）としているが、その発端はこの覚眼法印であっただろう。

この勝覚寺は天暦元年（九四七）創建という古刹で、現在も山武市松ヶ谷の地に現存している。元禄時代に建立された本堂（釈迦堂）内には、本尊釈迦如来、運慶作との寺伝のある四天王像及び阿難、迦葉の両尊者像が安置されている。

後に（元禄十五年）徂徠は覚眼法印の依頼により、『勝覚寺縁起』という一文をものし、釈迦堂の建立に当り、お寺の縁起から説き起こして、その資金や用材の手当などに、いかに歴代の住職が心をくだいたか、覚眼法印に至って松ヶ谷郷村民らの協力を得ていかに上棟まで至ったかなどを記している。

興味深いのは、徂徠の祖先物部氏が排仏派として蘇我氏と対立したこと、また自らも儒学者として仏教を排斥する立場にあることから、言い訳がましく、自分は古代排仏を任とした物部守屋の子孫である。不肖の子孫ではあるがその家風を継いでおり、また儒教を服膺《ふくよう》する立場にある。しかし、覚眼法印の人となりは世間の仏僧の能く及ぶ所ではない。さらに世間の武士の及ぶ所でもなく、政府の高官に居る者であっても、法印がお寺にある如くであれば、その職に恥じるということはあるまい。それが自分がこの縁起を草する理由であるとしている。

第二の「師」は、本納の鳥居氏などの古武士である。徂徠は外祖父の鳥居忠重の持っていた岡本半助の軍学書を六十巻ばかり学んだとか、信長に仕えた大陽寺左平次という武功者の子息牧野弥九郎・左平次両人とは親しくして、信長の弓矢の話を詳しく聞くことが出来たとか記している（『鈐録外書』）。

また、同じく『鈐録外書』には、当時、上総にて長坂六左衛門という者から東照宮（家康）のことを聞いたとか、加賀侍の井戸安兵衛という者からは北国の弓矢の話を聞いたとか、多くの古武士から戦さ物語を取材したことが触れられている。

興味深いのは、彼らを「皆つきつめたる実体《じってい》なる者にて、何れも誠の武士にて候」としていることである。

そして「此男どもは、皆々軍者衆の軍法を殊の外嫌ひ、皆嘘也と被申候《もうされ》」などとしている。

後に徂徠は大部の軍学書『鈐録』及び『鈐録外書』（『鈐録』に伴う「軍法不審条々」十ヶ条について詳しい解説を付したもので、日本の戦史の評価、武将の人物月旦《げったん》などに関する徂徠の考えがまとめられている。第八章において詳しく見てみることとしたい）をものするが、その所々に少年期に聞いた古強者達の話が髣髴《ほうふつ》としている。

第三の「師」は、地に着いた暮しをしている人々である。彼らの生き様をつぶさに見聞体験したことが、どれほど彼の現実を見る眼を養ったか測り知れないものがある。

今日でも「地に着いた」という日本語は、落ち着いた安定した生活や人柄に対して冠せられる修飾語である。毎日毎日、さしたる変化がある訳ではない。しかし手に職を持った人々やなすべき家業を持った人々は、それを当り前のように受け入れ、自らの力であるいはモノを作りあるいは家業に勤しみ、自ら生計《たつき》を得て暮らしていく。

手に職を持った人々を徂徠がどう見ていたかの例を挙げてみよう。

例えば、飛驒の工《たくみ》について、彼が何を見ていたか。さきほどの覚眼法印の勝覚寺の釈迦堂についての記述。

又上総国松が谷といふ村に釈迦堂有。飛驒たくみが立たると云伝へたり。棟札を見れば四五百年にも成べし。飛驒のたくみといふは、惣て飛驒の国より出たる大工也。其時分上総国中に大工なし。飛驒のたくみ上京して公役を勤むるも有、国々をまはるも有。先々にて普請を受取て木取をし、夫より又五里も十里もわきへ行き、段々に先より先へゆき、右の最初請取たる普請の木、とくとかれたる時分に廻り来て、木をけづり立て、とくと拵へて又脇へゆき、得とかれたる時分に又来る故、一所の普請に二年も三年もかかる也。貫穴《ぬきあな》を内ふくらにほり、貫を少ふとく削てたたきころしさし込故、くさび入《い》らず。年を歴て雨風にあたるゆへ、たたきころしたる所ぬれてふくれ、柱も貫も毫髪の透間なくひとつ木のごとくなり、其丈夫いふ斗《ばかり》なし。飛驒のたくみはくさび一本にてしむるといふは此事也（『政談』、徂徠が吉宗に呈した意見書である）。

〔大意〕また上総の国の松ケ谷という村に釈迦堂があり、飛驒《ひだ》の匠《たくみ》が建てたと言い伝えている。棟札《むなふだ》を見ると、四、五百年も経っているようである。飛驒の匠というのは、飛驒の国から出る大工のことである。その頃上総の国には大工はいなかった。飛驒の大工の中には、上京して公役を務める者もあり、国々をめぐる者もあり、行った先々で、仕事を請け負うと、まず材木の木取をしておき、それから五里も十里も離れたところへ行き、次々と移動し、最初に請け負った材木がよく乾燥した頃に、また廻って来て、材木を削って仕上げをし、また別のところへ行って、その削った材木の十分に乾いた頃に、また戻って来る。だから一ヶ所の工事に二年も三年もかかるのである。柱に貫《ぬき》を通す孔を内側がふくらんだ形にほり、貫を少し太く削っておいて、叩いて指し込むから、クサビの必要がない。年月を経て風雨に当ると、叩き込んだところは湿ってふくれ、柱と貫の間にわずかの隙間もなく、一つの木のようになって、きわめて丈夫である。飛驒の匠はクサビ一本で締めるというのは、このことである。

このように建物を作るということは、時間のかかることである。その段取りや細工の巧拙が出来上がりの良否を左右する。徂徠はそこに人の成長・成熟というものも見ていたのではないだろうか。

あるいは塗師《ぬし》の話。

某《それがし》が家に、父方の曽祖母の伊勢にて拵《こしらえ》置たる朱塗の椀家具有。祖父より父へ伝へ、父より伝はりて今に有。百年に余れ共、朱色も替る事なく疵も付かず。其丈夫なる事甚《はなはだ》し。某田舎にて百姓の重箱抔《など》拵るを見たるに、塗師も不自由なり。塗師一人にて、上総国中を方々倩《やと》はれありき細工をする也。一所に廿日三十日も居て塗り、又脇へ行き、かはきたる時節を考へ来りて蒔絵《まきえ》をする。其漆も別に買調へて置て塗らせ、下地も兼て拵置たる故、何もかも望の様に拵へて丈夫也（『政談』）。

〔大意〕自分の家に、父方の曽祖母が伊勢の国でこしらえさせた朱塗りの椀や膳などの食器がある。祖父から父へ伝え、父から伝わって、今でもあるが、百年以上経っても朱色も変わることがなく、疵もつかず、きわめて丈夫である。自分が田舎で、百姓が重箱などを作るのを見たときにも、塗師がなかなか来てくれなくて不自由である。一人の塗師が上総の国中を方々雇われ歩いて、仕事をするのである。一ヶ所に二十日も三十日もいて、塗り、また別のところへ行って塗る。そして塗物の乾いたところを見はからって、もう一度来てその上に蒔絵をする。その漆も別に買いととのえておいたのを塗らせ、下地もあらかじめこしらえてあるから、何もかも希望したとおりに作り上げて、丈夫である。

彼らの姿・生き様を見て、徂徠はモノとヒトとの関係に思いを至したであろう。その謙虚さ、一方で自らへの自信と社会への心くばり、このような人格は、モノがそうさせているのではないか。後に徂徠は、「先王の道」という「礼楽刑政」という具体的なものこそが、人間統禦に最も有効な手段であるという、独創的な考えを展開していくが、その原点にこの南総におけるモノとヒトとの関係の発見があったのではないかと思うのである。

以前モノづくりに携わるある経営者から次のような句を聞いたことがある。

もの言わぬモノがもの言うモノづくり

モノはヒトと違って嘘をつかない。具体的なモノにいつも触れていることで、その真理が会得できるようになる。逆にこれから離れれば離れるほどヒトは堕落していく。そんなことを戒める句なのだろう。

なお徂徠の「父方の曽祖母」とは、伊勢北畠家の侍角屋民部少輔娘で法名を了寿といった人とされている。徂徠高祖父の荻生少目《さかん》は三河荻生の城主であったが、城を奪われて後伊勢の北畠氏を頼ってその家臣となった。その養子惣右衛門（徂徠の曽祖父）に嫁いだのが、同じ北畠氏の家臣角屋の娘だった訳である。嫁入り道具として携えてきたものであろう。

モノを大切に使うという考え方が、当然のこととされていたのだ。そして、ここでは、地に着いた生活をしているのは、武士においても同様だったのである。そのような「地に着いた」武士こそ、武士の本来の姿であるという考え方から「武士土着論」が打ち出されていく（『政談』）。この構想については第十六章において詳しく見ていく。

これに対し、徂徠が当時最も多く目にしたであろう「田猟海蛋《でんりょうかいたん》」の民については、必ずしも好意的な印象を持っていない。

「某《それがし》田舎に居住して見たるに、百姓ほど取しまりなき、埒《らち》もなき物はなし」（『政談』）と切り捨ててしまっている。創意工夫もなく百年一日の如く同じであるといっているのだ。それだけ「百姓」は厳しい環境に置かれていて、年貢を取られまじとする心に頑なにならざるを得ないということだったのだろう。

最後の「師」は、「反面教師」としての師である。さきに菊間村は「風俗」悪しとされているが、その原因は何か。

思うに、その地の治めが乱れているからである。知行所としている武士は、江戸に居住し、地元に顔を見せることはない。代りに治政を担当する役人は、年貢増徴のことしか考えない。名主など百姓の指導的立場にある者が、彼らに迎合して、一緒になって百姓を痛めつける。

このような状況で、「風俗」が良くなる訳はないのである。

後に『政談』で徂徠は次のように記している。

当時は我身御城下に有て知行所遠方なれば、馴染もなく恩儀も貫かず。只百姓よりは年貢を取る物と斗《ばかり》覚へ、百姓も又年貢を取る人とばかり地頭を覚え、只取られじ取らんの争ひにて、あだかたきの如くに成行より百姓に非道をする族《やから》も有れ共、不断に我住所にて見馴聞なれする時は、愛憐の心自然と生ずるは人の心也。

〔大意〕今は、武士が自分は江戸にいて、知行所は遠方であるから、百姓と馴染もなく、恩義で結ばれているということもない。武士はただ百姓からは年貢を取るものと思い、百姓の方ではまた武士を年貢を取る人とばかり思っているから、双方ただ年貢を取ろう、取られまいとする心ばかりがはたらいて、百姓を仇のように思って、年貢を取り立てるために百姓にひどいことをする武士もある。しかしふだんから知行地で見なれ聞きなれしている百姓に対しては、慈愛や憐れみの心が自然に生じて、百姓にそれほど酷いことはしないのが、人情というものである。

徂徠はこの南総で多くの師に出会い、彼らから多くのものを吸収して自らを形成した。

それも元はといえば、綱吉が父方庵を所払いにしてくれたお蔭である。これを「恩」と言わずして何と言おうか。

「南総の、憲廟（綱吉）の恩に沐《よく》するは、藩邸接見の時よりも多しと為す」（『岡仲錫の常に徙るを送るの序』徂徠集）。南総の体験は、綱吉が柳沢藩邸にお成りになり、退窟な講釈を聞かされた「恩」とは比べるべくもないと言っているのだ。

それは皮肉でも愚痴でもない。徂徠の実感であっただろう。またここには主観を問わず結果こそが大切だとする、いかにも徂徠らしい考え方が窺える。

今でも中・高の卒業式などで「仰げば尊し我が師の恩」が歌われたりしているのだろうか。「師」は何も学校の教師だけではない。徂徠がそうであったように、人は多くの「師」と出会い、多くの「恩」を受け、成長しその人生を豊かなものにしていく。

第四章 天の寵霊
――徂徠と吉保

徂徠は元禄三年（一六九〇）江戸に戻ったと考証されている。二十五歳になっていた。徂徠は十数年ぶりの江戸をどう見たのか。

十三年を歴て御城下に返りて見れば、御城下の風も抜群に替りたるを見て、書籍の道理をも考へ合せ、少しは物の心も付たる様なり。始より御城下に住つづけたらんには、自然と移る風俗なる故、うかうかとして何の心も付まじきと存候。げに御城下に常に住む高官世禄の人は、何の心至りもなく、又風俗につれて物をも得いはぬも、是又余儀もなき事也と存候也（『政談』）。

〔大意〕十三年を経て江戸へ帰ってみると、江戸の風俗が以前とは大きく変化していることに気がつき、それを本を読んだりしてどうしてかと考えたりして、少しは世の中がわかるようになった。最初から江戸に住み続けていたならば、自然に移り変わってゆく風俗のことであるから、うっかりして何も気がつかないでいたことであろう。それにつけても江戸にずっと住んで高い地位や世襲の俸禄をもらっている人々が、何事にも気がつかず、また世間の風俗につれて自由に思ったことも言えないようになっているというのも、やむをえないことと思うのである。

五代将軍綱吉は延宝八年（一六八〇）に将軍となっているから、徂徠の南総時代は、その治世の前半に当る。前半は「天和の治」と称される峻厳たる大名統制策（例えば越後高田藩の改易など）で知られ、大老堀田正俊が幕政を牛耳った。

その正俊が貞享元年（一六八四）八月二十八日、殿中において若年寄稲葉正休《まさやす》に刺殺されるという事件が起こった。正俊と正休は家光の乳母春日局を通じて親戚同士となる、いずれも譜代の名門であった。正休は同座していた老中、若年寄らによって刺殺され、稲葉家は直ちに断絶となった。深手を負った正俊は意識不明のまま自邸に戻ったが、その日の昼過ぎに死去。

この事件は当時からその真相について様々な憶測がなされてきたが、その一説に、かねて大老の専横を苦々しく思っていた綱吉の意を忖度して、吉保が将軍の命と偽って正休を使嗾《しそう》し、正俊を殿中に刺殺させたというものがある。「死人に口なし」で直ちに正休が殺された手際の良さと、事件の受益者は誰かと考えると、そういう筋書も全くありえない訳ではないが、当時の吉保は二十七歳、僅か千石の小納戸役にすぎなかったし、そもそも綱吉・吉保が果してそのような陰険な人物だったかには、筆者は疑問を持っている。

正俊の死後、牧野成貞、柳沢吉保といった側用人が重用されるようになり、いわば綱吉専制体制が築き上げられる。

延宝から元禄前半まではどんな時代であったのか。当時の時代風潮を知るには、当時のベストセラー作家がどのような本を書いていたかを知るにしくはない。

例えば井原西鶴の『好色一代男』は天和二年（一六八二）に、『日本永代蔵』は貞享五年（一六八八）に刊行されている。

『日本永代蔵』はいうまでもなく、諸国商人咄ともいうべきもので、「金が金を生む」世の中において、工夫才覚によって致富に成功し、栄華を極め、そして没落していく商人群像を描いている。


「人の家に有たきは、梅桜松楓、それよりは金銀米銭ぞかし」（巻一、二代目に破る扇の風）

「商売に油断なく、弁舌、手だれ、智恵、才覚。算用たけて、わる銀《かね》をつかまず。利徳に生牛の目をもくじり」（巻一、昔は掛銀今は当座銀）

「人をぬく事は、跡つゝかず。正直なれば、神明も頭《こうべ》に宿り、貞廉なれば、仏陀も心を照す」（巻四、心を畳込古筆屏風）

「人より徳を取事、是、天性にはあらず。朝暮油断なく、鋤鍬の禿《ちび》る程、はたらく故ぞかし。万《よろず》に、工夫のふかき男にて、世の重宝を仕出しける」（巻五、大豆《まめ》一粒の光り堂）

「若き時より、かせぎて、分限の其名を世に残さぬは口をし。俗姓、筋目にもかまはず、只、金銀が、町人の氏系図になるぞかし」（巻六、智恵をはかる八十八の升掻）

この時代の変化を体現する人物として、三井の始祖三井高利（一六二二―九四）を挙げることもできるだろう。

伊勢松坂の商人高利が江戸本町一丁目に呉服店越後屋八郎右衛門を開いたのが、延宝元年、その業容が飛躍的に拡大する中で、同じ呉服商仲間の悪辣な妨害を受けたのが同八年頃、老舗の暖簾に胡座をかいていた同業他社を駆逐し、顧客の支持を拡大し、駿河町に移転して、「現銀安売掛値無し」の旗印を掲げ益々繁盛したのが天和三年、そして到頭幕府御用達となったのが貞享四年。徂徠は二十二歳で、まだ南総にいる。

それから三年後、江戸に戻った徂徠が見た「御城下の風」とは、このようなブームの経済、そして貨幣経済にすべてが飲み込まれようとする世の中であった。それが時代の流れであり、江戸、大坂、京の三都では「金が金を生む」経済が沸騰しつつあった。

しかし徂徠はこれに対し、貨幣経済が幕藩体制という徳川の支配の基盤を掘り崩すこと、端的にいえば武商に飲み込まれてしまう危険を警告し、その流れを押し止め、押し返すには何をなすべきかを考えたのである。それは当時ですら時代錯誤であると見られたであろう。野口武彦氏が「江戸のドン・キホーテ」と称する所以である（第十八章）。

この辺りは後に（第十六章）詳しく考えてみたいが、徂徠はその原因と対策をその生涯の末にまとめ上げ、それを八代将軍吉宗に献策することになる。

徂徠には医者になる道もあった。父が医者なのだから、その方が自然であるし、長兄もその道を歩んだ。当時「儒者寒し、医者寒からず」といわれたように、また今日でもほとんどの場合そうであるように、学者と医者では収入に格段の差がある。

にもかかわらず徂徠は何故儒者を目指したのか。

日本には科挙がある訳ではない。いかに「四書五経」を学び誦《そらんじ》ることが出来たとしても、中国の名臣、例えば宋代の司馬光や王安石のように、皇帝の相談役となって国政に自らの理想を反映できるものではない。また同じく宋代の鴻儒でいえば周濂渓《しゅうれんけい》や朱熹《しゅき》のように、官僚でありながら思索を深め、宇宙や人倫の体系を構築するようなことができるものでもない。

当時の武威による支配が貫徹している日本にあって、そもそも儒学者の存在意義は何なのか。

これは想像であるが、南総時代からの猛勉強によって、徂徠は言葉というものの面白さに次第に魅せられるようになっていたのではなかったか。

言葉は紡ぎ合わされて一つの思想を形づくる。それに人間は影響され、行動が規定される。思想は様々に組み立てることが可能であり、お互いに競争し合い、批判し合い、場合によっては戦争を引き起こすこともある。言葉は誰が作ったのか。人間が見たり触ったりできるものから、眼に見ることもできないし触ることもできない、そのようなものにまで名前がついている。誰が何のためにつけたのか。

言葉は生き物である。昔誰かがあるものに意味を付し名をつけた。しかし時代が変わると言葉はかつての意味を失い、新しい意味が付されるようになる。中にはいつしか死語となってしまうものもある。だとするならば古えの文を理解するには、古えその言葉の持っていた意味を、古えの用例用法を精査して捉える必要があるのではないか。

そんな疑問が次から次へと涌き、学びが学びを呼んで、徂徠は中国古代の書物を読破して、それらの謎を解き明かしてみたいとの欲求に駆られたのではなかったか。

「今言は古言に非ず、今文は古文に非ず」(『弁名』)
「世は言を載せて以て遷《うつ》り、言は道を載せて以て遷る」(『学則』)
「歳月反らず、人亡び世遷り、風俗日《ひび》に漓《うす》く、以て汚れ以て衰ふ」(『弁名』)

など、徂徠が時代の変化と言語の変化の姿を説く用例は枚挙に遑《いとま》がない。
そしてその研鑽が熟し、一つの体系（「古文辞学」）として作り上げられ、江戸の思想界を席捲することになる。
それはまだ先の話である。

江戸に戻った徂徠は、増上寺門前で舌耕生活を始めた。「舌耕」というのは経書の講釈などで生計を立てることである。

住んだのは芝三島町豆腐屋の裏とされている。貧乏教師で毎日のように豆腐屋の七兵衛が恵んでくれたおからを食べていたので「おから先生」と称された。後年、徂徠が柳沢家儒官として高禄を食むようになってからは、若い頃世話になった豆腐屋の七兵衛に三人扶持の米を一生送って厚く報いた（『蘐園雑話』、徂徠及びその門下の逸話を記したもの、著者未詳）ことは美談となって後に落語（「徂徠豆腐」）にまでなった。

何故増上寺かということについては、『蘐園雑話』に、江戸に出た時徂徠がある易者に占ってもらったところ、

否九五繫于包桑

という卦《け》が出たので、桑門即ち仏僧の居る所ということで増上寺の門前で舌耕を始めたと説かれている。本当にそうなのか。

そもそも『易経』（否の卦）には、

九五　休否。大人吉。其亡其亡。繫于苞桑。

とある。

この爻辞《こうじ》については「繫辞下伝」に孔子の解説があって、「君子は安くして危きを忘れず。存《そん》して亡を忘れず。治にして乱を忘れず」を実践していれば、その身は安泰で国は保つことができる。爻辞に「亡びるぞ亡びるぞと自戒して、頑丈な桑の根に繫ぎ止めよ」とあるのは、その戒めであると解されている。

若き徂徠はこの卦が出て喜んだのではないか。そして自らの役割も、国に対して警鐘を鳴らすようなものでありたいと思ったであろう。

この徂徠の舌耕生活は六年ばかりで終わりを告げる。当時老中格侍従の柳沢保明（後の吉保）に召し抱えられることになったのである。実際は儒臣であるが、十五人扶持御馬廻りという待遇であった。

人の縁とは不思議なものである。この徂徠と吉保の縁も、もしそれがなかったら徂徠が「天下無双之大儒」（後述）となることはなかったように思われるし、江戸のあるいは日本の思想界もかなり違った姿になっていたかもしれない。それは天がめぐり合わせたとしかいいようのない、絶妙の縁であった。徂徠流には「天の寵霊」ということであろう。

不佞、天の寵霊に藉《よ》り、王・李二家の書を得て以てこれを読み、始めて古文辞あるを識る（『弁道』）。

〔大意〕私は天のめぐみによって王世貞・李攀竜の書物を得ることができ、これを読んではじめて世の中に古文辞というものがあることを知った。

王・李及び「古文辞」については後述する。

柳沢氏は甲斐武田氏の遺臣である。武田氏が信長によって滅ぼされた後、代々雄猛を持って鳴った「武川衆」の一族として家康直属の軍団に組み込まれ、武蔵鉢形に知行地を持った。吉保の祖父信俊の時である。信俊の跡が安吉・安忠兄弟である。安忠は大坂の陣へ出陣し、秀忠から感状をもらっている。その後兄弟は駿河大納言忠長（家光の弟）付きとなったが、忠長が不行跡を理由に改易されたので失禄し、後に家光付きとなって復職した。このうち弟の安忠が家光の四男徳松（後の綱吉）付きとなった。

この安忠を父として吉保は万治元年（一六五八）に生まれた。生母は佐瀬氏の娘津那子。佐瀬氏は安忠の所領上総国一袋村（現在東金市に一之袋という地名が残っており、この場所と思われる。前章で触れた松ヶ谷勝覚寺とは、眼と鼻の先である）の郷士であったとされる。津那子が「行儀見習い」として四谷御門外の柳沢屋敷に住み込んでいた時に、安忠の手がついたのである。

吉保を生んだ後津那子は実家に帰され、間もなく結婚して一子を生むが、夫に先立たれたため大沼林齋という医師と再婚して二子を生んだ。従って吉保には異父弟が三人いたことになる。このうち次弟の佐瀬隼人、三弟の大沼大蔵は後に柳沢姓を許され、柳沢家の重臣となった。この林齋が学んでいたのが方庵だったのである。津那子は林齋死後柳沢屋敷に引き取られることとなる（天和元年）。吉保二十四歳の時であり、その後隠居所を与えられ了本院と称した。

徂徠と吉保の接点としては、従来増上寺の了也上人の推薦があったとの説もあるが、むしろこの吉保の生母了本院の元の夫が方庵に医を学んでいた縁の方が濃厚であろう。即ち、了本院から方庵のことも徂徠のことも、吉保は聞き知っていたということだ。

なお、嫡男吉里を生んだ吉保の側室染子は、同じく上総一袋村の浪士飯塚杢太夫の娘で、生母了本院が吉保に引き取られた時に侍女として付いてきた者という。

その吉保の邸に将軍綱吉が初めて「御成」になったのは、元禄四年三月二十二日のことである。

その時のことは、吉保の側室正親町《おおぎまち》町子の『松陰日記』に詳しいが、それによると巳の刻（午前十時頃）から夕食に至るまで滞在し、帰城した綱吉に吉保が御礼の挨拶を済ませて帰邸したのが戌《いぬ》の刻（午後八時頃）だったというから、兎に角一大行事だったことがわかる。

柳沢邸で綱吉が何をしていたかというと、綱吉が到着し将軍用に作られた御殿に着座すると、まず祝い物（熨斗《のし》あわび）を献上し、将軍からは数々の引き出物が下賜される。次に正式の拝謁式があり、次いで酒餅などを供した軽食が出てひとやすみする。

次に、吉保の家族との対面が終わると、群臣を前に将軍自ら『大学』の講義を行う。皆々口を揃えて、「天下にかばかりやんごとなき御うへにて、かく、ひじりのかたの道さへ、こまやかに、あきらめおはします御ざえのほどの、有がたうおはす」（天下にこれほど尊いお方であって、このような聖人の道を詳しく明らかにされているその才能は、誠に珍しいことよ）などと、歯の浮くようなお世辞を言って誉めたたえる。

綱吉の講義の後は、吉保が同じ『大学』の「八条目」を講釈し、次いで家臣七人が同様に様々な漢籍を進講する。なお、「八条目」というのは『大学』の「修己治人」の条目で、「格物、致知、誠意、正心、修身、斉家、治国、平天下」という朱子学の基本中の基本である。

次いでメインイベントともいうべき能楽があり、綱吉自らも「難波」「橋弁慶」「羽衣」などを舞う。能の後は食事となり、これが終わって綱吉は帰城する。

こんな「御成」を、綱吉はお気に入りの大名邸に足繁く通った。柳沢邸だけでも通算五十八回に及んだという。

徂徠の高弟、太宰春台《だざいしゅんだい》が「野史訊洋子」というペンネームで書いたとされる『三王外記』という書物がある。「三王」というのは、憲王（常憲院綱吉）、文王（文昭院家宣）、章王（有章院家継）という、五、六、七代将軍のことであり、彼らのゴシップ記事を漢文で書いたものである。

この中で綱吉好みとして、春台が掲げているものは次の通りである。

儒学を好む
狗（犬）を愛す
馬を愛す
奢華を好む
男色を好む
祈禱を好む
修造・土木を好む
猿楽を好む
鬼神を好む
田猟を好まず宴遊を好む
年少を好む
富貴を好む

「文治主義」とは聞こえが良いが、将軍家も五代を迎えると、かくも堕弱に劣化しているのである。

ここで儒学が、犬や男色や猿楽と並んでトップに記されていることに注目したい。

『三王外記』にも、元禄年間には綱吉自ら『周易』の講釈を行い、「諸侯百官群士大夫」、およそお目見え以上の者が列をなしてこれを謹聴すること五年に及んだと記されている。

吉保が徂徠をスカウトした理由はこれである。何も国政の枢機に預らせて、ブレインとして活用しようとした訳ではない。「儒学好き」の主君の好みにどう合わせていくかに役に立つこともあるだろうという考え方であったのだ。

かくして徂徠は、柳沢家家来となった。なお、この年には方庵も幕臣に召出されている。

柳沢家に儒臣は多い時で二十人を数えたというが、その中で徂徠が頭角を表わした出来事があった。これは『政談』に詳しく述べられている事例なので、これに沿って事件の概要をまとめてみよう。

吉保が川越藩主であった時の話である。

領内に一人の百姓で、貧窮の余り田んぼも家も手放し、妻にも暇を出し、自らは頭を剃って僧形となり、道入と名乗り母を連れてあちこちを渡り歩いている者がいた。そんな中、熊谷か鴻巣あたりで母が病気となったので、道端に捨て置いて自分は江戸に出てきてしまった。所の者が置き去りにされた母に事情を聞いて、道入親棄ての罪が発覚したのである。

この時吉保から、儒臣に対して親棄ての刑はどのようなものと考えるべきか、和漢の先例を考えて意見を申し上げるようにとの指示があった。

他の儒者達は、親棄ての刑は「明律」には見えないし、この者は母を連れて乞食をしていたのが、母が行倒れになったまでのことで、刑を課することは出来ないなどと主張したのに対し、徂徠は、これを親棄ての刑として処罰すれば他領の手本ともなろうが、問題はそういう者が領地から生まれたということにある。それは第一に代官・郡奉行の責任であり、その上は家老の責任であり、さらにその上にも責任者がいる。それに比べれば道入の罪など軽いものだと言ったのである。

吉保はそれを聞いて「もっとも也」と言い、道入に一人扶持（一日玄米五合）を与え、元の在所に住まわせてやることとしたのである。

徂徠はこの一件以降、吉保が徂徠を「用に立べき者也」と一目置くようになったと記している。

この一件は、為政者の政治責任は何処にあるのかということを考えさせる。

それには、当時の吉保やさらには綱吉などの為政者が「仁政」というものをどう考えていたかを、反芻《はんすう》してみなければならない。

中国の古典『詩経』（大雅）に、「天、烝民を生ず」という言葉がある。「烝民」とは多くの民という意味である。天によってまず民が生まれ、その民を統治するために有徳の天子が立てられるという考え方である。

しかしながら、天子は必ずしも有徳の者ばかりでない。天子に徳が失われると、天はそのことを懲《こ》らしめるために様々な災厄（天変地異、疫病など）を与え、民に警告を発することになる。これを天譴《てんけん》思想という。

従って為政者は、天の譴責を受けぬよう、身を正し自らを高めなくてはならないのである。綱吉が『大学』や『易経』を講釈するのも、主観的には良き為政者、即ち「仁君」たらんとしているのである。

悪名高い「生類憐れみの令」も同様の発想から生まれている。

いったんこのような思想に取り憑かれると、為政者は何処かに「天譴」の兆しがないかどうかと、夜も落ち落ち眠れない不安な心理に陥ることになる。

そこで為政者を補佐する者の大事な役割は、この予兆を感知することだということになる。その興味深い例は、前漢宣帝の時代に丞相をつとめた丙吉《へいきつ》の対応である（『漢書』）。

丙吉が都を騎馬で巡視していると、大勢の人が喧嘩をして、中には死傷者も出ている。丙吉はそれには眼もくれずに巡視を続けると、今度は牛が舌を出してゼイゼイと喘いでいるのに出くわした。丙吉は馬を止めさせ、牛を追っている者に牛の状態を尋ねたのである。部下が怪訝に思って、喧嘩を無視して通り過ぎ、牛のことを尋ねた理由を訊くと、丙吉は、喧嘩の処理は司直の手に委ねればいいことだ、丞相としてはまだ春先なのに牛が喘いでいるのは季節の進み方が順調でなく、何らかの天候不順の予兆ではないかと懸念されるのだと答えたというのだ。

道入親棄ての一件で徂徠が答えたのが、まさにこの点である。為政者の責任とは何か、「天譴」の予兆をいかに感知するかという切実な課題である。

徳治国家における為政者の責任は、いわば無定量、無限定なのである。その点、法治国家とは聞こえはいいが、有限責任の体制では、誰もが何か問題が起きると、まず自分の責任ではないということばかり考えている。このような責任回避をまず考えるリーダー達は、リーダーとしての結果責任をもっと考えてほしいものである。

実は綱吉治世の末年は天変地異が相次いだ。

元禄十六年十一月二十三日、関東地方をM七・九〜八・二と推定される巨大地震が襲った。震源域は相模湾から房総半島沖で、一〇メートルを超す津波が起こった。柳沢家の記録である『楽只堂《らくしどう》年録』によれば、全壊戸数二万二千軒余、死者数は一万人を超えた。

次いで宝永四年（一七〇七）一〇月四日、関東地方から九州にかけての広範囲で大地震があった。M八・六と推定されており、日本の歴史上で最大規模のものである。震源域は御前崎沖から四国沖にかけての広大な地域で、いわゆる南海トラフ地震である。津波の被害は特に土佐、阿波、紀伊、伊勢などで大きかった。これも同記録によると全壊家屋五万六千軒余、死者数五千人余となっている。

さらに同年十一月二十三日、富士山が大噴火した。噴火は五日間続き、富士山の東側の地域に噴石が降り続いた。富士山の標高二七〇〇メートルほどの東南斜面に新火口（宝永火口）が出来た。須走村（小山町）は火山弾の直撃を受けて潰滅、大御神《みか》村（小山町）は一・五～二メートルの降砂に埋没。さらに降砂は丹沢や山北村（山北町）、足柄平野や小田原を埋めつくし、江戸でも多い所で三、四寸に達したとされる。

これだけ大きな天変地異がたて続けに起これば、当時の人々は天が将軍を譴責するために起こしたメッセージだと受け取ったに違いない。

徂徠は、元禄九年から宝永六年に至る十三年間、柳沢家に儒臣として仕えることとなるが、これらの天変地異に対する感想などは残されていない。当初十五人扶持であったものが、終いには五百石という儒臣としては破格の俸禄を得ることになった。それだけ見ると、徂徠は「寵臣の寵臣」として、向かう所敵なしの大活躍をしたように見えるが、加増は吉保のブレインとして目覚しい活躍をしたからではない。もともと儒官といっても科挙官僚ではないのだから、中国のように宰相や御史（徳川幕府でいえば老中や大目付）などに登用される訳ではない。柳沢家での仕事といえば、第一に、吉保が将軍「お好み」の儒学の御相手をする準備をしたり、脇に侍ってサポートをしたりすることである。

第二に、これに関連するが、綱吉の小姓衆や将軍家・柳沢家の側室等へ儒学の講義をすることである。その講義台本がいくつか残っているが、そのうち、『論語』の講義録である『論語弁書』などをみると嚙み砕くようにわかりやすく、ストンと頭に入るような講義ぶりだったことが想像される。

例えば、『論語』冒頭にある「人知らずして慍《いきどう》らず、亦た君子ならずや」（為政篇）については、

我よきことを人が知らねば腹立つ筈なるに、夫を何共《なにとも》思はぬは、誠の君子と也。譬《たとえ》ば、諸藝に達したる者は人の誉《ほ》めそしりは構わぬが如し。

またあるいは「述べて作らず、信じて古《いにし》えを好む」（述而篇）については、

述は古えよりある事をいひ述《のぶ》る也。作は今迄なき事を新しく作り出すをいふ。作るといふ事は聖人ならではならぬこと也。我（孔子）は古えより聖人のなしたる事を見聞《みきき》てそれを述るまでにて新《あら》たにこしらへ出《いだ》す事をせず、只古来よりの道を深く信仰してそれを篤く好むまで也。

などと解説している。明快達意の解釈ではないか。

第三は、吉保の大名同士の交際や参禅したりする際、書簡を代筆したり、文書を作成したり、添削したりすることである。儒官は漢文の専門家ともいえるから、その役割に相応しい仕事である。

また、当時「唐話」（中国語）ブーム、「黄檗《おうばく》」（黄檗宗）ブームがあり、主君の吉保もその流行の先端を走っていたので、これに伴う通訳などの仕事もあった。

第四は、主君の言行録や家の歴史の編纂執筆である。柳沢家の記録を編年体で整理した『楽只堂年録』（元禄十五年、百石加増）、吉保の参禅録である『勅賜護法常応録』（宝永三年、五十石加増）、綱吉の一代記『憲廟《けんびょう》実

録』（正式名称を『常憲院贈大相国公実記』という。正徳四年、百石加増）など、形になったものが出来た時に加増しやすいのかもしれないが、これをもって儒臣なるものの存在意義が知れる。

これらの記録は、歴史資料とはいえるが、面白くも何ともない。例えば『楽只堂年録』など、『松陰日記』にあるように将軍が御成になった時に何を献上し、何を引き出物としていただいたかなどを延々と書き連ねている。

『楽只堂年録』の元禄十五年十二月十五日の一条を以下に引用する。

> 昨夜、故の浅野内匠頭長矩が家臣、四十六人、吉良上野介義英《ママ》か宅に推し入て、義英を殺す。其君長矩か志を継ぐとなり、泉岳寺は、長矩か墓のある所なれば、翌朝、此寺まて立のきて、御仕置を待てり（簡明なので大意は略す）。

いうまでもなく「赤穂義士」の事件の記載である。この件に当っては徂徠がブレイン的役割を果したが、その詳細については第五章で考えてみることとしたい。

吉保は、徂徠を召し抱えた元禄九年において既に七万二千石余りの大名（川越藩主）となっていたが、翌十年には二万石加増、さらに同十五年に二万石加増、そして宝永元年には三万九千石が加増され甲斐・駿河で十五万一二〇〇石を領する大大名に栄進した。

その恩寵への感激を、吉保は次のように詠んでいる。

めぐみある君に仕へし甲斐ありて
雪のふる道今ぞふみなん

その得意や思うべし。

綱吉と吉保の関係も「天の寵霊」による所が大きかったが、それほどまでの君寵を得たのは、吉保にそれだけの魅力があったからである。

吉保がどのような人物であったかを、一番良く見ていたのが主君の綱吉であっただろう。

家宣を次期将軍にすることが決まり、その恩賞として綱吉が吉保に甲斐を与え、合わせて加増した時に、次のように吉保の労を労ったという。


年ごろ何くれと、これらの事おほかれど、まめやかに心にいれて物せしほどに、ひとへにうしろやすく、まかせきこえたるにこそあれ、うれしうかひあるさまは、なにかは、今はじめていふもおろかになむ、又此たびは、此つぎの君さだめの事につけて、日頃ひとへにうちとの事、ただひとりにのみ、まかせつるを、大小の事、のこることなく、おもふさまになりたるなむ、又なきよろこびなり（『松陰日記』御賀の杖）。

〔大意〕このところ何かと大変な事が多かったが、そなたは一つ一つ丁寧に誠意を持ってやってくれたので、安心して委せられたのだ。それが嬉しく頼み甲斐のあることは、今さら申すのも愚かなことだ。特にこのたびは、世継ぎの君決定の事について、日頃あれこれとただそなた一人に委せてきたが、何の問題もなく自分の思うようになったのは、この上ない喜びである。

ここで綱吉が「まめやかに心をいれて」というのが吉保の本質であり、破格の出世の理由でもある。マメで気配りの人、誠心誠意、二心ない人物であったようだ。

究極のイエスマンともいえる。従って悪名高い「生類憐れみの令」についても、諫言したり、まして体を張って阻止したりはしない。

あくまで月であり陰に徹するのである。

そして、綱吉死後、直ちに退隠して六義園に引き籠るのだが、これはこれで見事な処世である。徳川幕府の二大側用人のもう一人、田沼意次が失脚後罰せられ知行を削られたのと好対照をなす。

偶然といえば偶然だが、徂徠がこの「マメで気配り」の吉保の知遇を得、五百石の高禄を以て仕えることがなかったら、先にも触れたように後に徂徠が大儒となり、徂徠学を完成させ後世に大きな影響を与えることもなかったと思われる。

当時、生涯「舌耕」を以て終わった儒学者は大勢いたし、また仕官といっても権力中枢との距離感が徂徠ほど近かった者も少ないのである。綱吉・吉保時代にはその経綸抱負を明らかにすることは出来なかったが、後の徂徠学の完成とその普及に、柳沢藩邸での経験が大きな役割を果したことはいうまでもない。

徂徠は「旦《あした》より深夜に及ぶまで、手に巻を釈《お》くの時無し」(『先哲叢談』)といわれたほどの「本の虫」で、書物以外にさしたる趣味もなく、ましては「声色」など論外という堅物だったから、五百石の相当部分は本代に消えたと思われる。蔵いっぱいの書物を百六十両で買った時は、先祖伝来の武具ばかりを残して家中の什器《じゅうき》すべてを売り払ってまで求めたこともあったという(『蘐園雑話』)。

その書籍の中に「李王」即ち、明代の文人李攀竜《りはんりゅう》(一五一四―七〇)及び王世貞《おうせいてい》(一五二六―九〇)の書物があり、これが「天の寵霊」となったのである。そういうことができたのも、高禄を得ているからなのである。

李・王は、十六世紀後半の明の文壇を主導した人物である。彼らの「文は秦漢、詩は盛唐」というスローガンを掲げた復古主義の考え方（「古文辞」）は、単に文学の主張に止まらず、「世紀の生活全体をも支配し、人々の生活の信条となった」（吉川幸次郎『元明詩概説』岩波文庫、二〇〇六年）ともいわれる。この言語生活を古代に一致させるという方法論を経学に応用したのが徂徠の古文辞の学であり、また今日のわれわれにあっても、文は『史記』、詩は「李杜」（李白及び杜甫）が頂点とされるのも、彼らの考え方が徂徠門を通じて日本社会にも深く浸透した結果である（第十五章参照）。

綱吉と吉保の縁、吉保と徂徠の縁。偶然とそれを生かした吉保の魅力と徂徠の実力。この「縁」と前章の「恩」は、人間社会の不思議な作用ではないかと思う。非合理といえば非合理である。「合理的」な「近代」においては、一顧だにされないのかもしれない。しかし、これらを大切にしない人には、「天の寵霊」が与えられることもないに違いない。

焼酎のいいちこで有名な三和酒類では、次のような言葉が代々伝えられているという。

縁ありて花開き
恩ありて実を結ぶ

その通りだと思う。それを非合理だと思う人間は、縁を無視し恩に背いたらよいと思う。数年前に御家騒動のあった有名家具店の例が示すように、その結果は自らにはね返ってくるだろう。

この綱吉・吉保政権が次代に残したものは、その放漫財政による莫大な借金の山であった。儒学などはいくら好きでも大した金はかからない。「綱吉好み」の中で最も金のかかったのは「修造・土木」であったろう。特に母桂昌院への孝心篤い綱吉は、そのために京、江戸、奈良の諸寺に厖大な金を費《つか》っている。

また、立て続けに起こった天変地異への救恤《きゅうじゅつ》・復旧経費も幕府財政を圧迫した。これらの巨額な財政需要を一手に賄って評価され、異例の累進を遂げたのが勘定奉行荻原重秀であるが、その貨幣改鋳政策を含め、徂徠と白石の通貨政策の対立については、第十三章においてまとめて述べることとしたい。

これらの無責任な放漫財政に、吉保にその反省の弁はない。

またさらに、吉保は徂徠と違って、幕府の現状について何らの危機感も持っていない。六義園退隠後の吉保は、ただ「淫佚至極」（『兼山秘策』、室鳩巣が加賀藩士に送った書簡集成、第五章参照）に耽るのみであると噂されるようになった。

最後に吉保・徂徠のちょっといい話を紹介しておこう。

徂徠が吉保の命によって綱吉の一代記（『憲廟《けんびょう》実録』）をまとめた時のことである。この中で悪名高い「生類憐れみの令」を、吉保の勧めによって綱吉が実施したというように書かれていたので、流石の吉保も「わしはそんなこと言っとらんぞ」と文句を言ったのに対して、徂徠は、「君の過は臣下の受くべきことなり」と答えたところ、吉保はしばらく考えてから、「実にさることもあるべし」と返したというのだ（『蘐園雑話』）。徂徠の気骨と吉保の大量を感じさせる話ではないか。

第五章

赤穂「義士」——徂徠と鳩巣

元禄十四年（一七〇一）三月十四日、四ツ半（午前十一時）頃、多門《おかど》伝八郎の待機する御目付部屋にその事件の第一報が入った。

「唯今松之御廊下にて喧嘩これあり、刃傷におよび候。御相手は相い知らず候えども、高家吉良上野介殿手疵負われ候」

多門伝八郎はこの時御目付の役にあり、浅野刃傷からその切腹、死骸引渡しに至る一連の経過を詳細かつ冷静に書き残した（『多門伝八郎覚書』）人物である。

伝八郎が現場に急行すると、上野介は同じ接伴役の品川豊前守に抱きかかえられ、前後を弁えないカン高い声で「御医師衆頼みたく」とふるえていた。傷つけられた場所から上野介の逃げた跡には、畳一面血がこぼれていた。

一方の浅野内匠頭《たくみのかみ》は、血ばしった顔で既に刀は持たず、（大奥留守居番）梶川与三兵衛に組み留められ、神妙な体《てい》で「私儀乱心は仕まつらず候。御組留の儀ごもっともには御座候えども、最早御免《ゆる》し下さるべく候。かように打損じ候うえは、御仕置願い奉り候。中々この上無体の刃傷仕つらず候あいだ、手を御放し、烏帽子を御着せ、大紋の衣紋を御直し、武家の御法度通り仰せつけられたく」と嘆願していた。

これが現場へ直行した目撃者の証言である。

ここで第一に、事件を報じた何者かが、「喧嘩」があったと言っていることに注目したい。というのも、「喧嘩口論」が『武家諸法度』に加えられたのは天和三年（一六八三）のことで、当時の武士にとってはまずこの『法度』のことが頭をよぎったであろう。

しかし、今回の事件は、内匠頭が突然背後から上野介を斬りつけたもので、『武家諸法度』にいう「喧嘩口論」ではない。伝八郎の事情聴取に対し内匠頭は、「上野介え深き恨み之《これ》あり候」と怨恨による行動であったことを自白しているし、実際その場で内匠頭を取り抑えた梶川与三兵衛も「喧嘩口論」の末に刀を抜いたとは言っていない。

第二は、被害者の上野介が「前後不弁高声云々」と、武士にあるまじき見苦しい姿と捉えられていることである。斬りつけられて刀も抜かなかったのかと、筆録者は内心非難しているのである。このことも、後に世論が吉良に同情的でない原因となった。

しかしこの点事件当初は、上野介の刀を抜かずに「場所柄を弁え、手向致さず」という対応は「神妙の至り」であるとされたのである。

第三は、内匠頭が自分は乱心して行為に及んだのではない。打ち損じた上は、武家の流儀に従っていかなる仕置を受けても異存はないと言っている点である。

この点内匠頭がわざわざそんなことを言わなければ、「乱心」として処分された可能性があった。即ち、「乱心」とは発狂もしくは心神喪失であるから、責任能力なしとして御家廃絶になることは免れたかもしれないのである。

しかし内匠頭は「深き恨み」の内容については何も語っていない。この供述のないことが後に様々な憶測を呼び、上野介悪人説がふくらんでいく一因となる。

一方の上野介は、自分は「何の恨みを受け候覚えこれなく、全く内匠頭乱心と相い見申し候」（『多門伝八郎覚書』）と供述している。「喧嘩口論」となれば「両成敗」になるから、上野介にしてみれば、狂犬に嚙まれた事件だと処理してもらえればありがたい訳だ。

発端の事件についてはこの三点をまずおさえておきたい。

そして事件は周知のように、翌元禄十五年十二月十四日丑の刻（十五日午前二時頃）の本所松坂町吉良邸への討入り、そして翌十六年二月四日の四十六士切腹として終わる。

この「義士」の「義挙」は満天下を興奮させ、天下泰平に慣れた武士を覚醒させた。

義とは何か、武士はいかに生くべきかについて、様々な議論が当時の武士や儒学者において戦わされてきた。

本章ではその中で徂徠がどのような考え方を持っていたのかに焦点を当てて考えてみよう。


まず、この元禄十四年時点における登場人物の年齢をおさえておく。

浅野内匠頭（寛文七年生・三十五歳）
吉良上野介（寛永十八年生・六十一歳）
大石内蔵助（万治二年生・四十三歳）

徳川綱吉　（正保三年生・五十六歳）
柳沢吉保　（万治元年生・四十四歳）
荻生徂徠　（寛文六年生・三十六歳）
室鳩巣　（万治元年生・四十四歳）

ここで内匠頭と上野介は親子ほどの年の差があること、内匠頭と徂徠、内蔵助と吉保がそれぞれ一歳の違い、また吉保と鳩巣は同年であることがわかる。

以上をおさえておいた上で、まず当時の「世論」はどのようなものであったのか、またその「世論」を増幅させた者は誰だったのかを見ておこう。

室鳩巣（一六五八〜一七三四）という儒学者がいる。

室鳩巣、名を直清、新助ともいう。鳩巣は号である。新井白石と同じ木下順庵門下（木門という）で、江戸の出身である。父は玄撲といい、医を業としていた。鳩巣は初め加賀藩に仕えていたが、正徳元年（一七一一）白石の推挙により幕府儒官として召されることとなった。従ってこの赤穂事件の時点では加賀藩儒である。

吉宗襲職により白石が失脚した後も儒官として止まり、特に林大学頭家による湯島聖堂での教育に不満を抱いていた吉宗が設立した高倉屋敷の教官を務め、また享保七年（一七二二）以降は吉宗の侍講を務めるなど、吉宗政権でも長くその地位を保った。著書としてはこれから取り上げる『赤穂義人録』、そして『駿台雑話』『兼山秘策』などがよく知られている。

このうち『兼山秘策』は、『兼山麗沢秘策』ともいい、加賀藩士青地兼山、麗沢兄弟宛（一部他の加賀藩士を含む）の書簡を年代別にまとめたもので、正徳から享保にかけての幕政を中心とした貴重な記録となっている。

これを見ると、何と筆マメなことか、よくこれだけの機密情報を書けるな、と一驚せざるをえないが、彼は幕府儒官となって以降も事実上加賀藩の密偵として幕閣を中心とした様々な内部情報を加賀藩に書き送っている訳だ。それなりの報酬を得ていたかどうかはわからないが、そのような疑惑なしとしない。

同じ朱子学でも、（山崎）闇斎のような徹底性も、（貝原）益軒のような根源性（朱子学の根本にある「大極」「本然の性」「体用」などの概念は、孔孟の論ずる所ではないと疑問を呈している。『大疑録』）も、白石のような視野の広さも持たない。学者としては融通性のない朱子学原理主義者といってよいだろう。『先哲叢談』には、「鳩巣、朱学を墨守す」とされている。

しかし、鳩巣には彼らにはなかった時流を見極め、それに上手に棹《さお》さす能力はあった。

そのような鳩巣の特色が遺憾なく発揮された著作が、赤穂義士討入りに触発されて書かれた『赤穂義人録』である。元禄十六年十月には成稿というから、数多くの「義士」論でも最も早く世に出たものである（もっとも、鳩巣は後に何度となく改訂している）。

『赤穂義人録』は上・下二巻より成り、上巻は浅野内匠頭の殿中刃傷事件から「義士」切腹に至るまでの事件の経過を詳細に記し、下巻は「義士」各人の人物列伝を記している。

書名に「義士」が入っているように、本書は「義士」達を顕彰する目的で書かれている。

従って書かれていることがすべて事実であるわけではない。しかし、「義士」周辺だけでなく、事情を知る幕閣の要人や関係諸藩の重臣に数多く取材し、また残された記録などの精査を経て書かれたことは明らかである。本書において引用されている記録としては、「大高（源五）忠雄母に与ふるの書」、「神崎（与五郎）則休筆記」、「寺坂（吉右衛門）信行筆記」（討入り後唯一人姿を消した人物、内蔵助の密命を受けていたとされる）、「浅野内匠家来口上書」（堀部安兵衛が原案を作ったといわれる）などが挙げられている。

赤穂事件に関する資料としては、この他、「梶川氏筆記」（内匠頭を組み留めた梶川与三兵衛の手記）、「堀部（安兵衛）武庸《たけつね》筆記」（安兵衛と内蔵助はじめ「義士」達との往復書簡集）、「佐藤條右衛門一敞《いっしょう》覚書」（安兵衛の従兄で討入りを目撃して記録したものとされる）、「堀内伝右衛門覚書」（細川越中守家来、細川家にお預けとなった「義士」の記録）、『江《こう》赤《せき》見聞記』（内匠頭未亡人瑤泉院付の用人落合勝信が事件及び家臣のプロフィールをまとめたものとされる）などがあるが、鳩巣がこれらをどこまで知っていたのかは不明である。

同じ儒者ということでは、細井広沢について触れておく。広沢は柳沢家の儒臣を務め、徂徠とも親交のあった人物である。徂徠の最初の妻三宅休との結婚の媒酌人を務めているくらいだ。それが故あってこの頃柳沢家を致仕《ちし》し浪々の身にあった。広沢は以前より剣術を念流堀内源左衛門正春という人物に学んでおり、ここで堀部弥兵衛・安兵衛父子らとは親しく交わっていた。その縁で討入りについては前々から安兵衛らから情報を得ており、さきに掲げた「浅野内匠家来口上書」についても、文案について相談を受けたとされている。

しかし『義人録』には、「多門伝八郎覚書」や「堀部武庸筆記」のような迫真の臨場感は見られない。当事者でないといえばそれまでだが、むしろ「義士」を顕彰しようとの意図が露骨に出ていて、事実をもって語らしむといえば聞こえが良いが、実際は「義士」にとって都合の良い情報に偏しており、中には鳩巣の創作と思われるような部分も散見される。

例えば、上野介の意地悪ぶりを強調する表現。

上野介と内匠頭が勅使・院使の接待の手順を確認している時に、上野介が「鄙野の子（田舎者め）、しばしば礼に曠《むな》し（礼儀作法も知らん奴だ）。また司賓の選を辱《はずかし》めざらんや（それで接伴役など務まるものか）」と非難したので、内匠頭がこれを聞いてカッとなり刀を抜いたと記されている。

この辺り、先に記したように「多門伝八郎覚書」には何ら記載なく、内匠頭を組み留めていた梶川与三兵衛からそう聞いたという記載もない。『梶川氏筆記』によると、ここでは、与三兵衛が上野介と勅使・院使の到着が早まるようだと一言、二言話を交わしている所へ、上野介の背後から、内匠頭が「此間の遺恨覚えたるか」と声をかけて切り付けてきたと記されている。上野介が内匠頭を侮辱したのでカッとなってという『義人録』のくだりは事実ではないのである。

ただ一言鳩巣のために弁護しておくと、『義人録』は漢文で書かれているため、日本語の会話をそのまま書くことはできないという制約があったことは割引かなくてはなるまい。だからといって創作してもよいということにはならないだろう。

その他、もともと上野介は、殿中の作法等について教えを乞うと、当然のように賄賂を要求したり、それを潔しとせず賄《まいな》いをしないと、自分で考えてみてはといって教えてくれないなどの意地悪をする人物であるとか、内匠頭の友人加藤泰実《ママ》（「恒」の誤り）から以前上野介と一緒に山陵の仕事に携わった時にその人柄は「驕傲《きょうごう》（威張りくさって）、好んで人を伎害《きがい》す（いためつける）」と聞いていたとか、そういう逸話を鏤《ちりば》めて、上野介を敵役として造形しているのである。

一方の大石内蔵助については、内匠頭切腹後の赤穂城中においては、

先君、義英《ママ》の無礼を怒り、これを釣庭に戮《りく》して克《か》たず、而して独り禍いに罹《かか》る。これ義英はわが君の讐《かたき》なり。いま義英在り。われ、諸君と、義として与に共に天を戴かず。窃《ひそ》かに諸君のために計るに、相与《あいとも》に力を戮《あわ》せ謀を共にし、以て義英を討ちてこれを殺すに若《し》くはなし。

〔大意〕わが主君は、義央の無礼を怒って殿中においてこれを殺そうとしてその志を遂げなかった。そして

一人切腹させられたのである。義央はわが主君の仇である。その義央は生きてピンピンしている。諸君も同様と思うが、「君父の仇は共に天を戴かず」という言葉がある（この言葉は『礼記』曲礼篇に「父の讎《あだ》は、與《とも》に共に天を戴かず」とある。原文には「君」がないことに注意）。これが私の思いである。共に力を合わせ謀事をともにして義央を殺すしかない。

云々という大演説や、討入り成就後泉岳寺の亡君の墓前での同趣旨の報告、その中には決盟後の苦難、「妻子を捨て、親戚を離れ、東西に奔走し、寧処するに遑《いとま》あらず。雨雪を衝冒し、日を幷《あわ》せて食らひ、一に仇家を間視（監視）し、機会を失はざらんことを以て務めと為す」を縷《る》々述べていることも紹介されている。

しかし、もとより赤穂の家臣も「義士」ばかりではない。もう一人の敵役城代家老の大野九郎兵衛については、「貨を好み富を致し、家に余産あり。専ら財を以てみづから逃れんことを謀る」人物という伝聞を記し、赤穂から逃げた時、その蓄えた貨財百箱を赤穂の商家に託したとか、京都に逃れて金儲けをしたとか、内蔵助らの死後は、人から後指を指され、道で会えば人々はその顔面に唾を吐こうとしたとか、これでもかこれでもかと筆誅を加えている。

こうしてみると、鳩巣の「義士」論は、人物造形がステレオタイプで、わかりやすいといえばわかりやすいが、当事者の本当の苦悩のようなものが見えていないことに気づく。

しかしわかりやすいが故に、人口には膾炙《かいしゃ》した。

後の文楽・歌舞伎の「忠臣蔵」で「義士」を賞揚するために、上野介や九郎兵衛が敵役として作られたのは、この鳩巣の『赤穂義人録』に依る所が大きいものと思われる。

では徂徠は「義士」討入りの第一報を聞いてどう思ったか。その感想は残されていないが、少なくとも「義士」を絶賛する「世論」に対しては強い違和感を感じていたことは間違いない。

そもそも主君に対して盲目的に服従することは「忠」ではなく、いわば奴隷の思想として「臣」としてあるまじきものと考えていたからである（第六章参照）。

例えば、徂徠は「忠」について次のようにいっている。

> 御身は主君へ差上られ、無き物と思召され候由、是は今時はやり申候理窟に候へども、聖人の道に之無き儀に候。――（中略）――忠と申し候は、総じて人之事を吾身の事の如くに存じ少も如在無き事に候（『徂徠先生答問書』、庄内藩酒井家の家老水野元朗、四田進修の質問に答えた書簡を編集・増補したもので、徂徠学の入門書として広く読まれた。享保十二年に公刊されている）。
>
> 〔大意〕自分の身は主君に差し上げたものだから自分のものではないとお考えになっているようですが、これは近年はやりの理窟ですが、聖人の道ではありません。（中略）忠というのは、総じて他人の事を我が事のように考えて少しもいい加減なことをしないということなのです。

徂徠には、赤穂事件に関して三つの文書が残されている。

一つは、「四十七士の事を論ず」というもので、短文ながら徂徠の思想のよく表われたものである。

第二は、「義奴市兵衛の事を記す」というもので、これは上総国姉崎村の名主次郎兵衛の下僕市兵衛がいかにして罪を得た主の赦免に漕ぎつけたかという、実際にあった事例に即して、忠義とは何ぞやを説いたものである。

宝永二年（一七〇五）に市兵衛褒賞のことがあり、これを踏まえて記されたとされている。なお、第一の「四十七士の事を論ず」はその付記文書となっている（『徂徠集』及び『徂徠集拾遺』）。

第三は、「徂徠擬律書」と称されるもので、偽書の疑いもあるとされるが、徂徠の論理の特色のよく出ているものである。

まず、第二文書から見ていくこととしよう。

これは当時上総国姉崎村にあった話である。

市兵衛は姉ヶ崎の名主次郎兵衛の下僕であった。元禄八年、同村の総兵衛という者が誤って鉄砲を撃ち、人の妻を殺してしまったという事件があった。鉄砲の使用には守るべき法令があるにもかかわらずこれに違反して人を殺したということで総兵衛は斬首、次郎兵衛に対しては、名主でありながら事件をお上に報告しないのは不届きであるという理由で伊豆大島へ遠島、田畑は没収という処分が下った。

市兵衛は残された次郎兵衛の老親と、六歳と三歳の子ども（妻は難産で死亡）を世話するため、自分の娘を下女奉公に出したり、他家の小作をしたりして、一家四人が飢寒に苦しむことのないように努める一方、月に一、二度は江戸の奉行所に、次郎兵衛の赦免を、合わせて自分が身代わりに罪を受けると申し出て、この願いに二百里の道を遠しとしないという生活を十一年間にわたって続けていた。

そして宝永二年の三月、その必死の願いが奉行所を動かすことになり、再審査が行われるとともに、その忠義が上聞にも達して、次郎兵衛の罪は赦されないが、市兵衛の忠誠は嘉すべきであるので、旧主の家と田畑を市兵衛に下げ渡すとの裁可が下った。

しかし、この決定を市兵衛に伝えると、市兵衛は、それでは主人のためを思ってしたことにはならず、自分のためにしたことになってしまうので、それはお受け出来ませんと断ったのである。

そこで奉行所では再度審査の上、上聞を経て、没収されていた次郎兵衛の家と田畑五町七反はその子万五郎に返還し、村の中で持ち主のいない六町の田畑を市兵衛に与え褒賞するという裁可が下ったのである。

以上が「義奴市兵衛の事」のあらましである。

では、「義奴市兵衛」に擬《なぞら》えると赤穂「義士」は、何をなすべきだったのか。

御家再興を五年でも十年でも嘆願すべきだったのか。

事実内蔵助がまず考えたのもこのことであった。内匠頭に後嗣はいなかったが、弟大学長広がいた。長広を中心に赤穂浅野家を再建できないか。翌十五年七月にその望みの断たれた時、内蔵助は討入りへと大きく舵を切っていく（同年七月二十八日のいわゆる「円山会議」）。

その選択は止むを得ないものだっただろう。次第に決盟から脱落する家臣が増えてきていた。もう限界だ、これ以上時期を延ばしてしまえば、永遠に上野介を討取る機会は失われてしまうだろう。内蔵助がそう考えて不思議はない。

従って「義士」達を「義奴市兵衛」と同視することはできない。

そんなことは徂徠もわかっている。しかし徂徠が問題にしたかったのは、「義士」達は本当に「忠」だっただろうかということである。

さきに引用したように、徂徠にとって「忠」とは、「総じて人之事を吾身の事の如くに存じ少も如在無き事」である。市兵衛が旧主の家と田畑を下げ渡すとの裁可に対してこれを受けなかったのは、「忠」ではなくなってしまうからである。

「義士」といっても、討入りに加わった心情において皆同一なものではない。

「義士」達は、その心情でみると、おおむね三つのグループに区分される。

第一は、江戸近習グループとでもいうべき人々で、片岡源五右衛門、磯貝十郎左衛門らである。彼らは内匠頭の身辺にあって親しくその寵を得ていたから、今回の「義挙」にあっても、ひたすら主君の無念を晴らしたいという心情に固まり、浅野家よりは内匠頭を重視する人々である。

第二は、「武士の人前」派とでもいうべき人々で大石内蔵助を中心とする。彼らは武士としていかにあるべきかをその行動の指針としていたから、当初は御家再興を、後に復讐をというのは矛盾ではない。多くの「義士」がこの立場に立つ。

第三は、堀部安兵衛を代表とし、この「義挙」によって名を揚げ、後世に名を残す、もし生を得られるのなら、「義士」として高禄で仕官の道を目指すといった考え方で、いわば「体面」派とでもいうべき人々である。従って彼らは「世間」がどう評価するかに著しく敏感である。

例えば安兵衛が内蔵助に送った手紙に、江戸では赤穂の遺臣たちが主人の敵を見逃すことはあるまいとの評判になっていますと書き送っていることに対し、内蔵助は、「世間の批判さして貪着《とんじゃく》すべき事とは存ぜず」と窘《たしな》めている（「堀部武庸筆記」）。

しかし、よくよく考えてみれば、主君との一体視も、武士の「人前」を立てることも、「義士」として名を残すことも、私心といえば私心であって、さきほどの徂徠の「人之事を吾身の事の如くに存」じることではない。

徂徠はそのことを暗喩するために、「義奴市兵衛の事を記す」を書いたのであろう。

「四十七士の事を論ず」は、そのことを法理論としても正当化できるとの考えの下にまとめたものと思われる。

まず第一に、この事件は「喧嘩」なのかということである。

それ長矩、義英《ママ》を殺さんと欲す。義英の長矩を殺せしには非ず。君の仇と謂ふべからざるなり。

間違ってはいけない。そもそもの出発点はここにあるのである。義央が長矩を殺した訳ではないのに、何故「義士」達によって「復讐」されなければならないのか。逆恨みそのものではないか。

徂徠はさらに畳みかけるように、

赤穂は義英《ママ》を殺さんと欲したるに因りて国亡ぶ。義英の赤穂を滅ぼせしには非ず。君の仇と謂ふべけんや。

亡国は長矩の軽率な行為に因るのであり、自業自得ともいうべきものである。

このように上野介が「君の仇」でないとすれば、誰が「君の仇」なのか。即日切腹を命じた綱吉や幕閣の重臣等が対象となるのか。しかし、彼らとて殿中において刃傷に及んだ者は死罪とするという法度に従って処断したに過ぎない。

長矩一朝の忿《いかり》、その祖先を忘れて、匹夫の勇に従事し、義英を殺さんと欲して能くせず。不義と謂ふべきなり。

赤穂の領地領民は長矩のものではない。その先祖の武功によって、その統治を幕府から委されているに過ぎない。そのことを忘れて一時の怒りに我を失い、上野介を殺そうとして討ち漏らした。そんな行為が果して「義」といえるのか。

従って、

> 四十有七人の者、能くその君の邪志を継ぐと謂ふべきなり。義と謂ふべけんや。

四十七人の「義士」達は、そのような主君の「不義」というべき心情を継いであの凶行に及んだのであり、「義」といえる筈がないではないか。

「義奴」市兵衛が「主に忠たる道」を尽くして、その誠意が公儀の心を動かすこととなったことと比較して、どちらが「義」たるかは明らかではないか。

と徂徠は結んでいる。明快な論理ではないか。

第三の「徂徠擬律書」では、もし世論に迎合する儒者のように、手放しで「義士」を称賛するようなことが罷り通れば、法は成り立たなくなるではないかと、堂々と正論を説く。短いものだから全文を引用しよう。

> 義は己を潔くするの道にして、法は天下の規矩なり、礼を以て心を制し義を以て事を制す。今四十六士其主の為に讎を報ずるは、是侍たる者の恥を知るなり。己を潔くする道にして、其事は義なりと雖《いえど》も、其党に限る事なれば、畢竟は私の論なり。其ゆへんのものは、元是長矩殿中を憚らず其罪に処せられしを、又候《またぞろ》吉良氏を以て仇と為し、公義の免許もなきに騒動を企る事、法に於て許さゞる所也。今四十六士の罪

を決せしめ、侍の礼を以て切腹に処せらるゝものならば、上杉家の願も空しからずして、彼等が忠義を軽ぜざるの道理、尤公論と云ふべし、若私論を以て公論を害せば、此以後天下の法は立べからず。

〔大意〕義は自らを正しくする道で、法は天下のモノサシである。そして天下は礼によって人々の心をコントロールすることができるし、義によって行為をコントロールすることができる。今、四十六士がその主君の仇を討つというのは、侍たる者の持つべき恥の心を知っているということだ。しかし、己れを正しくする道であって、その行為が義だとしても、それは所詮彼らグループ内の話であって、つまるところ私の論である。というのも、もともとこの事件は長矩が殿中をはばからずにその罪を得たのであるのに、上野介を仇として公許も得ずに今回のような騒ぎを引き起こしたのは、法においては許されざるところである。今四十六士について、侍の礼をもって切腹という処断を決するならば、上杉家が（彼らを死罪にせよという）願いにもそれなりに配慮し、四十六士の忠義を軽くするものでないという道理も立ち、公の論理も立つというものだ。そうではなく、私の論によって公の論を害するようなことをすれば、これ以降、天下の法が立つことはできない。

四十六士の処断につき吉保が徂徠の意見を聞いた時に答えた徂徠の考え方とされるものが、まさにここに示されている。

私より公の優先、心情より結果の優先、道徳より政治の優先である。しかし、それらを優先して事足れりとするのではない。合わせて人の情《なさけ》を大切にしなければならないとするのだ。

柳沢家の記録である『柳沢家秘蔵実記』には、吉保が家中の何人かの儒者に諮問したところ、徂徠は「忠孝を心懸」けている者に盗賊同然の処断をするような情のないことはしてはならない。従って切腹とすれば、彼らの宿意も立ち、いかばかりか世の中に対する示しにもなるでしょうと答えた所、吉保は殊の外御満悦であったと記されている。

法理と人情を兼ね備えていることも、為政者の心懸けるべきことであろう。

ここで鳩巣と徂徠の考え方の相違を整理しておこう。

第一に、視野の狭広である。

鳩巣がひたすら「忠義」を顕彰するのは、太平に慣れた武士達に武士のロールモデルを教え込もうとする意図からのものである。主観的には善意の押し売りであり、そういうモデルを示して教育すれば武士達も心を入れ替えるだろうという楽観的な前提がある。その意味で鳩巣は骨の髄までの朱子学者（道学者）である。

これに対して徂徠は、「忠孝」を心がけている者に対して盗賊同様の取扱いをすべきではないが、それは情状酌量の分野の話であって、その行為が天下の法を犯していることは疑いようがなく、これを不問に付しては以降天下の法は立たないと考える。

私より公を優先する。常に全体を考える。為政者や経営者など、人間の組織を統禦する立場にある者としてよくよく心得べきことであろう。

第二に、その人間観の浅深である。

鳩巣には、人間は教育によってどうにもなるという考え方がある。それは自ら極端に厳しい克己によって自身の学を築いたという自信によって裏打ちされている。こういう人間は他者へもそのやり方を強制しがちである。それによって良い結果が生まれる保証はない。

対するに徂徠の教育法の根底には、「人は活物にて候。夫故に国家を治め候も、人を教訓いたし候も、又は我身我心を治め候も、木にて人形を割見候ごとくにはならぬ物に候」（『徂徠先生答問書』）という考え方がある。

今の言葉でいえばダイバーシティの尊重である。従って、すべての人が聖人になる必要はなく、全体として社会が安寧に保たれていればよいとする。

第三が、説得の方法論の拙巧である。

鳩巣のそれは自説をこれでもかこれでもかと一方的にまくしたてるタイプ、徂徠の方法は、まず外堀を埋めるようなタイプといえるだろう。「義奴市兵衛の事を記す」に見られるように、一見遠い所から説き起こして人を考えさせ、自然と納得するのを待つような手法である。

時間はかかるが、自分で納得すればそれが一番強いことはいうまでもないであろう。


ここまでは全く非の打ち所のない考え方であろう。あえて徂徠説の弱点をいえば、本当の弱点かどうかは別として、正論が必ずしも世論とは一致しないということである。

「義挙」に江戸中の人士が何故あれほど熱狂したのか。それは幕府に対する無言の抗議だったからである。生類憐れみの令など下々に苛酷な法を強いておきながら、口では仁政を気取っている将軍及び幕閣に対する竹箆《しっぺ》返しと見たからである。

先にも記したように鳩巣にはそこがよく見えていたのであろう。その意味の「人情」を読むということでは、徂徠は余りにも権力中枢に近付きすぎていたといわざるをえない。

後に徂徠と鳩巣は、吉宗が下命した『六諭衍義』出版問題に際して相見《まみ》ゆることとなるが（第十六章で詳しく述べる）、鳩巣にとって徂徠は何とも眼ざわりな人物とされていたことに触れておこう。

鳩巣が正徳四年（一七一四）五月十七日に小谷凌新に送った手紙には徂徠のことを「此人至極の高慢ものにて、専《もっぱ》ら己が名を売申体に御座候。此度の随筆（『蘐園随筆』）勿論皆浅露成事共に御座候。伊藤（仁斎）山崎（闇斎）抔《など》世に鴻儒と称し申候故、専《もっぱら》に是等が非を論《あげつらい》候て、己が是等より上に立申心得に御座候」（『兼山秘策』）。徂徠をそういう人物としか評価できないのは、自らの小ささを暴露しているのに等しい。

赤穂事件に関する「義士」論争は、その後も長く続けられた。非「義士」論の太宰春台、佐藤直方など、「義士」論の浅見絅斎《けいさい》、五井蘭州などがその登場人物である。そこでは様々な論点からの議論が行われていて、それだけで優に一冊の本が出来上がるくらいである（田原嗣郎『赤穂四十六士論』吉川弘文館、一九七八年など）。

ここでは最後にこの事件の話を聞いた西洋人の反応を紹介しておこう。幕末に英国公使を務めたラザフォード・オールコックである。その『大君の都』（山口光朔訳）には、彼が赤穂「義士」の話を聞き、また日本人がそれを真の英雄的行為の模範として賞揚していることに関して、次のように述懐している。

> かれら（赤穂浪士）は全員江戸のある墓地（泉岳寺）に埋葬されたとのことで、今日にいたるまで真の英雄的行為の模範として、日本のあらゆる勇敢かつ忠義な人間の胸のなかに生きている。わたしは、この物語を聞いたときに、このような通俗的な文学や歴史が一国民の性格や思想と行動の習性におよぼす影響はどのようなものかということを考えざるをえなかった。（中略）おそらくわれわれにはひじょうな犯罪だと考えられるであろうことが、ひろく一般に語られ、すこしもためらわずに是認されているのである。このことが、国民の一般的な性格や道徳的訓練にひじょうに微妙かつ奇妙な影響をおよぼすであろうことは、

あまりにも明白だ。

真夜中に野盗同然人の家に押し入り、無抵抗な老人を殺害して、それが「義」とされる。オールコックにそれがわからなくて当然だ。

この赤穂「義士」事件は、今日の問題を考える際にも、様々な論点を提供するものとなっているが、最後にこのオールコックの疑問、即ち日本人の法意識について付言しておこう。これは法よりは心を重視する思想、換言すれば心情倫理重視の伝統である。東洋社会において古くから培われた法治よりも徳治を良しとする伝統とも重なり合っているから、これがそう簡単に切り替わるとも思えない。

企業不祥事や政治家のスキャンダルで多用される言葉、「不徳の至すところ」「○○に御心配をおかけした」「世間をお騒がせして申し訳ない」などは、本人がそれを意識しているかどうかは別として、法意識の欠落を意味している。

このような伝統は、これまで日本社会の遅れている部分として非難され、グローバル社会に合わせていくためにはそのような遅れている部分を克服しなければならないとされた。十年余り前には、お節介にも法務省が音頭を取って「法化社会」化が進められ、裁判員制度の導入や法曹人口の増員などの施策が講じられた。

しかし、弁護士の数が増加して「法化社会」が達成されたのかといえば、答えは否である。雨後の筍のように設立された法科大学校の多くが自主廃業の憂き目に遭っている。

よくよく考えてみれば、救急車の後を弁護士事務所の車が追尾するというような「法化社会」こそ脱け出なければならない社会であり、人々が自らの生業を穏やかに務めていれば、世は事もなく円滑に回っていくという徳治社会こそ、これからの人類が目指す理想ではあるまいか。それにはもちろん「法」だけではない、また

「情」だけでもない。徂徠が指摘したように「情理」兼ね備えたリーダーシップが発揮されなければならないだろう。

第六章

原理主義

――徂徠と闇斎

前章で鳩巣が徂徠を、「伊藤山崎抔《など》」の「非を論《あげつらい》候て」その「上に立申」す心を持っていると批判していることを紹介したが、当時の一般的な世論からはそう見られていたともいえる。そこで本章と次章で、徂徠が彼らの非をどのように「論」ったのかを見ていくこととしたい。順序からいえば「山崎伊藤」となる。

第二章の表（三四頁）に掲げた儒学者のうち、徂徠の第一の仮想敵は山崎闇斎（一六一八―八二）及びその門流（「崎門」と呼ばれる）であり、第二の仮想敵は伊藤仁斎及びその門流（「古義堂」と呼ばれる）であった。

ただ仮想敵といっても、闇斎と徂徠ではかなり歳の差がある。即ち闇斎が天和二年（一六八二）、六十五歳で亡くなった時、徂徠は十七歳でまだ南総に潜んでいた。崎門の徂徠の同時代人は、佐藤直方（一六五〇―一七一九）、浅見絅斎《けいさい》（一六五二―一七一一）、三宅尚斎（一六六二―一七四一）らで、彼らは「崎門三傑」と呼ばれている。

闇斎はいわば朱子学の原理主義者で、かつ神道を究め自身「垂加神道」を創始したユニークな人物である。会津藩主で名君の誉れの高かった保科正之が彼を賓師とし、篤く師事したことでも知られている。

ある時正之が闇斎に「先生にも楽しみはありますか」と質問すると、闇斎は「三つの楽しみがございます。第一は万物の霊長たる人間に生まれたこと、第二は文を尊ぶ平和な世に生まれ、書を通じて古代の聖賢と交流することができること、第三は言い難いことです」と答えた。正之が「何故私にそれを教えて下さらないのですか」とさらに問うと、闇斎は「最も大きな楽しみは、卑賤に生まれ、大名家に生まれなかったことです」と答えたのである。

その理由は、

意《おも》ふに、今の諸侯為《た》るや、深宮の中に生れ、婦人の手に長じ、不学無術、声色に徇《したが》ひ、遊戯に耽《ふけ》る。而して之れが臣為る者、主の意を迎合し、其の為《な》す所は、因つて之れを称誉し、其の為さざる所は、因つて之れを非毀し、遂に本然の性をして梏亡《こくぼう》消滅せしむ（『先哲叢談』）。

〔大意〕今の大名家の方は、深窓に生まれ、女性達に囲まれ、学問もせずに自らの欲望に従って遊興に耽っています。臣下の者は、主君に迎合して、その行為は何でも称賛し、やらないことはそれ自体意味のないことだと同調して非難します。それは人が天から与えられている「本然の性」を損なうことなのです。

と答えたのだ。正之は対するに「誠に先生の言の如し」と嘆息したという。

正之と闇斎の関係の偲ばれる逸話である。

ここで「本然の性」とは、朱子学のキーワードの一つである。即ち、「本然の性」とは、人の本来の姿（理）ともいうべきもので、聖人も凡人も万人が生まれながらに持っているものである。そしてそこから「四端」の心が生まれるとされる。「四端」とは、「惻隠（思いやり）・羞悪（悪を憎む）・辞譲（人に譲る）・是非（善悪を弁える)」である。このように人間は本来善なる性を備えているのだが、一方で人間には「気質の性」というものがあって、これは人によって清濁に差がある。これが濁っていると、「本然の性」が覆い隠され、時に本来の善なる性を歪め、悪行に走ることもありうる。

そこで教えの目的は、自らの修養によってこの「気質の性」を変え、人間の本来の姿である「本然の性」に立ち戻るようにすることにある。この「修養」の方法論が「三綱領・八条目」と呼ばれるものである。

即ち「三綱領」とは、「明徳・親民・止至善」である。「明徳」とは、人の備えている本来の徳性を明らかにすること、「親民」とは、人々を同じように明徳に至らしめるように努めること、そして「止至善」とは、人間社会の善の至極、即ち君の仁、臣の敬、子の孝、親の慈、友の信などを達成することをいい、いわば教育の最終目標を示したものである。

また「八条目」とは、「格物・致知・誠意・正心・修身・斉家・治国・平天下」である。これは統治の手段を示したとも、修養の順序を示したとも解することができる。即ち、礼・楽・射・禦・書・数(礼儀・音楽・弓術・馬術・文学・算術)の「六藝」に通暁してはじめて真に知ることが出来(「格物致知」)、知が至ってはじめて心が誠となって自ら欺くことなく正しい心を得ることができる(「誠意正心」)、心が正しくなれば身は修《おさ》まり、身が修まれば一家斉《ととの》い、一家斉えば国治まり、国治まれば天下平らかになる(「修身斉家治国平天下」)というのである。

以上は朱子が重視した『大学』に記された修養論であり、教育論であり、統治論である。

このような世界では「気質の性」を変えるために、人はここに示されたような順序で修養し、「止至善」に至るまで努力をし続けなければならないことになる。従って自分の向き不向き、好悪は否定され、決められたコースを歩まされるようになる。また「親民」で他者に対しても同じように修養すべきことを促すことが求められているから、自然に人は他者に対して高圧的、非妥協的な態度に出てくるようになる。

このようないわば逃げ道のない完成された体系が朱子学なのである。

このような考えは儒教の祖ともいうべき孔子が説いたものではない。『論語』に「三綱領・八条目」などという言葉はない。

孔子の考えを後世の儒者が長い時間をかけていわば理論化し、宇宙の原理から人間の倫理に至るまでを統一的に説き起こすために編み出したものである。それらの営為が南宋の朱熹（一一三〇―一二〇〇）によって完成されたので、朱子学というのである。

この朱子学が元代以降、科挙において学ぶべき教科書とされ（それが秩序の思想だったからである）、それ以降中国社会に大きな影響を与えた。

また本家以上に理非をやかましく言う李氏朝鮮においても正統思想の地位を確立した。

わが国において、朱子学を統治に役立てようと考えたのが徳川家康である。読書家であった家康は夙《つと》に文禄慶長の役の際、肥前名護屋で藤原惺窩《せいか》のレクチャーを受けているし、大坂冬の陣の二年前には、林羅山と「湯武放伐論」について議論している。「湯武放伐論」とは、『孟子』（梁恵王章句下）にある、桀紂（夏・殷の最後の暴君桀王及び紂王）を湯武（殷・周を創建したそれぞれ湯王及び武王）が殺したのは主君殺しの「大罪」ではないのかという議論である。孟子は「桀紂」は仁を賊《そこな》い、義を賊う「残賊の徒」で単なる「一夫」にすぎないから「弑《し》逆《ぎゃく》」には当らないと答えたのだ。

家康は大坂城に拠る秀頼を滅ぼす正当性を探していた訳である。

そして羅山・鵞峰《がほう》・鳳岡《ほうこう》という林家三代が幕府によって重用され、林家の私塾が公許され、最高学府のような扱いを受け、遂には湯島に聖堂が建立されるまでに至ったのである（元禄四年）。

ただしわが国の場合、科挙の制を導入しなかったので、朱子学の思想的影響力は中朝二国と比較して限定的なものであったといってよいだろう。

その日本朱子学完成期に、その原理主義者山崎闇斎は活躍した。

闇斎は徂徠同様医者の子であった。祖父を浄泉といい、父を浄因という。二人とも備中足守《あしもり》の藩主木下家定・利房に仕えた。家定は、秀吉の正室高台院（ねねの方）の兄であったとされている。父の浄因は四十七歳の時に利房の下を去り、京都で鍼《はり》医者となった。闇斎十七歳の時のことである。

闇斎はそれまで、まず六、七歳の時比叡山に出され、また十五歳頃に妙心寺に修行に出された。その後闇斎十九歳の時、妙心寺大通院の湘南宗化《しょうなんそうけ》に認められ、宗化が高知に再興した吸江庵に移る（宗化は土佐の大守山内一豊の養子だった）。ここで野中兼山（一六一五―六三）に知己を得、朱子学に眼を開かされることとなる。水戸光圀と朱舜水との関係に見られるように、当時朱子学を学ぶことが全国的にもブームになりつつあった。兼山は若くして藩の重職を担った人物で、特に前藩主長曾我部氏の遺臣を郷士として起用し、また特産品の奨励と産業の振興に功績があり、寛永期の高知藩政を主導した人物であるが、後失脚し、まもなく没している。

闇斎は二十五歳の時、仏教を捨て、朱子学を以て立つことを決意し、京都に戻って還俗した。その「転向」の理由は、土佐南学の祖谷時中《たにじちゅう》に傾倒したとも、朱熹の書を読み進めるに従ってその正しさを知るに至ったからであるともいわれている。また闇斎は三十六歳の時鴨脚《いちょう》氏の女と結婚した。鴨脚氏は古代の豪族鴨氏の直系といい、現在でも下鴨神社の社家を務めている家系である。

闇斎が家塾を開いたのは明暦元年（一六五五）のこととされている。

また、闇斎は万治元年（一六五八）から毎年のように江戸に下向し、井上正利（常陸笠間藩主）や加藤泰義（伊予大洲藩主《おおず》）ら大名や大藩の重臣らと会うようになっている。そして寛文五年（一六六五）秀忠の四男、会津藩主の保科正之に賓師として招かれることとなった。

長々と闇斎の生い立ちから成年期までを記したのは、そのユニークな生き方、即ち仏教から儒教への転向、そして晩年に至って神道家に転じるという軌跡の背後に何があるかを考えてみたいからである。

この仏教→儒教→神道という「転向」を、無節操と見るか、一貫するものは絶対者に対する帰依と見るか、簡単に評価できるものではないだろう。

徂徠の高弟太宰春台は、闇斎について禅僧から始まって儒者になったので、今さら仏法に帰することも出来ずに神道に走ったのである、もし今耶蘇《ヤソ》教が解禁されたなら、必ずや耶蘇教徒になっていただろうと言っている（『聖学問答』）。春台らしい斜に構えた意見だが、存外当っているかもしれない。

朱子学に限らず、ある一つの一貫した論理体系に取り込まれると、「真理は一つである」とか「正義は絶対である」とかいったいわゆる「原理主義」的な考えに次第に染まっていく。そして純化をすればするほど厳しく「異端」を排斥し、容赦なく弾劾・弾圧する。

一方において、より強い権力、多くの場合政治権力によって庇護もしくは正統化されると、現実に理論を合わせざるをえない状況が生まれた場合には、その権力に阿《おもね》って理窟は後から何とでもつくというような弾力性を示すようになる。

当時朱子学者を揶揄する言葉として使われた「林家之阿世崎門之絶交」は、朱子学から生まれるべくして生まれる姿勢なのである。

「阿世」即ち「世に阿る」の方は、林羅山の「方広寺鐘銘事件」が典型であろう。あの一件により、羅山には御用学者との汚名が終生、そしてその子孫にまでついて回った。

「絶交」の方は、闇斎門の高弟佐藤直方と浅見絅斎の絶交、両者に対する師闇斎の「破門」などがよく知られている。

この「阿世」や「絶交」は「崎門」の専売特許でなく、原理主義的な思想には必ず発生するものである。過去のカソリックやマルキシズム、あるいは今日の新古典派経済学などにおいても同様である。そこでは絶えず「正統」と「異端」が鬩《せめ》ぎ合い、熾烈な闘争が繰り広げられてきた。

闇斎のいかにも原理主義者的な考え方が示されている事例として「忠」とは何かを論じた「拘幽操《こうゆうそう》」顕彰を紹介しておこう。

「拘幽操」とは、「酒池肉林」で名高い殷の紂王によって羑里《ゆうり》に幽閉された西伯昌（後に文王と諡《おくりな》される）が、その主君に対する思いを切々と吐露するという形式で書かれた詩で、韓愈が琴曲のために作ったものという。

文王羑里作

目窅窅兮
其凝其盲
耳肅肅兮
聴不聞声
朝不日出兮
夜不見月与星
有知無知兮

目窅窅《ようよう》たり
それ凝《こ》りそれ盲《めし》ひぬ
耳肅《しょうしょう》肅たり
聴くに声を聞かず
朝、日出でず
夜、月と星とを見ず
知ることありや知ることなしや

為死為生　　　　死せりとやせん生けりとやせん
嗚呼臣罪当誅兮　あゝ、臣が罪誅に当りぬ
天王聖明　　　　天王は聖明たり

いかに主君が暗愚であっても、臣下の方から一方的に非難したり関係を絶つようなことは許されず、ひたすら主君をそのように暗愚としてしまった自分、あるいはその暗愚を世に知らしめてしまった自分に、臣下としての責任があり、罪があると自らを責めるのである。そしてこのような無限定の責任倫理、究極の忠誠こそが、君の暗愚を矯正することができるとする。

マゾヒスティックなまでの忠誠を説くが、実際闇斎は宮仕えをしたこともなく、保科正之との応待においても傍若無人である。あくまで闇斎の忠は観念の産物だということだ。

朱子学はこのような観念の産物を生む傾向を持つことも従来から指摘されている。それは朱子学の中に「理」を究めることが要請されており、その理には自己の信念に基づく「理」も包含されているからである。

そこで徂徠の次のような批判が出てくる。

後世の儒者は、知を尚《たっと》び、理を窮むるを務めて、先王・孔子の道壊《くず》れぬ。理を窮むるの弊は、天と鬼神と、みな畏るるに足らずとし、しかうして己はすなはち傲然《ごうぜん》として天地の間に独立するなり。これ後世の儒者の通病にして、あに天上天下唯我独尊ならずや（『弁道』）。

〔大意〕後世の儒者は知を尊重し、物の理を窮めることに熱中したので、先王・孔子の「道」は破壊されてしまった。理を窮めることの弊害は、天も鬼神もいずれも畏《おそ》れるに足らぬものとし、自分が威張りくさって天地の間にただ一人立つと思いあがるところにある。これが後世の儒者に共通の欠陥であり、（釈迦が言ったという）天上天下唯我独尊と同じではないか。

その独善性、非妥協性は、その講義スタイルにも貫かれていた。

実際闇斎が、

其の書を講ずるや、音吐鐘の如く、面容怒るが如し。聴徒凜然として敢へて仰ぎ見る無し。諸生毎《つね》に窃《ひそ》かに相告げて曰く、「吾儕《ごさい》未だ伉儷《こうれい》を得ず、情欲の感、時に動きて自ら制すること能はず。則ち瞑目して先生を一想すれば、欲念頓《とみ》に消え、寒からずして慄す」と（『先哲叢談』）。

〔大意〕闇斎の書を講義する声は割れ鐘のようであり、顔色は怒っているかのようである。弟子等は内輪で次のように話していた。「自分はまだつれあいを得ていない。時に肉欲が高まり自制できないほどになる。そんな時に眼をつむって闇斎先生を思い浮かべると、この欲念がたちまちに消え去って、寒くもないのにふるえたりするのだ」と。

そのような何がしかの「理」を講釈によって一方的に押し付けるような教育法について、徂徠が「百害あって一利なし」というか、その「十害」についてまとめている（『徂徠先生詩文国字牘』）。

即ち、一、無謬主義……師の語るところ、一言一句も誤りなきと覚える。二、推量主義……わからない所を勝手に当て推量して、わかったような気になる。三、安楽主義……原典を読んで自分で考えることをせず、安直に師のダイジェストで満足する。四、依存主義……自分で古典に齧《かじ》りつかず、師の指南に依存する。五、翻訳主義……レ点返り点で読み、頭から原典（漢文）を読もうとしない。六、猿真似主義……師の身振り手振り口振りまで真似する。七、代用主義……的確な訳語を吟味する努力を惜しみ、手近な和語で代用する。八、鈍感主義……語の意味、使われ方に対する鋭い感覚を持たない。九、講釈主義……ただ受け身で聞いているだけで、自ら文章や詩を作らない。十、厳格主義……門人を自らの考えで縛りつけ、その成長を止めてしまう。

対するに徂徠が重視したのが「会読」である。「会読」というのはセミナーのことで、同学の士が集まって、書物を交代に当番を決めて解説し、それに対して互いに批判し合うような学びのあり方である。「会読」を通じて人は気付きを得ることができ（『東を言われ候て、西の合点参り候』こと）、またお互いが先生役を務める（「師友」）ことによって、切磋琢磨することができるとしている（『徂徠先生答問書』）。

一方で、「会読」に弊害がない訳ではない。

弊害のその一は「勝心」、即ちスピーチコンテストのようにいかに他人を打ち負かすかということに熱中しがちだということであり、その二は「多言」、議論のための議論に陥りがちだということである。徂徠はそこまで言っていないが、仁斎はこの二つを戒め、「学問愈々《いよいよ》進めば、邪心、愈々長ず。議論愈々たくみなれば、私心、愈々深し」（『古学先生文集』）としている。

人間の愚かさをよくよく見据えた訓戒である。今日の一部のビジネス・スクールなど「勝心」と「多言」を増長し、「邪心」「私心」を増幅しているようにも見受けられる。

このように、崎門の原理主義的性格、その非妥協性や攻撃性は、もともと朱子学の持っていた一貫した思想に闇斎の性格がシンクロして出来上がったものなのである。

このような同朋相い食む非妥協性、攻撃性を当時「源氏の共食い」に擬《なぞら》えていた。平家は戦さは弱いが一門が団結して睦まじかったのに対し、源氏は戦いには滅法強いが内訌が絶えずに自滅していったというのだ。

朱子学のいう「本然の性」「気質の性」に戻ると、教育によって「気質の性」を「本然の性」に返すということは、人間の「気質」は変えることができる「気質変化説」という前提に立っていることになる。即ち修養を重ねてある高みに達すれば、誰もが聖人となることができるのだ（「聖人至るべし」）ということになる。それに対して、本当にそんなことが可能なのか、そのような努力はむしろ人の個性をつぶし、人の自発性を損ない、人の成長を阻害し、結果として社会全体の活力も削いでしまうのではないかという反撥も生まれる。

徂徠はそもそも「気質」は変えられるものではなく（「気質不変化説」）、また、誰もが聖人に達する必要などない（「聖人至るべからず」）と考える。

気質は天より稟得《うけえ》。父母よりうみ付候事に候。気質を変化すると申候事は。宋儒の妄説にてならぬ事を人に責候無理之至に候。気質は何としても変化はならぬ物にて候。米はいつ迄も米。豆はいつまでも豆にて候。只気質を養ひ候て。其生れ得たる通りを成就いたし候が学問にて候。たとへば米にても豆にても。その天性のまゝに実いりよく候様にこやしを致したて候ごとくに候。しいなにては用に立不中候。されば世界の為にも。米は米にて用にたち。豆は豆にて用に立申候。米は豆にはならぬ物に候。豆は米にはならぬ物に候。宋儒之説のごとく気質を変化して渾然中和に成候はば。米ともつかず豆ともつかぬ物に成たきとの事に候や。それは何之用にも立申間敷候。又米にて豆にもなり。豆にて米にも用られ候様にと申事に候はば。世界に左様なる事は無之事に候。是皆聖人になり候はんと求めしより起り候妄説に候（『徂徠先生答問書』）。

〔大意〕人の気質というものは、天から与えられ、父母から産みつけてもらったもので、その気質を個人の修養によって変化させるなどということは、宋儒の妄説で、できないことを人に押しつける、無理の至りというものです。気質はどんなことをしても変化させることのできないものです。米はいつまでも米、豆はいつまでたっても豆です。ただその生まれもった気質をうまく養い育て、そのものの持つ個性を十分に発揮できるようにするのが学問というものです。例えば、米でも豆でも、それぞれが十分に稔るように肥料をやって育てるようなものです。もみがらばかりでは役に立ちません。米は米のまま、豆は豆のままで役に立ちます。米は豆にはなりません。豆も米にはなりません。宋儒の説のように、気質を変化させてそれが一体として良いものになるなどといわれますが、実は米ともつかず、豆ともつかぬようなものになりたいということでしょうか。そんなものは何の役にも立ちません。あるいは、米であって豆の用も足し、豆であっても米としても用いられるようにということだとすれば、この世の中にそんなことは存在しません。このような考えは、すべて宋儒が聖人になりたいと願っているところから起こった妄説です。

この徂徠の主張「気質不変化説」は、後に徂徠学が一世を風靡《ふうび》する要因となった。難しい経書などに通暁せずとも、自らの個性を発揮すればよいと言っているように思われたからである。特に徂徠派の門人達でもてはやされたのが詩文の一派で、服部南郭、高野蘭亭、平野金華などは、経学はそこそこに専ら詩文に耽って世を睥睨《へいげい》したのである。

闇斎は、世の中には何か絶対的価値があるものがあって、それを究めそれを信じることを自らの生き方としていたように見える。彼にとって仏→儒→神というのは変節でも何でもなく、その信仰の対象の名称が変わったというようなことである。

それに対して徂徠はどうなのか。

まず仏教から見てみよう。第三章で触れたように、徂徠は南総時代に広く深く仏典を読んでいた。また、覚眼法印の他にも、増上寺の了也上人、あるいは徂徠の「古文辞学」開眼へ多くの示唆を与えた禅僧独庵玄光など仏僧からも大きな影響を受けてきた。

しかし、自分は仏教を排撃した物部の末裔であるとの立場に立てば、仏教を排撃しなければならないということになる。

それが文書の形をとったのが「家の大連《おおむらじ》の檄に擬す」という檄文である（『徂徠集』巻十八）。なお、この檄文は、後に天皇に対する不敬の証拠であると非難された（第二章）。

「家の大連」とは物部守屋のことである。この檄文で守屋は、崇峻天皇が暗殺され、皇嗣も未だ決まらずという状況の下で、「左道」（仏教）を導入してこの混乱をもたらした蘇我馬子と豊聡皇子《とよとみみのみこ》（聖徳太子）は反逆者であり、有司百官に対して彼らを討伐せよと主張している。「擬」すということでフィクションであることは明示されているが、それにしても穏やかでない。なお、崇峻天皇が暗殺された（五九二）のは守屋が馬子と戦って敗死した（五八七）後のことで、この檄文は時間的につじつまが合わないとかねてより指摘されている。

当時は仏教が国を左右する重要性を持っていた。現在（徂徠の当時）は仏教は寺請制度の下で、政治権力の下部機構になり下がり、政治的な重要性は乏しい。だからこそこういう「戯文」を書いたのだろう。そして現在の仏教はいわば葬式仏教になり下がっていて、個人の救済にしか関心がなく、かつてのような天下国家を動かすようなものではない。

従って、ある人物が両親の念仏信仰を止めさせようとしたことに関して、徂徠は次のように諭している。

孔子は博奕もやむに賢れりと被仰候。人は只ひまにてあられぬ物にて候。ひまにて居候へば。さびしきまゝに種々之悪敷事出来候物に候故。孔子も如此被仰候事。聖人は人情をよく御存知候故に候。此所より御見ひらき候はば。天下国家を治め候事も。掌《たなごころ》に運《めぐ》らすごとく可有御座候。年寄候ては。奉公之勤をも辞し。声色の好も薄くなり。年比かたらひ候朋友も次第に少くなり。若き人は己が同士にあらず候。家事は子共に譲りぬれば再いろふべきにも無之。次第に無聊《ぶりょう》に成行候事に候。あるひは棋・象戯・双六にても打ち。寺参・談義参。宿に候時は。念仏にても申候より外はさりとては所作無之事に候を御制当候はば。何を所作として寂寥《せきりょう》を御慰可被成候半哉。老後之境界思召やらるべく候（『徂徠先生答問書』）。

〔大意〕孔子は「博奕だって何もしないでいるよりましだ」（「博奕なる者あらずや。これを為すはなおやむに賢《まさ》れり」『論語』陽貨篇）と言っています。人間というものは何もせずにはいられないものです。暇をもてあますと、淋しさをまぎらすために種々の悪事を働くようになるので、孔子もこう言ったので、聖人はまことによく人情に通じています。ここに注意して、見識を開かれれば、天下国家を治めるのも容易なことと存じます。

年をとると、奉公の勤めもやめ、声色の好みも次第に薄くなり、交際した友人も次第に少なくなり、若い人とは話も合わず、家督は子供に譲っているのででしゃばることもできず、次第に暇をもてあまし、淋しくなるのです。碁や将棋や双六でもやるか、寺参りや談義聴聞に出かけるか、家にいる時は念仏でも唱えるほかは、何のすることもありません。それを禁じたらば、どうして淋しさをまぎらすことができるでしょうか。老人の境涯を思いやってあげるべきです。

ここでは、寺参りや念仏が、博奕、碁、将棋、双六などと並列されており、暇つぶしや気晴らしのレベルで扱われている。これほど仏教を愚弄蔑視した考え方も珍しい。

次に神道について徂徠は次のように言う。神道とは、卜部兼倶《うらべかねとも》（一四三五—一五一一）が作り出したもので、古代にはそのようなものはなかった。そもそも文字は応神天皇の時に王仁《わに》が『論語』と『千字文』を伝えたとされるが、神代から応神天皇まで千年に及ぶ期間、文字もなくその教えをどのように伝えたのだろうか。現在朝廷で行われている礼楽の制度は皆中国唐の制度に倣ったものだ。ただ、祖先を天と同じく祀る習俗は、文字が伝わる前から行われていたものだが、これも唐虞《とうぐ》三代の古道であろう。そして結論をいえば、

神道ハナキコトナレドモ、鬼神ハ崇《あが》ムベシ。マシテ吾国ニ生レテハ、吾国ノ神ヲ敬フコト、聖人ノ道ノ意也。努々疎ニスマジキコト也（『太平策』）。

〔大意〕神道はないようなものだが、鬼神は崇めるべきである。ましてわが国に生まれた者は、我国の神を敬うことは、聖人の道にかなったことである。ゆめゆめおろそかにしてはならない。

後に国学が盛んになってくると、神道の「神格化」が図られるが、事実は徂徠の指摘の通りであろう。また神道には、中国の道教が影響を与えていることも指摘されている。なお「竹取物語」など、誰もが日本の昔話と思っている説話も、道教の影響を受けて成立したことも考証されている。

なお「鬼神」については、第十七章であらためて考えてみることとしたい。

キリスト教については、徂徠の書き残したものに、禁制後に宗門改を行って百年以上経つので、「今は日本国中には有まじき」ものであるとか、「金を出して、だまして人を其宗門に引入るる事、吉利支丹のごとし」とか、その教義や信仰の内容に立ち入った評言は見られないが、思想家として関心は持っていたのではないか

と思われる。

というのも、「吉利支丹宗門の書籍を見る人なし。其教如何なる事をいふと云事を知る人なし。儒道・仏道・神道抔《など》も、悪鋪《あしき》説たらば、覚えず吉利支丹の筋に成事、斗がたし。吉利支丹の書籍御蔵にあらば、儒者共に見せをきて邪宗門の吟味をさせ度事也」(『政談』)と他人事のような書き方をしているが、このくだりに徂徠の隠された関心が露呈しているように思えるのである。

最後に本業である儒教についてである。今日、中国哲学の泰斗加地伸行氏の『沈黙の宗教――儒教』(筑摩書房、一九九四年)をはじめとする一連の著作によって、儒教の宗教性という側面があらためて見直されているが、徂徠の儒教観は礼教性という伝統的な見方に立っているように思われる。

同じ『徂徠先生答問書』で、徂徠は次のように言っている。

愚老は釈迦をば信仰不仕候。聖人を信仰仕候。聖人之教に無之事に候得ば。たとひ輪廻と申事有之候共。とんぢやくに不及儀と存候。其子細は。聖人之教にて何も角も事足候而不足なる事無之と申事を愚老は深く信じ候故。如此了簡定まり申候。

〔大意〕私は釈迦を信仰いたしておりません。聖人を信仰いたしております。ですから聖人の教えにないことでしたら、たとい(仏教でいうように)輪廻ということがありうるとしましても、そんなことは一向に気にするようなことではありません。そのわけは、聖人の教えで、この世のことは何もかも事足りて不足なことはない、ということを私は深く信じておりますので、このように考えが定まっているのです。

この「愚老は釈迦をば信仰仕らず候。聖人を信仰仕り候」に言う「信仰」とは何かということである。それは「絶対者」への帰依なのか、あるいは「祭るには在《いま》すが如くし」(『論語』八佾篇)とあるように何がしかの社会的効用を期して頭を下げているだけなのか。あらためて第十七章で考えてみることとしたい。

最後に儒教の日本化という点について考えてみる。

闇斎は、漢民族による正統王朝の明が倒れ、蛮族たる女真族の建てた清は最早「中国」ではない、むしろ倒れた「中国」の伝統を継ぐ日本こそ「中国」と称すべきであると主張している(山鹿素行など他にも同様の主張を行った儒者がいた)。また、「孔孟」が孔子を「大将」、孟子を「副将」として数万騎を率いてわが国を攻めてきたら、孔孟の徒はこれに如何に対処すべきかという設問を呈し、その答えは、「之れと一戦して孔孟を擒《とりこ》にし、以て国恩に報ず」るのが「孔孟の道」であると説いている(『先哲叢談』)。このような逸話は一見「国粋主義」的で、「日本的」といえるかもしれない。

一方の徂徠は「中国かぶれ」で怪しからんと世の中からは見られていた。中国人風に「物茂卿」などと称し、「唐話」マニアで、「東海聖人を出さず」(『学則』)などと、中国を崇め日本を貶《おとし》めることを平気で説いているという批判である。しかしここではそのような世評から離れて、儒教をどう捉えたかという観点から見ていく。

闇斎の捉え方は、一言でいえば思弁的把握といえるだろう。朱子学の理と気で一貫して説明し断罪する。

一方の徂徠の捉え方は、歴史的把握に徹するということだろう。既に見たように徂徠によれば「先王」とは「堯舜」以下の七王のことであり、「礼楽」はそれぞれ具体的な「物」であった。それらはある歴史的な条件の下で「先王」が「民を安んずる」目的のために「制作」したものとされる。このようにすべての物事を歴史的コンテキストの中に置いて評価するということが、徂徠の思想の中核にある。「学問は歴史に極まり候事に候」(『徂徠先生答問書』)なのである。

物事を単純化することは謹まなければならないが、形而上学的議論や理論のための理論を厭《いと》い、具体的なものに即してものを考えていくのが、日本人の一つの傾向であるとは、よく聞かれることである。してみると、徂徠の捉え方の方がより「日本人的」なのではないだろうか。

最後に、「原理主義」は何も朱子学のような過去の思想ばかりではない。今日世界で問題となっている原理主義は、「イスラム原理主義」と「市場原理主義」であろう。前者はISなどのテロを引き起こす過激派を生み、後者はグローバリズムと相いまって、地球環境を破壊し、格差を拡大し、人間の生きる最小の場である地域の共同体を解体させつつある。しかもそれらに洗脳された人々は、自らを正義だと信じているから始末におえない。

それらを相対化する思想として、徂徠の「学問は歴史に極まり候」は有効である。歴史というのは、ある時間と空間における一回切りの事象であり、永遠不滅でも無限定のものでもない。換言すればすべてに栄枯盛衰があり有限がある前提に立っているからである。特に地球環境の有限性が益々強く意識されるようになった今日において、そのいわば「歴史主義」の考え方は益々注目されるべきではないかと考える。

第七章
京都ぎらい
——徂徠と仁斎

徂徠は筋金入りの「京都ぎらい」であった。

洛は王臣の外、唯だ工賈《こうこ》のみこれに居《お》りて、人、恒禄無し。唯だ末のみこれを逐い、繊嗇《せんしょく》の俗、周人に惟《こ》れ肖《に》る。即ち儒生の、その間に寄るも、また生を為し難ければ、則ち舌耕《ぜっこう》して肆《し》を開き、百千群を成して、日に給するに遑《いとま》あらず。性を語り、天を語るに、率《おおむ》ね宋籍に非ざれば不可なり。

（中略）

王臣、周礼《しゅうらい》を秦火の余に執《と》り、以て海内《かいだい》を欺く。而して名姫靡曼《めいきびまん》、百貨繊巧《せんこう》の出づる所と、その山川の韶秀《しょうしゅう》なる、語言の都雅《とが》なると、これもまた洛人の誇る所なり。習いて以て意と為り、見る所既に卑《ひく》く、またその外を思わず。乃《すなわ》ちその変じ難き所以《ゆえん》、爾《しか》りと為す（『徂徠集』「于季子に贈るの序」）。

〔大意〕京都は公家のほか、職人と商人しかおらず決まった禄がある訳ではない。ただ利益を求めるだけで、その吝嗇《りんしょく》の風俗は中国古代商売に巧みだった周の人のようである。従って、儒者がそこで暮らしても生計をたてることは難しく、金を稼ぐために塾を開いて講釈をすることになる。百人千人が群れをなして来るので、忙しくて時間が足りないから、「性」や「天」について宋の書物に拠って、その受け売りをせざるをえないのである。

（中略）

公家たちは、『周礼《しゅうらい》』が秦の焚書坑儒の後も残って発見されたように、文物を戦火から守ったと称して天下を欺いている。京女は美しい者が多く、工藝品は繊細技巧をこらしており、山川は秀麗で、言葉は上品で優美であることは、京都の人々が誇りとするところである。しかし、このような意識が習い性にまでなってしまっているので、その見解は卑しく、視野の狭いものになってしまい、変化することが難しい。

そうはいうけれども、今日なお京都は、「名姫靡曼」「百貨繊巧」「山川韶秀」「語言都雅」で、日本のみならず世界中の人々を魅了しつづけている。

「于季子」というのは、京都の人で宇野士朗（一七〇一―三一）といい、一時徂徠の門人であった。家は運漕業を営んでいたという。この「序」は享保十年士朗が京都に帰る時に贈ったものと考証されている。

次は、これまでも何度も引用している『政談』の一節である。

公家は高位なれ共小身なれば、何の結構なる事は元来是なし。され共堂上《とうしょう》方を始め京都の人情、大名をだまして物を取る事を専一とする風俗也。彼公家の娘に付来る女房、多くは町人の娘よき分なるか、坊官の娘也。此輩、己が御影をかふぶるべき為に、種々の故実をこしらへ、物ごとに結構に広大なる事をいひかくれば、聟殿元来公家と縁を組心根、女房の高家なるを自慢に思ふより出たる事なれば、かの上方者のいふ事をば尤と同心して、種々の奢をする。如何さまにも子細らしく宜敷様なれば、其風他へも押移り、今は自然と江戸中一統に大名の奥方の格といふ事に成たる也（『政談』）。

〔大意〕公家は高い官位ではあるが禄は少なく贅沢な暮しはもともとしていない。しかし公家をはじめ京都の人には大名をだまして物を取ることばかりを考える気風がある。その公家の娘に付き添って来る女中は、たいてい町人の美しい娘か公家の家来の娘である。この連中が自分も大名の恩沢にあずかるために様々の故実をこしらえ、何事につけても豪華で立派なことを吹きかけると、婿殿になった大名は、もともと公家と縁組みをする魂胆も、妻の実家の身分が高いのを自慢にしようということだから、その上方者の言うことをもっともであると賛成し、いろいろの贅沢をすることになる。するとその様子がいかにも由緒ありげで、立派に見えるところから、その風俗が他の大名にも移って、今ではいつのまにか江戸中一様に、大名の奥方の贅沢のファッションというものが出来上がってしまっている。

「あづま男に京女」という言葉があるが、将軍家はじめ各大名が競うように「京女」を求めていた。

まず綱吉の母（家光の側室、桂昌院）光子は、京都堀川の八百屋の娘とか、二条家の坊官北小路宗正の娘とか諸説あるが、ここで徂徠が「町人の娘」か「坊官の娘」かといっているそのものである。

綱吉自身は、（五摂家）鷹司教平《のりひら》の娘信子を正室としている。六代家宣の正室は、（五摂家）近衛基熙《もとひろ》の娘熙子（天英院）であった。極めつけは次の七代家継（当時七歳）で、正徳五年（一七一五）霊元天皇の皇女八十宮《やそのみや》吉子《よしこ》内親王（当時二歳）との婚約が取り決められている（この婚約は家継が翌年亡くなったので解消となった）。また、第四章でも触れたように柳沢吉保の側室町子は公家（羽林家）正親町実豊の娘である。

思うに京都人がケチだとか、お高くとまっていて頑固だとか、大名を誑《たぶら》かして物を取るとかいうことで、徂徠は「京都ぎらい」になった訳ではない。

そのようなことではなく、武士がその風俗に染まっていくと、自然と文弱に堕していくことを徂徠は恐れたのだ。武士の武士たる所以である戦闘能力が低下することは、本質的には武によって立つ徳川幕藩体制を掘り崩すことにつながるからである。この問題意識は徂徠が南総時代から晩年の『政談』の吉宗献呈に至るまで、一貫して保持していたものである。

徂徠を見出し、引き立ててくれた吉保、さらには綱吉は、何の危機感も持たずこの京風風俗にどっぷり漬かっていたといってよい。それを間近に見ていたからなおさら、徂徠は徳川の体制の将来に危機感を禁じえなかったのである。

余談ではあるが、筆者は何でもかんでも徂徠に心酔している訳ではない。中でも京都ファンの筆者としては、この徂徠の「京都ぎらい」は残念に思う。一目見ればまた違った印象を持ったに違いない。特に第十四章で見るように、そこには「御威勢」でない人間の統禦の方法があったことを、徂徠が実見してどう思ったか、訊いてみたい気がする。

徂徠が旅行らしい旅行をしたのは唯一、宝永三年（一七〇六）の主命を受けての甲州出張である。吉保が甲斐国に封じられ、自らの寿蔵の地として霊台寺を建立するに当って、そこに納める碑文の是非を確認するというのがその使命で、甲府や柳沢家の故地である武川郷まで訪れている。そのような宮仕えの立場と徂徠の健康が、長旅を許さなかったのであろう。

ここにもう一つ、徂徠を「京都ぎらい」とさせた事件があった。京都の大儒伊藤仁斎とのトラブルである。

京都で仁斎に学び、柳沢家に儒臣として召し抱えられた渡辺子固という人物がいた。徂徠とは官舎も近く、暇さえあれば相互に往来して「語孟」（『論語』と『孟子』）の諸書を議論し合っていた。その中で子固が徂徠の考えは仁斎と、ここが同じだがここが違うとかいう議論になったので、自分にもし間違いがあれば正してもらおうと思い、徂徠は子固の紹介を得て、辞を低くして直接仁斎に書簡を発出したのである。

もともと徂徠は仁斎に対しては、儒家の先進として、また新しい地平を切り開いた「豪傑」として、深い敬意を抱いていた。宝永元年のことである。徂徠三十九歳、仁斎七十八歳と、両者には丁度二倍の歳の差があった。新進の学究が、老碩学に教えを乞うという、卑屈なほどへりくだった書簡である。

以下、その一部を引用する。

始め不佞若くして南総に在りし時、則ち已《すで》に洛下の諸先生、先生を踰《こ》ゆる者亡きを聆《き》く也。心誠に郷《むか》ふ。後赦に値《あ》ひて東帰すれば、則ち一友生新たに洛より来たり、先生の長者の状を語り、娓娓《びび》として置かざる也。而して益々慕ふ。先生の大学定本語孟字義の二書を見るに迨《およ》んで、則ち節を撃《う》ちて興《おこ》りて以謂《おもへらく》、先生真に時流を踰《こ》ゆること万万なりと。

（中略）

烏虖《ああ》茫茫たる海内《かいだい》、豪杰幾何《ごうけついくばく》ぞ。一つに心に当るなし。而して独り先生に郷《むか》ふ。しからずんば則ち諸を古人中に求めん。亦た曰く不佞自ら揣《はか》らざるの甚だしき也と。先生あるいは能《よ》く其の情を思はば、豈《あ》に大いに哀憫《あいびん》せざらんや。此れ不佞の神を以て左右に飛ぶの久しき所也（『伊仁斎に与ふる書』徂徠集）。

〔大意〕はじめ、私が南総におりました若い頃から、京都の諸先生の中で先生以上の方はないと聞き、心の底よりお慕い申しておりました。その後、赦免にあって江戸に帰りますと、たまたま一人の友人が京都から来て、先生の長者の様子を語り、いつまでもやめないほどでしたので、ますますお慕い申しあげるようになりました。それから先生の『大学定本』と『語孟字義』の二書を見るに及び、机を叩いて興奮し、先生はまことに時流をはるかにぬきんでたお方と思いました。

（中略）

ああ、広い国内の中で、豪傑の士が何人いることでしょう。私の心に合う人物は一人もなく、ただ先生のみが慕われるのです。さもなければ、古人の中に求めるほかありません。それも私の身のほど知らずと言われましょう。先生がもし私の心を思いやってくださるならば、大いに哀れと思って下さるのではないでしょうか。このように私の心は久しい前から、先生のおそばまで飛んでいるのです。

ここで仁斎を「豪杰」（豪傑）と呼んでいるのが面白い。「豪傑」は何も、上杉謙信とか加藤清正とか、真田幸村とか後藤又兵衛とか、野史講談に出てくるような人物ばかりに使われる言葉ではないのである。

この手紙が発出されたのは、宝永元年の秋から冬にかけてのことであったとされている。ところがそれから間もなく、宝永二年の正月には仁斎は病を発し、三月十二日には没している。

書簡は何もすぐ返事を書かなければいけないものではない。じっくりとどう答えるのかを考え文章を練って返信するのがむしろ誠意ある対応であろう。昨今のメールとは違うのである。

この時仁斎は体調悪く、とても返事を書けるような状況ではなかったのかもしれない。しかし、それを徂徠は自らに対する無視と受け取った。無視はしばしば否定よりも人を怒らせる。

そうこうしているうちに、仁斎没後の翌々年宝永四年に門人達がまとめた仁斎追悼文、『仁斎先生碣銘《けつめい》行状』が、徂徠の許諾なくこの徂徠の手紙が付録としてつけられて、出版されたのである。

編集者は特別の意図があった訳でなく、仁斎の遺徳を偲び、遠く江戸からもその学徳を慕う者がいるという例として、徂徠の文を引用したものであろうが、徂徠にしてみれば、返信も出さずに、弟子が本人の了解もなく私信を公開するとは非礼極まりないということになる。ここに至って徂徠の仁斎批判は、感情的なまでに高まり、それが一書を書き上げるエネルギーに転化するのである。

それが『蘐園随筆』で、徂徠の著作で初めて公刊されたものである。正徳四年（一七一四）刊。

全編に仁斎批判が横溢しており、人を怒らせたら怖いという見本のような本である。徂徠自身も後年あれは書き過ぎたと反省していたようで、あの本はまだ未熟な時代のものだからあまり参考にしないようにと周囲に漏らしたりしている。

しかし仮にこの二人、文通が始まり、両者相見《まみ》ゆることがあったとしても、所詮水と油で、相互に親睦し合うことは難しかったのではないかと思われる。というのも二人の生まれ育った環境やその持つ価値観が、あまりにも対照的なものであったからである。

仁斎は寛永四年（一六二七）、京都の富商の長男として生まれた。先祖は堺の出身とされ、祖父了慶の時に京都に出、商い（材木商ともいわれる）を営んだ。了慶は商いで財を成し、堀川の東岸に大きな屋敷を構えるようになった。了慶の次は了室が家業を継いだ。そして了室の長男が仁斎である。名は惟楨《これえだ》、字は源佐《げんすけ》、仁斎は号である。通り名を鶴屋七右衛門と称した。

母親の那倍《なべ》は連歌師里村紹巴《じょうは》の孫娘である。那倍の父玄仲も同じく連歌師を務めていた。当時の連歌師とは今日の俳人のようなものではない。いわば文化サロンの主宰者のような存在で、その周囲には貴顕縉紳《しんしん》から富商大賈の主人達が集まっていた。

また仁斎の最初の妻嘉那《かな》は尾形家の出で、琳派の祖光琳・乾山兄弟とはいとこ同士の関係に当る。

さらに仁斎の盛名が揚がるにつれてその交友関係も広がっていく。そこには根生《ねお》いの分限者として、那波九郎左衛門、播磨屋長右衛門、和久屋九郎右衛門、丸屋治郎兵衛など（そのうち何人かは、三井高房の『町人考見録』に名をとどめ、その没落の姿が描かれている）、公家として、九条輔実、伏原《ふせはら》宣幸、勘解由小路韶光《あきみつ》、菊亭公規、富小路永貞など、医師として、井上養白、平井徳建、岸本寿軒、原芸庵、村上友佺などの当時の名医達が数えられる。

中でも特に、代を重ね、創業者の商人心を失い本業はそっちのけで、文事や社交に生きがいを見出し、その持つ家作から上がる店賃で、優雅に没落していく富商達（これを「仕舞屋《しもうたや》」という）に仁斎が共鳴していたことは間違いない。自身も「商人心」を持たず、一時「ひきこもり」状態に陥って家人をやきもきさせていたからである。

一方の徂徠は、この「しもうたや」を蛇蝎のように敵視する。


大名にまさる者はしもうたやの町人也。商賈の類に列すれ共商売の業もなし。金銀を所持すれども世話六借《むつかし》ければ金借もせず。只、夥《おびただしき》敷町屋を持、其店賃にて安楽に耽る。上に仕ふ君なければ恐しき者もなし。役儀もなければ心遣ひ更になし。下に治むべき民もなく家来もなく、又士の作法・義理といふ物もなく、衣服より食事・家居・諸道具まで其奢大名にひとし。付従ひ出入する者、己が機げんを取る者ばかりなり。遊山の事は傾城町・野郎町を心の儘にあり（歩）けども、誰咎る人もなく又謗る人もなし。其外の慰も心の儘にて誰を憚る事なし。誠に今の世に南面王《なんめんおう》の楽といふは、此輩の事也（『政談』）。

〔大意〕大名よりまさっているのは、仕舞屋《しもうたや》の町人である。商人の仲間ではあるが、商売はせず、金銀を所有してはいても、金貸しの仕事は面倒であるからしない。ただおびただしい貸家を所有し、その家賃で安楽に暮らしてゆける。仕える主君もないから、恐ろしい者がいるわけでもなく、役職に就いていないから、気をつかう必要もまったくない。下に治めるべき民もなく、家来もなく、武家の作法や義理ということもなく、衣服から食事・住居まで、大名同然の贅沢をしている。つき従う者や家に出入りする者は、自分の機嫌を取ろうとする者ばかりである。遊山をしたり、傾城《けいせい》町や野郎町を気ままに遊び歩いたりしても、誰も咎めたりそしったりする人もない。そのほかの慰みごとも、好きなようにして誰にも気がねする必要がない。まことに今の世の中で、王者の楽しみというのはこの連中のことである。

徂徠が「しもうたや」を敵視するのは、それが誰憚ることなく安楽に暮らしているのを嫉妬しているからではない。その存在自体が社会に悪い影響を与え、風俗の壊乱《かいらん》につながっていくからである。

扨治めの筋に心を入るるといふは、其品数多き事なれ共、要をくくりていはば、田舎は農業、御城下は工商の業を勤めぬ者のなき様にする事、是第一也。一人も家業を勤ぬものなき時、人の心皆実に返る故、万の悪事はみな是より消行事也。根本を忘れて末にて悪事を抑へんとしても、何程才智の人なり共、其才智行届ざる事也。さればしまうたや抔と云様成者、工商の業を勤めず、只町屋敷の影にて渡世をし、剰《あまつさ》へ己は其町屋敷には居ず、家守《いえもり》といふ者を指置き、奉行所へもそれを出し安楽に耽るを、俗眼には何の害もなき事の様に思へ共、風俗の上甚不宜事也。何れも己が町屋敷に居住して、何にても工商の業を勤めさすべし（『政談』）。

〔大意〕さて政治に根本から取組もうとすれば、いろいろ問題があるが、要は、田舎では農業、都市では工業や商業に勤労しない者が一人もいないようにすることが第一である。家業を勤めない者が一人もいなくなれば、人々の心はみな実直に返るから、あらゆる悪事はすべてこれによって消えてゆくのである。この根本を忘れて、末節を追い、ただ発生する悪事を抑えようとしても、どれほど才知のある人でも、その才知は社会に行きとどかないことになる。

従って仕舞屋《しもうたや》などといって、工業にも商業にも従事せず、ただ所有する家屋や土地を人に貸して、その収入で生活を送り、自分はそこには住まず、家守《やもり》という者を置き、管理はそれに任せて、奉行所へもそのように届を出し、安楽にふけっているような者は、普通の人が見れば何の害もないもののように思われるが、社会の風俗の面からすれば、はなはだよろしくない。このような者はそれぞれ自分の所有する家屋や土地のあるところに居住させ、何でもよいから工業や商業に従事させるべきである。

確かにその通りだが、「仕舞屋」の中には、旦那藝や遊里に金を散ずることで藝能文化を支えてきた者もいる筈である。「藝術経営」の重要性を説く筆者としては、徂徠の「仕舞屋」批判は、今ひとつ寛容性に欠く所があると考える（『藝術経営のすゝめ』中央公論新社、二〇一八年）。

ここで「一人も家業を勤ぬものなき時、人の心皆実に返る故、万の悪事はみな是より消行事也」という点に注目したい。大の大人が日中ブラブラして何もすることがないと、ロクなことにはならないというのだ。従って今日の社会でいうと、まず失業者をできるだけ減らすことは、政府の大切な役割だ。この場合、本人も勤労の意欲がある。

問題なのは、第一に勤労の意欲がなく、社会との接点も断っているいわゆる「ひきこもり」だ。学校でのイジメ、家庭内不和、職場での不適応など、その原因は様々であろう。またいったんひきこもってしまうと、そこから抜け出すのが中々難しいということも聞く。

問題は徂徠が指摘しているような「家業」が、今日はなくなってしまっているということだ。「ひきこもり」は、むしろある程度豊かな家に多いとも聞く。貧しくて子どもの頃から親の手伝いを余儀なくされる子ども達には、「ひきこも」る余裕がないのだ。

どうしたら年少の頃から手に職をつけさせることができるのか。そもそも誰もが高等教育を受ける必要はないし、むしろ有害である。若い頃から職業教育を施して社会で生きていく技能を取得させることが必要だ。以前は「家業」というものがあって、子ども達は親の仕事を見よう見真似で覚え、自然と手に職がついていた。しかし、今日のデジタル経済の進展、そしてロボットやＡＩの技術の飛躍的進化などにより、今では「家業」はいわずもがな、どれほどの職業がこれらに取って代わられるか、空恐ろしいほどの未来が予測されている。まさに第一章で漱石が説いているように、「開化」が進んで「人間活力」が極限にまで発揮され、「距離が縮まる、時間が縮まる、手数が省ける」も極限まで達したということだ。

それと同時に、徂徠が指摘しているように、「家業」に勤めていると、「人の心皆実に返る」のだが、人間がみんなロボットやＡＩに任せて働かなくてもよいということになったら、「人間活力」はどうなってしまうのか、そして「人の心」はどうなってしまうのだろうか。「実」がなくなってしまって、社会は成り立ちうるのだろうか。

仁斎に戻る。

仁斎が何故「ひきこもり」状態に陥ったのか。仁斎はひきこもって宋学の書を読み耽った。まず『李延平答問』という書を、紙がボロボロになるまで何度も何度も熟読して宋学に深く傾倒し、次いで朱子学の根本の書

『朱子語類』や『性理大全』を日夜研鑽し、沈思黙考に努めること十年に及んだとされている。

商家の若旦那が商売そっちのけで朝から晩までこの手の本を読んでいれば、周りの者が心配するのも当然である。「我れを愛すること愈々《いよいよ》深き者は、我れを攻むること愈々力《つと》む」と後年仁斎は述懐している。周りの忠告を押し切ってひきこもることができたのは、それだけ伊藤家が余裕のある「しもうたや」であったということでもある。

しかしそれだけ「猛勉」しても、あるいは「猛勉」すればするほど、宋学に対する違和感はふくらんでいった。

そういった仁斎に転機が訪れたのは、寛文二年（一六六二）に、京都に大きな地震があった年のことである。ここではっきりと、宋儒のいわゆる性理学、そこで説かれている「明鏡止水」とか「体用」「理気」などの概念は、皆仏教や老荘思想に影響されたものであって、孔子の本来説いた考えとはかけ離れたものであり、儒学は孔子が説いた考えそのものを追求すべきであるとの結論に達したという。仁斎三十六歳の時のことである。以後堀川に家塾を開いて門戸を張り、多くの門人を育てた（以上主として『古学先生行状』による）。

では、仁斎の説く、「孔子の本来説いた考え」とは何であるのか。それはいうまでもなく『論語』である。

仁斎によれば、『論語』が何故優れているかといえば、それが「知り易く行い易く平正親切なる道」（『童子問』）を説いているからである。それによって道は「万世不易」となり、「以て生民の極」との指針を定めたのである。その意味において『論語』こそ、「最上至極宇宙第一」の書といえるとするのである。

それを見えなくしてしまったのが、宋学なのである。仏教や老子道教の教えに対抗しようとして、かえってそれらの思想の影響を受け、本来の姿を歪めてしまったと仁斎は考える。

たしかに宋学の「理」とか「性」とかは、何度読んでもわかった様な、わからない様な、とりとめのないもののようにも思える。

仁斎のいうように「宋儒理性の学の如きは、其の理隠微にして知り難く、其の道高妙にして行い難く、人事に遠ざかり、風俗に戻《もと》る」(『童子問』)のもわかる。

それに比べて『論語』の、章句のいかに平易で、自在で、詩的であることか。

「朝に道を聞かば、夕に死すとも可なり」(里仁篇)
「巧言令色、鮮《すく》なし仁」(学而篇)
「これを知るを知ると為し、知らざるを知らずと為す。是れ知るなり」(為政篇)
「直きを以て怨みに報い、徳を以て徳に報ゆ」(憲問篇)
「行くに径に由らず」(雍也篇)
「君子は和して同ぜず。小人は同じて和せず」(子路篇)
「これを知る者はこれを好む者に如かず。これを好む者はこれを楽しむ者に如かず」(雍也篇)

人類の宝ともいってよい至言の数々である。

中でも仁斎が「孔子の本来説いた考え」の基本としたものが、「仁」即ち愛である。愛情は人間の最上の価値であるとするのだ。仁斎と号したのも、そのことに確信を持ったからである。

では仁斎自身「仁」をどのように定義しているのか。

慈愛の徳、遠近内外、充実通徹、至らずといふ所なき、之を仁と謂ふ。(『語孟字義』)

あるいは、

慈愛の心、渾倫通徹、内より外に及び、至らずという所無く、達せずという所無《の》うして、一毫《いちごう》残忍酷薄の心無き、正に之を仁と謂ふ。(『童子問』)

孔子は人倫、即ち人と人との関係のあり方を説いているのだから、「仁」はその関係が遠かろうが近かろうが、内であろうが外であろうが、分け隔てなく一貫して溢れ出て、無限に広がっていくようなものであると仁斎は説明している。

『童子問』にある「残忍酷薄」とはそれの反対であり、「一毫」でもそれがあれば「仁」とはいえない。「理」が勝つとどうしても「残忍酷薄」になると注意を促している。

その通りであろう。美しい。そして仁斎のような愛情の溢れた師には誰もが就いて学びたいと思うだろう。しかし、それで人間の組織は統禦できるのだろうか。国家とか企業とか。そのような観点に立つと、別の原理で物事を考えていかなくてはならないのではないだろうか。

徂徠の仁斎批判のポイントもそこにあった。

仁斎先生すなはち曰く、「慈愛の徳、遠近内外、充実通徹し、至らざる所なし」と。これまた孟子に泥《なず》みて、惻隠の心を拡充して以て仁を成さんと欲し、これを先王に属せずして、これを人人に属し、これを民に安んずるに帰することを知らずして、徒《いたず》らに慈愛を以てこれを言ふ。故にその弊、つひに釈迦を以て仁人となすに至る。あに謬《あやま》りならずや（『弁名』）。

〔大意〕仁斎先生曰く。仁は慈愛の徳であり、遠近にも内外にも、充実して貫通し、至らぬ所はないと。これはまた孟子に拘泥し、惻隠《そくいん》の心を拡充して仁を完成しようとしたものである。仁を先王と結びつけず、一人一人の個人に結びつけて、民を安らかにするところに帰着することを知らずに、ただ慈愛によってのみ説いたのである。そしてついには釈迦を仁人であるとするまでの弊害を生んだ。何とも誤りではないか。

徂徠は、仁とは孟子流に惻隠の心を拡充して人々がそれぞれ有するものではなく、「先王」が民を安んずるために持つ徳であるとするのである。

即ち、

それ君なる者は群なり。これその、人を群してこれを統一する所以の者は、仁に非ずんばいづくんぞ能くせん。学んで徳を成す者は、おのおの性を以て殊なりといへども、その学ぶ所の者はみな聖人の道なり。聖人の道は、要は民を安んずるに帰す。故に君子いやしくも仁に依らずんば、何を以て能く聖人の道に和順して以てその徳を養成せんや。

（中略）

先王のこの道を立つるや仁を以てす。故に礼楽刑政は、仁に非ざる者なし。ここを以ていやしくも仁人に非ずんば、何を以て能く先王の道に任じて以て天下の民を安んぜんや。故に孔門の教へは、仁を以て至れりとなし、仁に依るを以て務めとなす。しかうしてまた聖人たることを求めざる者は、古の道しかりとなす（『弁名』）。

〔大意〕「君」とは「群」のことである。人々を群がらせて統一するためには、仁以外ではできるものではない。学問をして徳を成就する者は、天性に差はあるけれども、学ぶものはすべて聖人の道である。聖人の道は要するに民を安らかにすることに帰する。だから君子がもしも仁に依らなかったならば、聖人の道に調和し順応してその徳を養成できるわけがない。

（中略）

先王が「道」を立てたのは仁によってであるから、礼楽刑政も仁でないものはない。従って仁人でなければ、どうして先王の道をわが任務とし、天下の民を安泰にすることができようか。だから孔門の教えでは、仁を至上のものとし、「仁に依る」ことをつとめとして、聖人となることを求めなかったのは、古代の「道」がそうだったのだ。

「群」、組織を統禦するのに「仁」は必要である。その「仁」によって「先王」が「礼楽刑政」という具体的なものを制作してあるから、君子はそれに依拠して天下の民を安んずることができるということだ。ここでは為政者は「仁」に依ることは求められても、自身が「聖人」になる必要はない。

仁斎と徂徠が、どのような社会で誰を想定して語っているかの差が明らかであろう。住んでいる世界でいえば、仁斎は町衆である。上京上川東組東堀川四丁目に住む、鶴屋七右衛門である。東堀川四丁目には会所があり、仁斎の日記を見ると、屢々《しばしば》そこに行っていることがわかる。会所は町衆の寄合の場であり、また「勉強会」の場でもあった。仁斎自身そこで『論語古義』『孟子古義』などを講釈している。

町衆の寄合は会所で済ますのが定例だが、一年に何回かは町衆が自宅で寄合を兼ねた宴会を開くことがあった。いわゆる「町汁《ちょうじる》」である。仁斎の日記によれば、参加人数は七、八人、気の置けない仲間のくつろいだ会合であったことが想像される。

町汁のメニューも仁斎日記に記されているが、中々豪華なもので、京都町衆のグルメぶりが伝わってくる。輪番だから毎年振舞いをする訳ではないが、ほとんどが料理屋からのケータリングサービスであったから、かなりの負担でもあっただろう。

町の寄合は、家持衆で町の有力者からなり、町の世話人でもある。町内の冠婚葬祭、おまつりなどの仕切りや資金負担、防火や水利あるいは防犯などへの対応など、様々な事項を相談し、決定し、場合によっては町を代表してお上と折衝する。他面、行政機構の末端という位置づけもされ、町奉行所などからの各種のお触《ふれ》や指示事項を町内に伝達し、ものによっては連帯して守るべき責任を負わされていた。

仁斎が住んでいたのは、こういう世界である。徂徠が将軍家の御膝元の、しかも随一の寵臣の官舎に住んでいたのとは、大変な違いである。

もう一つは天皇家との距離感の差である。

仁斎の住んでいた堀川通りから御所に接している烏丸通りまで、直線距離で六〇〇メートルほど、通り名でも十に満たないくらいの至近距離である。仁斎と交流のあった公家衆の居宅も御所の周囲に配されていた。仁斎がそのような環境で育ち暮らしたというのは大きい。幕府よりも朝廷に親近感を持って当然である。

一方で徂徠は、朝廷は今でこそ何の権力ももたないが、権威はあるので、幕府の「御威勢」が衰えてきた時にはどうなるかわかったものではないと警戒を怠らない。例えば、

且又天下の諸大名皆々御家来なれ共、官位は上方より綸旨位記を被下事なる故、下心には禁裏を誠の君

と存る輩も有べし。当分唯御威勢に恐れて、御家来分に成たるといふ迄の事抔と心得たる心根うせずんば、世の末に成たらん時、安心なりがたき筋も有也（『政談』）。

〔大意〕また、天下の諸大名はみな、将軍家の家来であるのに、官位については上方から綸旨《りんじ》や位記をもらうことになっているので、大名の中には内心では朝廷を本当の主君と思う者もないとはいえない。ただ当分の間、幕府のご威勢を恐れて家来になっているのだなどという心情がなくなるのでなければ、世の末になったとき、幕府として安心できないようなことも起こりうるであろう。

仁斎と徂徠はこのように全く違う環境の下で自らの思索を深めたが、いずれも江戸儒家中の大「豪傑」である。しかも二人とも儒教の原典（古義）に立ち戻って宋学＝朱子学を乗り越えようとしたという点においては同志だったのである。あえていえば、仁斎が『論語』を再発見し、孔子を再評価した（「古学」）のに対し、徂徠は「六経」を再発見し「先王」を再評価した（「古文辞学」）という差がある。

この両「豪傑」の営為は、今日の中国の思想史学界でも高く評価されている。いずれもそれまでの中国思想が持たなかった独自の考え方を提示したからである。これに対して日本の大多数の朱子学者は一顧だにされていない。

明治以降においても、「近代化」の道を突っ走った日本では、多くの受け売り学者を産み出してきた。彼らもまた所詮右から左へ学説を垂れ流しているだけだから、本家本元から評価されないのと同様である。

最後に仁斎の人となりについて記しておこう。

仁斎は「坦夷温厚」（感情の起伏がなく穏やかなこと）（『先哲叢談』）とか、「寛厚和緩《かんこうわかん》」（ゆったりと落ち着いていてなごやかなこと）あるいは「深沈不競」（もの静かで深く考えをめぐらし、人と争わないこと）（いずれも『古学先生行状』）などと評されている。

こういう仁斎だから、いろいろエピソードに事欠かないが、例えば、盗賊に出くわした時着ていたどてらを脱いで与え人の道を説いた所、盗賊が涙を流して改心して門人となったとか、花街を歩いていて娼家に招き入れられたが、娼家が何ものたるを知らなかったので、茶を一杯煙草を一服して辞したとか、浮世離れした人柄が偲ばれる。次の話もいかにも仁斎らしいやりとりである（いずれも『先哲叢談』）。

ある儒者から仁斎が批判されたことがあった。弟子が何故反論しないのか、先生が反論しないなら自分が反論すると息まいているので、仁斎は、次のように諭したのだ。

如《も》し彼れ果して是にして我果して非ならば、彼は我に於て益友為り。如し我果して是にして彼れ果して非ならば、他日、彼れ其の学長進せば、則ち当に自ら之れを知るべし。小子、宜しく深く戒むべし。学を為すの要は、惟《ただ》心を虚にし気を平らかにし、己が為めにするを以て先と為す。何ぞ彼れを毀《そし》り我を立て、徒らに茲《こ》の多口を憎まん。

〔大意〕もし彼が正しく私が間違っていれば、そのことを気づかせてくれたという意味で彼は自分にとって益友である。もし自分が正しく彼が間違っているなら、いずれ彼の学問が進歩すれば、そのことを知ることになるだろう。だからよくよく戒めなければならない。学問をする際には、心を空しく気持ちを平穏にして、学問は自分のためにすることだということに心がけることだ。他人を批判して自分の正しさに固執し、いたずらに多弁を弄するようなことがあってはならない。

こう見ていくと仁斎と徂徠は、あらゆる面で対照的であるが、実は自らの目指す道を極めるための営々孜々たる努力と熱い情熱においては同じものを持っていた。

その点に関し、徂徠の高弟太宰春台が、仁斎・徂徠について次のように評しているのは興味深い。

仁斎は温厚な人物だが、

学問ニテネ（練）リツ（詰）メテ徳ヲナシタル人ト覚ユ。定テ圭角アリタル人ナラメ、随分ヤハラ（和）カナル人ナレトモ、キハメテ英気ナル人ナリ（『文会雑記』、蘐園を中心とする文人、儒学者などの聞書を集めた随筆集。著者湯浅常山は備前岡山藩士で服部南郭の門人である）。

一方、徂徠は人柄の良い人だが、

二十五マデ田舎ニテナンギ（難儀）ナルソダチ（育）シタルユヘ、声色ノ好ナド曽テナシ。唯書ヲヨムヨリ外ノコトハナキ人ナリシ由。随分行儀ヨキ人也（同）。


本当にものを極めた人というのは、温厚で人柄の良い人である。しかし心に秘めたるものがあるから、ある意味ではトガッていて、それが気骨・気品にもなれば、身を律する厳しさをも合わせ持つというのだろう。

逆にいえば、他者に対して虚勢を張ったり、ことさらに攻撃的になったりするのは、それだけ未熟だということである。

第八章 詭道
——徂徠と孫子

徂徠は将棋を好み、初段ほどの実力だったという。そして自ら、中国の古将棋をモデルに広将棋（正確には『広象棋譜』）なるものを考案し、蘐園の弟子にも戦わせて興じたとされている。

そのルールを簡単に解説すると、①碁盤と同じ一九路盤を使う。②駒は円型で、黒駒には白で白駒には黒で駒の名称が書いてある。③駒数はそれぞれ九〇枚、合わせて一八〇枚使用する。④駒の種類は三四種類、三種類を除いた三一種類は成りがある。うち七種は三一種のどれかに成るが、残り二四種は新しい種類となる。従って種類は合わせて五八種となる。⑤種類毎に進む方向や路数は様々であるが、次のようなユニークな駒がある。

中車……将同様八方向に一路ずつ進む。成ると帥になって、帥があれば将が取られても負けにならない。
象……斜めに何路でも進む。飛び越してはいけない。成らず。
仏狼机《フランキ》…斜めに一路空いている所に動いて、その位置から周囲八方向の七路以内にある敵の駒を近いものから二つ取れる。

車……縦横に一路から五路まで進める。駒を飛び越しては行けない。

鼓……横と斜めに一路進む。この駒が死ねば歩兵は前に進めなくなる。

ごく一部を紹介したに過ぎないが、こんなものが五十種類以上あるから、駒の動きを覚えるだけでも大変だ。

なお、日本の将棋のように取った駒を使うことは出来ない。このルールは南北朝時代から戦乱が相次ぎ、武士の離合集散や裏切りが日常化する中で、降服した敵将を自軍の補強に使うことが多くなったことから生まれたものとされ、将棋の発祥とされるインドのチャトランガや西洋のチェス、中国の象棋にもないルール

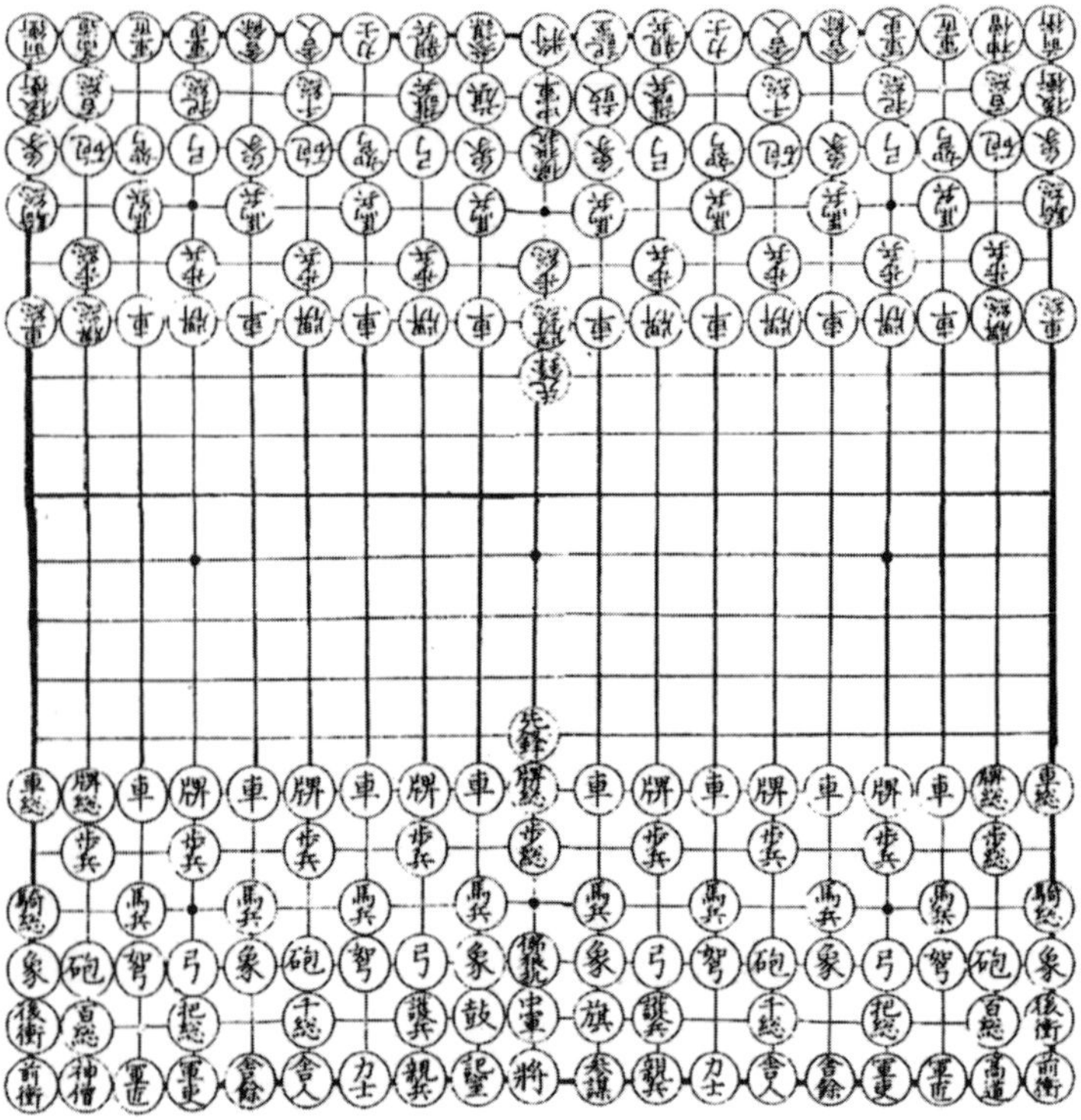

だという。

あらためて図を見てほしい。よくよく見れば、それが軍団構成と配置を精密に模したものであることがわかるだろう。

最前線（六路）は、車と牌《パイ》、牌とは麻雀牌を立てたような防禦装置をいうものか。第二線（五路）に歩兵が来る。第三線（四路）は馬兵、第四線（三路）は、象及び弩、砲、弓、仏狼机などの飛道具、第五線（二路）には護兵や旗と鼓、後衛などが配置され、最後列には、将を参謀、記室、力士、軍吏、軍匠などが固めている。

筆者は日本将棋連盟の幹部にこの徂徠広将棋について訊いたことがある。その名前と大体のルールは聞いたことがあるが、あまりに複雑なので指したことはないし、今の現役棋士でも指した人はいないのではないか、もし本気で対局しようとすれば何ヶ月もかかるのではないかとのことであった。残念なような気もするし、今はＡＩを使って対局をしてみることも出来るのではないかという気もした。

徂徠が物茂卿とか物徂徠とか自称するのは、先祖が古代武を以て立った物部氏に由来するからである。実際当人も儒臣というよりは武士としての意識が強かった。その経世論にも、武を以て立つとはどういうことか、武士は何を重んじなければならないかという問題意識が濃厚である。

徂徠が根っから兵法好きであったことは、自身「好める故に我国諸家の軍法をも粗々《あらあら》学び、異国の兵書をも多く読たり」（『鈐録』序）と記しているし、様々なエピソードからもそれが知れる。左記はそのうちの一つである。


南郭、某歳元日、徂徠を訪《と》ふ。徂徠方《まさ》に几に隠《よ》りて『孫子』を閲《けみ》す。面垢《めんこう》洗はず。髪乱れ梳《くしけず》らず。新年を知らざる者の若し（『先哲叢談』）。

〔大意〕（徂徠の高弟服部）南郭がある年のお正月、徂徠を訪ねた時のことである。徂徠は一心不乱に机によって『孫子』を読んでいた。顔も洗わず髪も乱れて、あたかも新年となったのを知らないかのようであった。

これはいい所に来た。『孫子』について談じようではないかと話し始めるので、南郭は新年の挨拶もそこそこに退散したとある。

その徂徠に『孫子』の評釈書がある。『孫子国字解』といって、平易な日本語で書かれている。宝永四年（一七〇七）頃、徂徠がまだ「古文辞学」を形成する前の作品と考証され、日本人の書いた『孫子』の評釈書として最も優れたものとされている。

平易な日本語とはいえ、その解釈は奥が深い。まず「始計第一」の冒頭を見てみよう。

始ははじめなり、計ははかりごとなり、はかりごとを始めとすと読むなり、文字の意を知らぬものは、はかりごとと云へば、はや人をたばかりいつはることと心得るは僻事《ひがごと》なり、兵は詭道なれば、人をたばかるも計の一つなるべけれども、計の字の意は、ものをつもりはかり目算することなり。

〔大意〕始ははじめであり計ははかりごとの意で、はかりごとを始めとすると読む。文字の意味を知らない者は、はかりごとといえばすぐ人を欺き偽ることと考えるが、これは間違いである。兵は詭道であるから、人を欺き偽るのもそのはかりごとの一つであるが、計というのは、それらをすべて含めて、ものをはかり比べて目算することをいうのだ。

従って、

総じて軍《いくさ》をせんと思はば、まず敵と味方をはかりくらべて、軍に勝つべきか勝ましきかと云ことを、とくと目算して見て、果して勝べき図をきはめて軍をすべきことを云へり。

〔大意〕戦争をしようと思えば、まず敵と味方をはかり比べて、戦争に勝つことができるか、できないかということを、十分に目算して必ず勝つことのできる図を描いてはじめて、戦争をすることができるのだ。

ここに孫子の兵法の本質があり、戦争の本質がある。

かやうに前方につもりはかることは合戦の本なり。前方に目算をせず了簡を極めずして合戦に勝つと云ことはなきわけなるゆへ、此篇を孫子の開巻第一義とするなり。

〔大意〕このように事前に敵味方について様々な面から比較考量することが戦争の基本である。事前にそのような目算もなく、また様々な対応策を極めずして戦争に勝つということはないのだから、この「始計篇」を開巻第一に置いているのである。

「勝ちに不思議の勝ちあり、負けに不思議の負けなし」という言葉がある。「始計」をおろそかにして負けた例は、太平洋戦争における日本軍をはじめ枚挙に遑《いとま》がない。

ここまでが冒頭「始計」についての評釈である。ここから第一章、「孫子曰く。兵は国の大事なり。死生の地、存亡の道、察せざるべからざるなり」と続く。

この第一章、百七十余字より成るが、冒頭から、孫子が中国の伝統思想「対待」にどっぷり漬かっていることが読み取れる。「対待」というのは、対となる二語より成り、相互に相い対立する（相反）ものであるが、対立しながら相手を必要とし、それが動いてあるものを成す（相成）関係にあるものをいう。具体的には陰陽、男女、水火、禍福などがその例である。いわば原始的弁証法といえる。第一章の百七十余字の中、「死生、存亡、陰陽、寒暑、遠近、険易、広狭、天地、賞罰」と九つの対が記されている。また、『孫子』全十三篇における中核概念は、「形」と「勢」及び「虚」と「実」という二つの対待である。

この「対待」の思想の根底には「易」がある。「易」は宇宙・人生の森羅万象を変化によって説明しようとするもので、この変化は物事を相対化していく。このことは西欧的な何ものかを絶対視するような考え方と著しい対比をなす。

今一つ付け加えるとするならば、孫子の思想は、孔子的というより老子的である。その最も親しい例は、「兵の形は水に象《かたど》る」（虚実篇）とか、「激水の疾《はや》くして石を漂《ただよわ》すに至る者は勢なり」（勢篇）とか、「智者の慮は必ず利害に雑《まじ》う」（九変篇）、呉越同舟の譬え（九地篇）とか、孫子の説く所は、論理よりは人間心理に対する深い洞察の上に立っている。

孫子、名は武、斉の人である。中国春秋時代、呉の国の軍師となり、その呉楚の戦いにおいて呉王闔廬《こうりょ》の下で力を発揮し、楚の都郢《えい》を攻めこれを撃破した。楚を破った後は闔廬の下を去り、蘇州穹隆山に隠棲して『孫子』を書いたとされている。

開戦前の戦力の比較衡量の重要性を説く「始計篇」から、スパイの活用を説く「用間篇」まで、『孫子』の兵法の真髄を鋭く説く数々の至言の価値は、今なお褪《あ》せることがない。

兵は拙速なるを聞くも、未だ巧久なるを睹《み》ざるなり。（作戦篇）

兵は勝ことを貴ぶ。久しきを貴ばず。（同）
百戦百勝は善の善なる者に非ざるなり。戦わずして人の兵を屈するは善の善なる者なり。（謀攻篇）
彼を知りて已れを知れば、百戦して殆《あや》うからず。（同）
善く戦う者の勝つや、奇勝無く、智名も無く、勇攻も無し。（形篇）
乱は治に生じ、怯《きょう》は勇に生じ、弱は強に生ず。（勢篇）
兵を形《あらわ》すの極は、無形に至る。（虚実篇）
兵は詐《さ》を以て立ち、利を以て動き、分合を以て変を為す者なり。（軍事篇）
進んで名を求めず、退いて罪を避けず、唯《た》だ民を是れ保ちて利の主に合うは、国の宝なり。（地形篇）
亡国は復た存すべからず、死者は復た生くべからず。（火攻篇）
微なるかな微なるかな、間を用いざる所なし。（用間篇）

全篇珠玉の言辞が連ねられている。

まず孫子が「兵は詭道なり」あるいは「兵は詐を以て立」つとしていることに、徂徠がどう考えていたかをみてみよう。この点は、儒学者であると同時に兵学者であるとはどういうことかを考えるポイントとなることだからである。

まず「兵は詭道なり」について、

兵は詭道なりと云は、軍の道は、とかく手前を敵にはかり知られず、見すかされぬ様にして、千変万化定まりたることのなきを、軍の道とするなり。

〔大意〕「兵は詭道なり」というのは、戦争は、まず自分を敵に察知されず、見すかされぬ様にて、千変万化の状況の変化に対応することが戦争の道であるということである。

『孫子国字解』の執筆時期は、「徂徠学成立以前の徂徠の筆になる」(野口武彦『江戸の兵学思想』中央公論新社、一九九九年)と考えられている。まだ朱子学を脱し切れていなかった時期ということだ。筆に遠慮がちな口吻《こうふん》が見られるのもそのためである。というのも、いわゆる道学者、倫理を売る者にとって、いつわり、たばかりを奨励するような文章は抵抗があったためである。

次に、「兵は詐を以て立」つについて、

兵は詐を以て立つとは、軍の道は敵にはかられぬ所を以て軍の本体とすると云意なり、詐はいつはりなれども活して看るべし、我が手前を人に知られず、窺ひはかることのならぬ様にする意を看るべし。

同趣旨なので大意は省く。面白いのはやや言い訳がましく次のように言っていることだ。

いつはりたばかるとばかり看る時は事せばくなるなり。又ひたものに敵をたばかりだまさんとばかりたくむ時は、無形の真理に叶はぬゆへ、敵良将なれば却てその我がする計を以てわれを制して遂に敗北の媒《なかだち》となるなり。

〔大意〕兵法をいつわりたばかりとばかり見るとかえって制約されてしまう。また、ひたすら敵を欺きだますことばかりたくらんでいると、敵に形を見せないという兵法の真理にかなうものではないから、敵が良将であったら、かえって当方の謀り事を見抜き当方を制して、敗北のきっかけとなることもある。

策士策に溺れるの類か。いずれにしても「無形」が「兵法の真理」なのだ。孫子がそれを「詐」といっていることは、兵書の言葉は、儒書、道書、仏書などと同じように考えてはいけないということだ。

もう一つ例を挙げておこう。九地篇にある「能く士卒の耳目を愚にして、これをして知ること無からしむ」についての解である。

士卒の耳目を愚にすると云は、大将の心事をば士卒には知らせぬことなり。吾がすべきと思ふことは士卒に知らせず、士卒の耳には別のことに云ひ聞かせ、士卒の目には別の事をして見せ、当分かれが納得するやうなことをして、思慮了簡なく、何の余念もなく大将の命に従うやうにすることなり。

平易な解説なので、特に大意を設けるまでもないであろう。要するに、部下にいささかの疑念も抱かせてはならないということだ。疑念をもたれては統率は出来ない。

また火攻篇の「明主は之を慮《おもんぱか》り、良将は之を修む」について、徂徠は、

まことに不仁をきらはば合戦をせずして敵を手につくる道を工夫すべし、すでに合戦をする上は不仁なるわざとても厭うべきにはあらざるなり。

〔大意〕不仁を嫌うのであれば合戦をせずに敵を負かせる工夫をすべきである。すでに合戦に入った上は、不仁なことでもそれを嫌うべきではない。

兵学の論理は一貫している。
そこで冒頭に戻って、「軍に勝つべきか勝ましきか」を「とくと目算」して、「勝べき図をきはめて軍をすべき」ことになる。

されば孫子が主とする所は、勝利をたしかに見切ると見切らぬとにあり、誠に慎むべきことなり。

火攻篇末尾の「亡国は復た存すべからず、死者は復た生くべからず」への『国字解』である。徂徠が孫子の十全たる共鳴者であったことがここに示されている。

徂徠は後に、「先王の道」という独創的な思想体系を確立する（後述第十章）。政治の倫理道徳からの独立とも称されるが、「先王」、即ち中国古代の聖王達が制作した「道」、具体的には「礼楽刑政」という「物」によって構成される制度に則っていれば、人間の社会は安心安寧が保たれるという思想に辿り着く。そこでは最早政治と倫理は分断されたので、この最後の「仁・不仁」に思いわずらうことはなくなったのである。

この『孫子国字解』の他、徂徠の軍学書に『鈐録《けんろく》』及び『鈐録外書』がある（享保十二年の著作と考証されている）。「鈐」とは「鈐韜《けんとう》」の「鈐」、即ち「矛の柄」の意味で、「韜」即ち「弓の袋」とセットになって軍学を表わす。

この両著は徂徠の軍学に関する蘊蓄《うんちく》を整然と述べたものであるが、徂徠の主著『弁道』『弁名』や『論語徴』のように、刺激的で独創的なものではない。

一つには、徂徠には孫子のような実戦経験がなかったことによるものかもしれない。徂徠自身そのことを痛感していたであろう。彼が子どもの頃から、また特に南総の体験の中で、戦国の故老達の話をよく聞いていたことは、その著作の数々に明らかである。そのような耳学問からしても、最近流行している「〇〇流軍学」などは、いかがわしさを持った所詮畳の上の水練に過ぎないと見切っている。しかしそれは自分にはね返ってくるものでもある。

今一つは、今日のわれわれの眼から見れば、その軍事論があまりにも古色蒼然と見える所にある。今日の経済貿易戦争、サイバー戦争などへの示唆を徂徠に求めるのは、ないものねだりに等しい。

それでも、その着眼点や行論には徂徠らしさが横溢している。

第一は、軍事理論の全体的把握ということである。全体的把握とは、軍事や戦争に関する経験的知見を雑多に集積するのではなく、これらを整然とした体系に再構成することである。

『鈐録』は、そのような意図に基づき、およそ戦さにあって不可欠な事柄について、体系的に記している。

制賦、兵制、職制弁選兵、編伍、懸令、行軍、営地、陣法上、陣法下、教旗上、教旗下、戦法、戦略上、戦略下、城制上、城制下、守法上、守法下、攻法、水法本邦というのがその章立てである。

制賦というのは軍役動員の基礎となる土地の生産高あるいは経済力のことである。懸令とは軍中の法度をいう。教旗とは軍隊の訓練のことである。戦法と戦略は、前者が合戦の仕形であり、後者は合戦の方略であると定義されている。これは今日の定義に近い。

なお戦略上において、

軍ニ陰謀ヲ用ヒ敵ヲダマシ表裡ヲスルコト軍ノ法ナリ。（中略）「兵ハ詭道ナリ。兵ハ詐ヲ以テ立ツ」ト云コト孫子ノ明文ナリ。而ルニ後世ノ儒者王道ノ軍ト云コトヲ説キ、又謙信流ノ軍者表裡ハ決シテセヌコトノ様ニ云ハ兵ノ本意ヲ知ラヌ故ナリ（『鈐録』）。

〔大意〕戦いに陰謀を用いて敵をだまし、裏表のある態度をとるのは、戦いのやり方である。（中略）「兵は詭道なり、兵は詐を以て立つ」というのは『孫子』の明文にある。しかるに後世の儒者は王道の軍ということを説き、謙信流の軍学者が裏表の態度をとることはすべきでないなどということは、戦争の本質がわかっていないのだ。

としているが、このように堂々と詭道について断言するのは、晩年になってからのことである。

守法・攻法は籠城法と城攻めの法である。水法には本邦のそれと戚南塘《せきなんとう》水軍法というのを併列して紹介している。日本には大河がなく川にての舟軍が存在しないからである。従って艦隊の編成やその各自の役割も全く違っているのである。

戚南塘というのは、本名を戚継光（南塘は号。一五二八―八八）といい、明代の将軍である。鉄の如き規律を持った「戚家軍」を作り上げ、倭寇の撃退に功績があった。その『紀効新書』『練兵実記』などは、日本の軍学者によく読まれた。

この戚継光の戦法のように、徂徠が実見もしていない船団のオペレーションなどは、その著作のダイジェストにならざるを得ず、その分著作の魅力を減殺しているきらいがあることは否めない。

さはさりながら流石徂徠である。徂徠らしい問題の抽出の仕方、あるいは分析の手法などが随所に窺われるが、その第二は「軍法」と「軍略」ということである。

徂徠の問題意識は、秀吉の朝鮮出兵で日本が何故敗れたかにあった。

大明は万暦年中にて治平の只中なり。朝鮮へ来たる大将も左迄の者にもあらす。日本の兵は将も士卒も乱世始て静まりたる砌《みぎり》なる故、百戦の内よりすりみかゝれたる者ともなり。されとも大明の勢に逢ひて敗北に及へるは、是軍法なきと軍法あるとの差別なり（『鈐録』序）。

〔大意〕明は万暦年間で、平和の只中にあった。朝鮮に来た大将もさまでの者ではない。日本軍は将軍も兵隊も、戦国の乱世がようやく静まった時期であるので、百戦の経験を経て摩《す》り磨かれた強者どもであった。にもかかわらず明の軍勢と戦って敗れたのは、軍に軍法があるかないかの差である。

文禄・慶長の役で渡海し、現地で戦ったのは、加藤清正、福島正則、黒田長政、島津義弘、小西行長、鍋島直茂、小早川隆景ら、徂徠のいうように「百戦の内よりすりみかゝれたる者とも」である。彼らはその家の子郎党を引き連れ、勇猛に戦ったのである。

敗因については、戦争目的が不明確であったことや軍事的失敗（伸びきった戦線、届かぬ補給、諸将軍のコミュニケーションの欠如、制海権の喪失など）ばかりでなく、占領地の民政の失敗（朝鮮人民に対する圧政）、不十分な事前調査（朝鮮半島の冬の厳しさに日本軍の将兵は多く凍傷に罹ったという）など数多くの要因が考えられるが、ここで徂徠が注目しているのが、組織を動かす原理の差である。

ここで徂徠が「軍法」というのは、

軍法といふは節制の事なり。卒伍の組様より兵器を組合せ、人数の手配、備《そなえ》を立て、合戦の仕様、備の飾、号令の作法、行軍、営陣より兵粮の手遣、武器の仕形に至まて、習伝授有て畢竟の処士卒をよく修練させて、如何程の大勢にても手もつれなく自由に取てまはし乱れさる様にする仕形なり（同）。

〔大意〕軍法というのは、軍のコントロールのことである。兵隊の編成法から兵器の組合わせ、これに応じた要員の手配、戦闘単位の組成、合戦の方法、戦闘単位の予備、号令のかけ方、行軍から宿営地の設定の仕方、兵糧の手配、武器の使用法などに至るまで、絶えず訓練し、兵に教え込み、要するに将兵をよく鍛練して、どのような大軍であっても、手がもつれて混乱したりすることなく、自在に軍を動かして乱れることのないようにする方法である。

即ち徂徠のいう「軍法」とは、一言で言えば軍事行動そのものをどう統禦するかということである。明軍にはそれがあったのにもかかわらず、日本軍にはそれがなかった。

日本の名将は軍略の妙術計《ばかり》にて、軍法は行届き申さず候。兵士の智勇を借りて勝利を得候仕形にて、覚への者・功の者をば高禄を以て抱へ置候故、一騎士の高禄取候人、段々多く之有り候（『鈐録外書』）。

〔大意〕日本の名将は智略という妙術ばかりで、組織全体を動かす軍法は行届かなかった。兵士の智恵や勇気に頼って勝利を収めるやり方であるから、腕に覚えの者や戦功のある者を高禄で召し抱えることとなり、高禄を取る人間が次第に多くなってしまうのだ。

これでは全体としての戦力は低下せざるをえない。そして、

日本の軍《いくさ》は、専ら士卒の智恵をかり候て軍を致候事に候。之に依り敗軍の将、罪科之無き候。異国の軍

は士卒の智恵を用いず候て、戦の勝負は全く大将の掌握に之あり候故、敗軍の将は死罪に候（同）。

〔大意〕日本の戦さはもっぱら兵士の智恵を借りて行われるから、これによって敗戦したとしても、将軍が罪科に問われることはない。これに対して明の軍は兵士の智恵を用いることなく、戦の勝敗はひとえに大将の采配による。従って敗軍の将は死罪になるのだ。

この日本軍の悪弊は、今次大戦にまで及んだ。いかに「罪科」に問われなかった将軍が多かったか。

徂徠はさらにそのよってきたる理由まで論じている。それは明が郡県制を採用しており、その将軍とて皇帝によって受任された一官僚に過ぎないのに対し、日本は封建制をとっており、各大名はその領国配下の武将や兵員を自ら調達し、引き連れて行く。家の子郎党だから、できるだけその消耗は避けたいし、できることなら他軍の応援などしたくないというのがその本音である。軍監の石田三成などがそれを厳しく非難しても、聞く耳を持たないというのがその実態であった。

第三は、戦争の姿・形は兵器の変化によって変わることの指摘である。

時代替り、昔之無き軍器出来《しゅったい》仕《つかまつり》候へば、業《わざ》は是に随て替り候故、軍《いくさ》振り・模様替り行事《ゆくこと》に候（同）。

〔大意〕時代が変わり、昔はなかったような武器が出現してくれば、戦さの仕方もこれによって変わってくるから、戦争の姿や形も変わっていくことになる。

当時の変化でいえば、例えば鉄砲（小筒）から大砲（大筒）の出現があり、また日本での戦さには用いられなかったが仏狼机《フランキ》という大筒も知られていた。

従って過去の軍法を、それがいかに名将のそれであっても、後生大事にそれを墨守したり、戦闘の経験のない軍学者がそれに追補したりしても、これらは所詮「畳の上の了簡にて藝を売物」にするものであって、「理屈は聞へ申候へども、悉皆《しっかい》拵事《こしらえごと》」であるとする。

しかし中国でも例えば、孫子の時代は車戦の時代であるが、その後車戦は廃《すた》れても『孫子』の価値が減じることはなかった。これと同様、信玄・謙信の軍法とされるものであっても、後世畳の上で付加された部分を除き、その根本の軍理を抽出してこれを「亀鑑」として、その後の兵器の変化や戦闘の姿・形の変化をふまえて、よく工夫していくことが大切であるとする。

第四に、戦争を支える財政基盤（制賦の法）についての指摘である。

戦争というものは「先《ま》ず人数の総高を知らずしては何に因てか戦守の略《はかりごと》を運《めぐら》さん」ということで、その根拠となるのが経済力である。例えば日本が全体で二千万石の石高があれば、兵力に換算すると三十三万人となる。一万石で一六五人である。

ところが今は武士が都会に居住し、かつ物価も高くなっているので、とてもこれだけの軍役をこなすことができなくなってしまった（第十六章で論ずる武士土着論がここから出てくる）。

そこで孔子の説くように「庶・富・教」を確保すること（『論語』子路篇）を考えなくてはならない。

「庶」とは、国に軍兵の数が不足することのないようにすることである。このために武士は皆知行所に住んで、商人から富を吸い取られることのないようにしなくてはならない。「富」は、武士と百姓とが富むことである。具体的には各国に米を貯え置くことが必要だ。今はそれをすべて金に替えてしまうので、商人が富み、武士と百姓が困窮することになる。第三の「教」というのは、軍事教練を行うことである。士分であれば、人数の使い方から合戦の仕方に至るまで、これらの厳しい訓練も、武士が知行所に住んでいれば、十分耐えることができるのだ。

徂徠において、経済力とは米の生産力であり、土地の生産力であった。その富の所在を商人から武士・百姓に取り戻さないと、軍事力は保たれないというのである。ここでは、商人あるいは貨幣経済の生む富というものは考えられていない。

ここで第二章で、ニッコロがフィレンツェの軍事力を強化するためには、傭兵を増やすことではなく、フィレンツェ市民より成る常備軍を創設すべしとして、その実現に奔走したことが想起される。

徂徠がイメージしているのは「市民」ではないが、知行地に土着している武士、そしてその武士の支配下にあり運命共同体をなす「家の子郎党」による軍団である。都市で徴募編成したものがそれに敵う筈がない。徂徠は一方で「軍法」の必要性を説きつつも、将と士卒間の紐帯がその強さの源泉であることも認めているのである。

最後に、徂徠の眼が細部にまで行届いている興味深い例として「武者ドヨミ」について触れておこう。


軍ノ第一ニ嫌ベキハ武者ドヨミナリ。言語ヲ以テカ、レ引ケトセヨ、カクセヨト下知セントセバ、多勢ノ軍兵ニ一々ニ聞入ル、様ニ下知スルユヘ、其声武者ドヨミトナリドヨ〳〵トドヨメキ渡リ物音聞エズ、マギロハシクテ下知モ更ニ聞エズ、混乱騒動シテ必戦ノ負トナル故ニ、旗鼓ノ相図ヲ以テ軍兵ヲ使フヲ節制ノ軍ト云。

〔大意〕軍隊が第一に嫌うのが武者どよみである。言葉によって「かかれ」とか「引け」とか、あれこれ命令しようとすれば、大勢の兵に一人一人わからせる様に命令するので、その声が武者どよみになってどよどよとどよめいてしまってその外の音が聞こえなくなる。何を言っているのか紛れてしまえば、命令もさらに聞こえなくなる。軍は混乱し、大騒ぎになって、こんな状態で戦えば必ず負ける。そこで、旗や太鼓の合図によって軍兵を使う。これをよく統制された軍という。

以上述べ来たったような全体観を持つこと、そしてここにあるような現場における細部、人間行動の実際をよく把握しておくこと、この両者を兼ね備えることがリーダーの条件である。

孫子にしても徂徠にしても、その兵学思想は実にリアリスティックである。またそうでない兵学思想など、「畳の上の水練」どころか有害である。「兵は国の大事なり、死生の地、存亡の道、察せざるべからざるなり」だからである。

その厳しさを徂徠はその政治哲学においても貫いたといってよい。国家の、そして人間組織の統禦の術としての、彼独特の「先王の道」の提唱である。兵学がハードな統禦法とするならば、それはよりソフトな統禦法である。そこへ進む前に、組織ではなく個人が強くなるということはどういうことかを見ておくこととしよう。

第九章

惣躰自由《やわらか》

――徂徠と武蔵

武藝の中で徂徠が得意としたのは槍術である。

徠翁鎗術の師は築地に住む深井半左衛門と云ふ宝蔵院流の人なり。徠翁武藝の中鎗術は一番長ぜりと、嘗て自身一つの手を撰出して如何あるべきとてつかひて見せければ、師大に驚て申せしは、別して宜しきことなれども、そのやうなる手は吾等家に殊の外秘め伝へずとて舌をまきし由（『蘐園雑話』）。（〔大意〕は略）

宝蔵院流槍術というのは、南都興福寺の僧覚禅房胤栄《いんえい》（一五二一―一六〇七）によって創始された槍術の流れである。その特徴は通常の素槍に対し、鎌槍と称する十文字形の穂先にある。この鎌槍は、「突けば槍　薙げば薙刀　引けば鎌　とにもかくにも　外れあらまし」と謳われるように、一本の槍で多様な攻撃が可能なところから、戦国末期から広く普及し、今日においても日本を代表する槍術の流派となっている。

槍の長さは石突から口金の所まで八尺三寸六分（約二メートル五〇センチ）、それに六寸八分（約二一センチ）の穂先が付いており、その根元近くに二寸二分の鎌槍が付いている。

筆者は宝蔵院流高田派槍術第二十一代宗家一箭順三氏の御好意により、その演武の実際を見学したことがあるが、八尺三寸六分の槍は演武者がこれを手に抱えるとその倍くらいの長さに感じられ、敵手がこの槍を振り回している所に攻め込むのは大変なことだと実感した。

今日高田派では三十五の型を継承保存してきたとされるが、徂徠が新手を編み出したといっているのは、果してどのようなものであったのか。

宮本武蔵が奈良でこの胤栄の弟子奥蔵院に木刀で二度立ち合い、槍を突かせなかったことから感賞され饗応されたことが古記録（豊田景英『二天記』）に残されている。京都で吉岡一門と戦った同じ慶長九年（一六〇四）のことだという（以下、武蔵関係の考証は主として魚住孝至『宮本武蔵』ぺりかん社、二〇〇二年による）。

実は武蔵の養父、新免無二が宝蔵院流のように十文字槍を得意としていたと考えられている。

即ち、武蔵の養子となった伊織が立てた「小倉碑文」（宮本武蔵顕彰碑）に、「父は新免無二と号し、十手の家なり」とあり、「十手」とは目明しが腰に帯びているようなものではなく、「十文字ノ鎗」のことと宮本武蔵研究の第一人者魚住氏は説く。

そして「碑文」では、武蔵は「十手」の利は一刀に倍すること夥しきことを知って、二刀を用いて「十手」と同様の使い方を「朝鑽暮研、思惟考案」して、二刀流を編み出したとする。

これは肯ける話である。

十文字槍も二刀流も、様々な戦い方ができる。その究極の使用法は「碑文」にあるように、「或は木戟《げき》を投じ、或は真剣を飛ばば」すということであろう。このような自在な使い方に、徂徠は魅力を感じていたのではないかと思われる。

本章で考えてみたいことは、このような徂徠や武蔵の腕前のことではない。彼らが書き残した書物から見えてくる、その思想の特質とそれが持つ今日的意義である。

まず武蔵とその著『五輪書』について、簡単にまとめておこう。

宮本武蔵（一五八二―一六四五）は、自身「生国播磨の武士新免《しんめん》武蔵守藤原の玄信《げんしん》」（『五輪書』以下同）と名乗っているように、現在の兵庫県高砂市で、戦国武将小寺家の配下にあった赤松一族の支流、武士田原家貞の次男として生まれた。しかし戦国末期小寺家は信長の中国攻めの先鋒であった羽柴秀吉に滅ぼされ、田原家は武士の身分を失った。

そこで武蔵は、同じ赤松一族に属する美作の宮本無二の許に養子に出されることとなった。無二は秀吉の播磨侵攻の際、同じ赤松一族でも織田方について戦い武功を上げたため、主筋の新免姓を許されたとされている。また無二は足利家最後の将軍義昭の御前で、将軍家兵法師範吉岡憲法と三度戦って二度勝ったので、将軍から「日下《ひのした》無双」という称号を賜ったほどの武藝者であった。武蔵はこのような養父に厳しく鍛えられたのである。

そして、

我、若年のむかしより兵法の道に心をかけ、十三歳にして初而《はじめて》勝負をす。其《その》あいて新当流有馬喜兵衛といふ兵法者に打勝ち、十六歳にして但馬《たじま》国秋山といふ強力《ごうりき》の兵法者に打勝つ。廿一歳にして都へ上り、天下の兵法者にあひ、数度の勝負をけつすといへども、勝利を得ざるといふ事なし。其後国々所々《くにぐにところどころ》に至り、諸流の兵法者に行合《ゆきあ》ひ、六十余度迄勝負すといへども、一度も其利をうしなはず、其程《そのほど》、年十三より廿八、九迄の事也（『五輪書』地之巻）。（〔大意〕は略）

そして武蔵の二十代最後の勝負が、巌流佐々木小次郎との決闘であり、慶長十七年（一六一二）四月十三日に行われたとされている（但し魚住前掲書は慶長十五年説を取る）。

我、三十路を越へて跡をおもひみるに、兵法至極してかつにはあらず。をのづから道の器用有りて、天理をはなれざる故か。又は他流の兵法、不足なる所にや。其後なをもふかき道理を得んと、朝鍛夕練してみれば、をのづから兵法の道にあふ事、我五十歳の比也《ころ》（地之巻）。

〔大意〕三十歳を越え、自分が戦ってきた跡を振り返ってみると、自分が兵法を極めていたから勝ち続けられたのではない。自分が器用で、天の理から離れなかったからか。あるいは相手の兵法に何かが足りなかったからなのかもしれない。そこでその後、さらに深い道理を得ようとして、朝夕鍛練を重ねて、ようやく兵法の奥儀に辿りついたのは、五十歳頃のことであった。

ここで興味深いのは「兵法至極してかつにはあらず」としている点である。そして自然な形で「兵法の道」という言葉を使っている点である。このまま文章を読むと、「兵法」に「道理」が加わって「兵法の道」となるといっているように読める。そしてそのためには「朝鍛夕練」が必要なことも。

武蔵は冒頭において既に結論を述べているのだ。三十歳から五十歳頃まで考え抜き、自ら鍛練を積み重ねて獲ち得たその極意を、余す所なく書き残したのが、『五輪書』である。

そこに何が書かれているかといえば、「工夫」「吟味」「鍛練」「稽古」に尽きる。平たく言えば、頭を使い体を使えということだ。

それをどのようにして行うのか。これも簡単に言ってしまえば、それぞれの目的に従って「型」を作り、これを徹底的に「体」に覚え込ませるようにせよということだ。

これを例えば敵手との戦いの心得をまとめた「火之巻」でみてみると、そこには二十七の「型」が示されている。

第一は「場の次第」である。

場のくらいを見わくる所、場におゐて日を負ふといふ事あり。日をうしろにしてかまゆる也。若《も》し所により、日をうしろにする事ならざる時は、右のわきへ日をなすようにすべし。座敷にても、あかりをうしろ、右脇となす事同前也。

太陽や明かりを背にしていれば、自分は敵手をよく見ることが出来るが、敵手はまぶしくて自分をよく見ることが出来ない。右脇というのは、通常刀は右手で持つからこうなる。

第二から第四までの型、即ち「三つの先」「枕をおさゆる」「渡を越す」は、どのように戦いの主導権を握るか、敵手の技を出す前にそれを見抜いてどう対応するか、戦いの流れの中の分岐点をどう見つけ乗り越えていくか等、戦いに当って自身の心懸けるべき留意点を記す。

第五から第二十までの「型」は、敵手との駆け引きにおいていかに勝勢を築くかということについての留意点で、「火之巻」で最も興味深い箇条の数々である（項目によって集団戦〈「大分の兵法」〉と個人戦〈「一分の兵法」〉双方に適用されるものとそうでないものがあるが、ここではいちいち区別せずにその骨子をまとめる）。

「景気を知る」（敵情視察）、「剣をふむ」（敵手の攻撃を踏みつける）、「崩れを知る」（敵手の崩れを知ったら間髪を入れずに追い立てる)、「敵になる」(敵手の立場に立ってその心理状態を想像する)、「四手《よつで》を離す」(膠着状態から脱け出す)、「陰を動かす」(フェイント攻撃)、「陰をおさゆる」(敵手の得意技を封じる)、「移《うつ》らかす」(敵手をある心理状態に誘導する)、「むかつかする」(敵手に腹を立たせる)、「おびやかす」(恐怖心を抱かせて萎縮させる)、「まぶるる」(混戦状態に引き込む)、「角《かど》にさはる」(敵手の強い所を攻め、意気消沈させる)、「うろめかす」(うろたえさせ、動揺させる)、「三つの声」(エイ、ヤッ、トウなどのかけ声のかけ方)、「紛《まぎ》るる」(強敵の場合、紛れを求めていく)、「拉《ひし》ぐ」(敵手が動揺してきたら、カサにかかって圧倒する)。

いずれも戦いの手練手管である。このような「型」を見て不愉快になる人物は、企業経営を含めて、戦いをする資格がない。逆にいえば、これらの「型」が身に付いていれば、敵手からのいかなる手練手管も通用しないということだ。

最後の七箇条は、全体的な戦いの戦術である。

「山海《さんかい》のかわり」(敵山と思わば海としかけ、海と思わば山としかける柔軟性)、「底を抜く」(敵手が心底負けたという気持ちにさせる)、「新《あらた》になる」(勝負がもつれた時の新しい攻略法への転換)、「鼠頭牛首《そとうごしゅ》」(鼠の細心と牛の大胆さを兼ね備える)、「将卒を知る」(敵手はわが士卒と思って従わせる)、「束《つか》を離す」(究極に刀を放って無刀で勝つという境地がある)、「岩尾の身」(動かざること岩の如くなっても戦いに勝つ圧倒的な存在感)。

これらは武蔵が編み出した「型」である。そのそれぞれについて、武蔵は「能々鍛練あるべし」「能々吟味あるべし」「能々分別すべし」「工夫あるべし」などをしつこいほど欠かさず記している。

そしてこれらを「朝鍛夕練して、みがきおほせて後、独《ひと》り自由を得、おのづからきどく(奇特)を得、通力不思議有る」としている。

ここで「自由」というのが、何ものかを体得した状態を表わすキーワードとなっている。

『五輪書』で「自由」の用法を他に探してみると、まず「地之巻」にはつぎのような箇所がある。なお、「地之巻」は、「兵法の道の大躰《だいたい》、我一流の見立」を記したもので、最初に総論を説いている。なぜ「地」というかは、「大きなる所よりちいさき所を知り、浅きより深きに至る」兵法の道の地固めをするという意味からつけたとしている。

両手に物を持つ事、左右共に自由には叶ひがたし。太刀を片手にてとりならはせんため也（地之巻）。

たしかに左右の両手にそれぞれ刀を持って自由自在に振ることは難しいだろう。だから片手で振れるように体を慣らすことが大事なのである。頭脳が指示しても、体が覚えていなければ、指示通りに動くものではない。

気に兵法をたえさず、直なる道を勤めては、手にて打勝ち、目に見る事も人にかち、又鍛練をもって惣躰《そうたい》自由《やわらか》なれば、身にても人にかち、又此道に馴れたる心なれば、心をもっても人に勝ち、（地之巻）

ここで「鍛練をもって惣躰自由《やわらか》」という所で「自由」に「やわらか」（原文は「ヤハラカ」）とルビを振っていることに注目したい。単に自由自在にということから進んで、鍛練が積み重ねられてそれぞれの「型」が深く体に浸み込んでいくと、体全体が「やわらか」くなっていくという、体の覚える感覚をこう表現したものであろう。武蔵はこのような鋭い言語感覚の持ち主であったから、自分の強さを客観的に把握することができたのだ。

次に「水之巻」では、実戦に当っての心持、身なり、目のつけ方、足づかい、刀の持ち方、構え方、技の出し方、受け方、様々な技の内容などについて記している。

太刀の道を知るといふは、常に我さす刀をゆび二つにてふる時も、道すじ能くしりては自由にふるもの也（水之巻）。

日本刀を実際に振ってみるとよくわかるが、その重さの中心がどのあたりにあって、振るスピードや角度によって、それがどう体感的に変化するのかも感じられる。ゴルフクラブでよく言われる先調子、中調子、元調子に相似している。またグリップで大切なのは、薬指と小指でしっかりと握っていることだともいわれていることにも通ずる。

兵法、太刀を取りて、人に勝つ所を覚ゆるは、先ず五つのおもてを以て五方の構《かまえ》をしり、太刀の道を覚へて惣躰自由《そうたいやわらか》になり（水之巻）。

ここで「五方の構」とは、上段、中段、下段、右脇、左脇に構えることであり、「五つのおもて」とは、そのそれぞれの構に見合った太刀の使い方を示しており、「水之巻」にそれぞれ詳しく解説されている。「惣躰自由《やわらか》」の二つ目の例である。ここでも鍛練の結果、太刀の道を体得して、「惣躰自由」になると、同じ境地を表現したものであろう。

次に「風之巻」の用例である。「風之巻」は世の中に数ある他流についてのコメントであり、「他の事をよく知らずしては、自らのわきまへ成りがたし」との考えによるものである。

短きにて得たるものは、大勢をもきりはらはん、自由に飛ばん、くるはんと思ふとも、皆うけ太刀といふ物になりて、とりまぎるる心ありて、たしかなる道にてはなき事也（風之巻）。

他流に「短き太刀」ばかりで勝負すべしという考え方があるが、これは「実の道」ではない。何故ならそういう考えの者は、敵手が大勢でも切り払おうとか、自由に跳び回ろうとか、敵手の武器を手繰《たぐ》ろうとかするが、短い太刀では皆守勢になって、あれこれと紛れを生み、確実に勝つことはできないとしているのだ。

最後の例は「空之巻」について述べた所である（実際の文章は地之巻にある）。空之巻は、兵法の道の稽古鍛練の究極の姿を「空」で表わしたものである。

道理を得ては道理をはなれ、兵法の道に、おのれと自由ありて、おのれと奇特を得、時にあいてはひやうしを知り、おのづから打ちおのづからあたる、是みな空の道也。

〔大意〕道理を体得してしまえば、道理にこだわることもなくなり、兵法の道も自ら自由になり、自ら霊験が得られるようになり、時に応じた拍子をつかみ、自然に打って自然に当るようになる。これらが空の道である。

よくアスリートや藝能者で道を極めた人が、無心の境地だとか、何も考えずに体が動くようになるとか表現しているのが、この境地である。

武蔵の用法の「自由」と「惣躰自由」は、前者が通常の意味の自由で、意の通りに、自由自在にということであるのに対し、後者は「型」の鍛練を経ると、これが体に深く浸み込んで、体全体がやわらかくなる感覚を表現したものと考えることができるだろう。その差を際立たせるため、武蔵は態々《わざわざ》「やわらか」とルビを振ったのであろう。いずれにしても身体に即した「自由」であり、観念的な「自由」でないことに注意を払いたい。

武蔵が説いているのは、それぞれの道において何ものかを身につける、即ち「体得」の方法論である。武蔵はそれを「兵法の道」において極めたが、事は何事においてもあてはまる。

今日『五輪書』は世界各国語に翻訳され、筆者も英語版（"The Book of Five Rings"）、仏語版（"Le Traité des Cinq Roues"）、中国語版（「五轮书」）などを入手している。面白いのは、各国ではスポーツの棚に置かれていることだ。スポーツや音楽など、日頃の「朝鍛夕練」が大切で、体が「自由」になっていないと戦えない分野で生きていく人々にとって、『五輪書』がその指針となっていることは間違いない。

このいわば「体得」のプロセスを徂徠は次のように説く。

習ふことの熟してしかるのち我が有となる。我が有とならば、すなはち思はずして得、勉めずして中《あた》る
（『弁名』物）。

〔大意〕あるものを習っていると、これが熟してきてはじめて自分のものになる。自分のものとなれば、あれこれと頭の中で考えなくても自然と体が動き、力まなくても思うようになる。

ここで何を習っているのかといえば、「物」である。「物」とは、例えば「六藝」、即ち「礼楽射禦書数」に見られるように、身体的動作を伴った具体的な技であって、武蔵流にいえば、これを「朝鍛夕練」して「惣躰自由」になるまで体に覚え込ませる「物」である。

これらを「型」により「朝鍛夕練」して久しくなると、

守る所の者成る。これ「物格《ものきた》る」と謂ふ。その始めて教へを受くるに方《あた》りて、物はなほ我に有せず。これを彼《かしこ》に在りて来《きた》らざるに辟《たと》ふ。その成るに及んで、物は我が有となる。これを彼《かしこ》より来り至るに辟ふ。その力《つと》むるを容《い》れざるを謂ふなり。故に「物格る」と曰ふ（同）。

〔大意〕ある境地に達する。これを「物格る」という。教えを受ける時、初めは物は自分のものではない。まだかしこにあって来ていないのだ。ある境地に到達すれば、物は自分のものになる。かしこから来たということだ。無理に努める必要はないのだ。だから物がむこうからやってくるのだ。

そうなれば、「力むるを容れざる」が「物格る」状態であり、「惣躰自由」に当ることがわかる。

知なる者は、真にこれを知るを謂ふなり。行なる者は、力《つと》めてこれを行ふを謂ふなり。力行するの久しく、習熟するの至りて、しかるのち真にこれを知る。故に知は必ずしも先ならず、行は必ずしも後ならず（『弁名』学）。

〔大意〕知というものは、本当にこれを知るということであり、行というものは、何度も何度も努力してこれを行うことをいう。このように絶えざる努力を重ね、それが持続していく中で、習熟することができてはじめて、本当にこれを知ることができる。従って、知が必ずしも先にあるということでも、行が必ずしも後にある訳でもない。

何故具体的な「物」の鍛錬を重視するのかといえば、言語では言い尽くせないものがあるからである。

それ人は、言《ものい》へばすなはち喩《さと》る。言はざればすなはち喩らず。礼楽は言はざるに、何を以て言語の人を教ふるに勝《まさ》れるや。化するが故なり。習ひて以てこれに熟するときは、いまだ喩らずといへども、その心志身体、すでに潜《ひそ》かにこれと化す。つひに喩らざらんや。かつ言ひて喩すは、人以てその義これに止《とどま》るとなし、またその余を思はざるなり。これその害は、人をして思はざらしむるに在るのみ（『弁名』礼）。

〔大意〕いったいに人は言葉でいえば理解し、いわなければ理解しない。礼楽は言葉でいわないのに、どうして言語で人を教える以上の効果があるのか。それは人を感化するからである。繰り返し習うことによって熟する時は、まだ頭で理解していなくても、既に心や体がいつの間にか影響されているのだ。そうして終には理解することができる。言葉で理解させようとするのは、聞いている方はその言葉の意味をそれとして極限して、その言葉以上のことを考えようとしない。即ち言葉による害は、人をその言葉以上に考えさせないことにある。

徂徠はいつも人間集団の統禦、「政治」ということを考えている。この「化する」というのもそのキーワードの一つである。

「化」とはニンベンに「ヒ」である「ヒ」は人のひっくり返った姿である。即ち人がひっくり返るくらいに変わってしまうのである。

「先王」が「制作」した具体的な「物」、即ち「礼楽」を日々実践練磨し続けていると、いつの間にかその影響がひそかに浸透し（「化」）、秩序と調和を兼ね備えた人間集団が形成されるというのだ。論理による説諭やまして刑罰による強制ではない。本人も気がつかない感化による人間集団の統禦、それが最も高度な統禦術であって、「道術」であると考えるのである。

武蔵と徂徠が共通して説いていることは、あるものを会得するには、会得するために作られた「型」を稽古鍛練して体に覚え込ませること、それが習熟してくると頭の中であれこれ考えなくても自然と体が動いてくれるようになることである。この状態が「惣躰自由」であり、「物格る」境地である。あらゆる分野においてこのことは当てはまる「身体知」の理論といってもよい。

ここでいう「型」はいわゆるマニュアルではない。マニュアルはあくまでも一定の条件の下における一定の行動の内容である。「型」はそれを体に覚え込ませ、体がそれに感化されると、思いもかけない即応力・瞬発力のようなもの、実は戦いに最も大切なものでもあるが、それを生むという発展性あるいは潜在力を持ったものである。それはマニュアルをいくら覚えても生まれるものではない。

このことは情報過剰、論理偏重の今日の社会において、その是非や限界について様々なことを考えさせる。

「知識創造経営」の野中郁次郎氏は「形式知」と「科学的アプローチ」を中心とした米国型マネジメントに影響された日本企業の多くで問題となっているのが、「三つの過剰」、即ち「オーバープランニング、オーバーアナリシス、オーバーコンプライアンス」だとされている。こんなことをやっていたら、企業本来の使命である

「社会のための付加価値の創造」など出来っこないというのだ。「身体知」の重要性がわからないから、過剰反応になっているのである。

コミュニケーション、ひいては人間集団の統禦は論理と数字だけで十分だと考えているような人間集団からは、イノベーションあるいは新しい価値が生まれることはない。それらは驚きとか、感動とか、非連続で予測不可能なものから生まれるものだからである。

そのことがいわゆる「受験秀才」ほど理解され、共有されないところに、筆者は問題があると考える。『五輪書』ではそういう表現を用いていないが、武蔵が実践してきたものとしてもう一つの自由がある。それは「〇〇からの自由」ということであり、世間の常識とか固定観念「からの自由」、あるいは役職や立場「からの自由」である。さらには人間の持つ欲望「からの自由」でもある。

『五輪書』地之巻「道を行ふ法」の以下九ヶ条、

第一に、よこしまになき事をおもふ所
第二に、道の鍛練する所
第三に、諸藝にさはる所
第四に、諸職の道を知る事
第五に、物事の損徳をわきまゆる事
第六に、諸事目利《めきき》を仕覚ゆる事
第七に、目に見えぬ所をさとってしる事
第八に、わづかなる事にも気を付ける事

第九に、役にたゝぬ事をせざる事

あるいは最晩年に記されたとされる「独行道」二十一ヶ条などを見ると、武蔵が「からの自由」を持っていた真の意味での自由人であったことが知れる。

この点徂徠も同じように、「〇〇からの自由」を希求した。宋学のリゴリズムを体質的に嫌悪したのも、また宮仕えに嫌気がさしていたのも、そのような性向のしからしむる所であろう。しかし、宮仕えの一見つまらない仕事の中からでも何かを得ていくというのも徂徠の面白い所である。以下のエピソードはその一例である。

愚老が経学は。憲廟之御影に候。其子細は。憲廟之命にて御小姓衆四書五経素読之忘れを吟味仕候。夏日之永に。毎日両人相対し素読をさせて承候事に候。始の程は忘れをも咎め申候得共。毎日明六時より夜の四時迄之事にて。食事之間大小用之間計座を立候事故。後には疲果《つかれはて》。吟味之心もなくなり行。読候人は只口に任て読被申候。致吟味候我等は。只偶然と書物を詠め居申候。先きは紙を返せども。我等は紙を返さず。読人と吟味人と別〻に成。本文計を年月久敷詠暮し申候。如此注をもはなれ本文計を。見るともなく読ともなく。うつら〳〵と見居候内に。あそこゝに疑共出来いたし。是を種といたし。只今は経学は大形如此物と申事合点参候事に候。注にたより早く会得いたしたるは益あるやうに候へども。自己の発明は曽而無之事に候。此段愚老が懺悔物語に候（『徂徠先生答問書』）。

〔大意〕私の経学は実は綱吉公のおかげと申せます。そのわけは、綱吉公の御命令で、お小姓衆に四書五経の素読をさせて、ちゃんと覚えているかどうかをチェックしたことがありました。夏の日の長い時に、毎日毎日、二人で対座して、素読をさせて聞いておりました。初めのうちは忘れたところがあると、一々注意したりしておりましたが、毎日毎日、朝の六時頃から夜の十時頃まで、食事のほかは大小便の時だけ座を立つばかりで、ついには疲れはてて、チェックする気持ちもなくなってしまいました。読む方は口に任せて読むばかり、チェックするわれわれは、ただ漫然と書物を眺めておりました。先方がページをめくっても、当方はめくらず、読み手と検査官とが別々になってしまったような状態で、本文のみを長いこと眺め暮らしました。このように注釈を離れて、本文ばかりを、見るともなく読むともなく、うつらうつらと眺めているうちに、いつのまにか、そこかしこに疑問が生じはじめ、それをきっかけとして、今では経学に関しては、大体こんなものであろうかという合点がつくようになりました。注釈に頼って早く納得するのは、いかにも有益なようですが、自分自身で考え何ものかを見つけていくということは決してありません。これが私の懺悔話です。

手っ取り早く何かを会得することなどないのだ。世上よくあるハウツー本など、読む時間がもったいないということだ。

最後に、こういう人物は一藝に秀でるばかりでなく諸藝に秀でるものだ。

武蔵がマルチタレントであったことはよく知られている。兵法者以外に、画家・書家として、また彫刻や鍔《つば》や鞍などの工藝、さらには造園や都市計画（町割り）にも非凡な才能を発揮している。

この点徂徠も書物及び思想という限定はあるが、その活動分野は広い。儒学者、軍学者、言語学者、思想家、哲学者、経営学者、政治学者、法律家、歴史家、文学者、果ては音楽や度量衡などの研究まで手掛けている。

武蔵の「自由」という言葉の使い方を見ると、いかにも「自由」である。「自由《やわらか》」である。それにひきかえ、今日の世界での「自由」の使われ方はどうだろうか。

例えば「新自由主義」という言葉がある。自由市場や自由競争を絶対視する考え方である。しかし「主義」という言葉はいかにも硬い。「自由《やわらか》」でない。

あるいは「選択の自由」「移動の自由」「思想・言論の自由」など様々な「自由」があるが、人間が群をなし、一定の秩序の下でしか生きていくことができないという前提に立てば、無限定、無制約の「自由」というものはありえないのではないか。徂徠流に一番大切なことは「天下を安んずる」ということであるなら、これら「自由」が絶対視されることはないだろう。

第十章

先王の道

――徂徠と荀子

数多い徂徠の著作の中でもその主著とされるのは、「二弁」即ち『弁道』と『弁名』及び『論語徴』である。『弁道』は、「道」を弁じたものであるが、その冒頭から「道は知り難く、また言ひ難し。その大なるがための故なり」とあって、人を容易に寄せつけない。

『弁名』は、「名」を弁じたものであるが、ここでいう「名」とは、「物の形なき者」について「聖人」が名をつけたものをいい、徂徠がその特定の語及び熟語を七十五選んで、これらを解説したものである。例えば、道、徳、仁、智、聖、礼、義といった語群である。

『論語徴』は、『論語』の逐条解説である。中国古代の書物を縦横に引用し、また、漢代から宋代に至るまでの『論語』注釈書を参照し、一部は仁斎などの日本の儒学者の見解を批判し、徂徠独自の解釈を施している。

次に引用するのは、いわゆる「温故知新」についての『論語徴』の解説の一部である。

子《し》曰《のたまわ》く、「故《こ》を温《おん》して新《しん》を知るは、以《もっ》て師《し》と為《な》る可《べ》し」と。「温故而知新」、何晏《かあん》曰く「温は尋なり、故《ふる》き者を尋繹《じんえき》す」と。皇侃《おうがん》は「温燖《おんじん》なり」を引く。又た『中庸《ちゅうよう》』に見ゆ。鄭玄《じょうげん》の註に「温は、読んで燖温の温の如くす。故《もと》之を学んで熟せるを謂ふ。後に時に之を習ふ、之を温と謂ふ」と。『左伝』に「盟を尋《つ》ぐ」賈逵《かき》の註に云ふ、「尋は温なり。猶ほ故食を温燖するが若《ごと》きなり」と。是れ温を尋と訓ずるは、迺《すなわ》ち古来相伝の説なり。

このような文章に大意を付ける力は筆者にはない。文章の例示として挙げているだけであるので、了とせられたい。

この章句は「故《ふる》きを温《たず》ねて新《あたらし》きを知る」（為政篇）あるいは「温故知新《おんこちしん》」としてよく知られているものである。何晏、皇侃、鄭玄、賈逵はいずれも後代の注釈者である。いろいろ例示しているが、徂徠が言いたいのは、温が何故「たずねて」と読むかについての講釈である。「温故」即ち歴史に学ぶということは、冷えたご飯をあたためて食べるようなものだというのである。

実際最近の『論語』解釈本（例えば金谷治『論語』岩波文庫、加地伸行『論語』講談社学術文庫）などは、「古きを温《あたた》めて」と訓じている。

それにしても博引傍証とはまさにこのことだが、徂徠はこれらをすべて記憶していて、宙で書いたとされている。

二弁論語徴はそらにて書れし文なれば、時々覚違ひあるなり。よつて校正を山井善六に頼まれたり。善六は徠翁に七日後れて死せし人なり。業終らざりしにより南郭春台等是を校正せり（『蘐園雑話』）。

〔大意〕『弁道』『弁名』『論語徴』を徂徠は宙で書いたので、時々覚え違いがある。そこで校正を門人の山井崑崙に頼んだのだが、崑崙は徂徠に七日遅れて亡くなってしまった。そこで校正は服部南郭や太宰春台らによって行われた。

このように時に覚え違いがあるとしても、驚くべき記憶力である。おそらく脳にスキャナーのような装置がインプットされており、眼から紙面が入ってくると脳のどこかに焼きついてデータベースに保存されるのだろう。例えば囲碁の棋士で、何年も前の対局を再現できたり、プロゴルファーでもあの時は残り何ヤードを何番で打ってピン側何ヤードについたなどと記憶している人がいるが、同様の一種の写真脳を徂徠も持っていたのではないかと思われる。

これらが主著とされるのは、その記憶力のせいではない。これらによって徂徠の政治哲学が完成したからである。

それが何かを一言でいえば、「先王の道」である。

孔子の道は、先王の道なり。先王の道は、天下を安んずるの道なり。孔子は、平生、東周をなさんと欲す。その、弟子を教育し、おのおのその材を成さしむるは、まさに以てこれを用ひんとするなり。そのつひに位を得ざるに及んで、しかるのち六経を脩めて以てこれを伝ふ。六経はすなはち先王の道なり（『弁道』以下同じ）。

〔大意〕孔子が説いた道は「先王の道」である。「先王の道」は、天下を安らかにする道である。孔子は平生、生まれ故郷の魯に東方の周を作りたいと考えていた。弟子を教育するにも、おのおのが自己の才能を完成するようにさせ、いずれ政治の場にそれを用いようとした。しかしついにその力を発揮する地位が得られないことになり、それから六経を整理して弟子に伝授した。従って六経は、そのまま「先王の道」である。

ここに徂徠の儒教に対する考え方が集約されている。

徂徠によれば、孔子が説いたのはいわゆる倫理道徳ではなく、天下を安んずる方法論である。魯の国の大夫であった孔子は、魯の国の始祖周公の作り上げた、かつての周の理想政治を実現しようとし、そのために弟子を教育しその才能を育成した。しかし天は孔子にそれが可能となる地位を与えなかった。そこで孔子は、古代の聖王達が制作した「六経」を蒐集編纂して後世に伝えようとしたのである。従って、「六経」は「先王の道」そのものなのだというのである。

ここでまず「先王」とは、中国古代の聖王達であり、具体的には「唐虞《とうぐ》三代の王」と称される、堯《ぎょう》・舜《しゅん》・禹《う》・湯王・文王・武王・周公の七人をいう。徂徠はあくまで歴史的に物事を捉えていくのである。（唐）堯及び（虞）舜は伝説的な帝王であるが、禹は夏を、湯王は殷を、文王・武王は周王朝を開いたとされる人物である。彼らが「三代」である。文王は「拘幽操」のモデル（第六章）、武王は文王の子で周公はその弟、孔子の生まれた魯の国の始祖とされる。

ここで「先王」「聖人」「聖王」という語群について整理しておこう。

まず『論語』にどうあるか。「先王」は一ヶ所学而篇に「先王の道は斯《これ》を美と為す」という言葉があり、「斯」というのはその前の「和をもって貴《たっと》しと為す」を受ける。ただしこの言は、孔子ではなく弟子の有子（有若）の言葉である。「聖人」は述而篇と季氏篇に合せて三ヶ所ある。文脈からいうとここでいう「聖人」は政治的な存在ではなく、完全な人格者を意味すると考えられる。

次に『孟子』ではどうか。「聖人」の例がいくつか見られる。例えば、「聖人も我と類を同じくする者なり」（告子章句上）。「聖人は先ず我が心の同じく然りとする所を得たるのみ」（同）。「聖人は百世の師なり」（尽心章句下）などである。

孟子の言う「聖人」は仁義の徳を完全に身につけた人であるが、一般の庶民と完全に別格の人物ではない（「我と類を同じくする」）。従って後に宋儒がいうように「聖人至るべし」であって、誰もが修養すれば聖人になりうることが前提となっている。実際、三句目に続く言葉は「伯夷《はくい》、柳下恵是《りゅうかけい》れなり」であって、伯夷は周の粟《ぞく》（俸禄）を食うことを潔よしとせずして首陽山で餓死した人、柳下恵は正義を貫いて三たび免官された魯の裁判官、いずれも高潔な人士のロールモデル。これを見ても「聖人」＝「聖王」でないことがわかる。また、『孟子』によれば、堯舜は「聖人」にして帝王であり、孔子も当然「聖人」であるが、帝王ではない。また夏末の桀王、殷初の湯王に仕えた伊尹《いいん》なども「聖人」とされている。

なおここでロールモデルとしたが、人の善悪、事の適否、物の軽重などを判断する際の指針となるのが、このような人物群であり、どの文化圏でも多かれ少なかれ有しているものである。漢字文化圏では、伯夷・柳下恵は善人のモデルであり、盗跖《とうせき》は悪人のモデルである。

今日のわが国にこのようなモデルはあるのか。伯夷、叔斉《しゅくせい》や盗跖が失われた一方で、それに代わる例えばヨブ（『旧約聖書』ヨブ記）や、ユダ（『新約聖書』マルコによる福音書他）がどれほどわれわれの行動の指針となっているのか。このようなロールモデルが失われると、考える材料がない訳だから社会全体の倫理レベルは低下していくことになる。

また「六経」とは、『詩経』『書経』『礼記』『楽記』『春秋』それに『易経』をいう。いずれも「先王」の教えを書き留めたものである。しかし「六経残欠す」であって、長い歴史の中で、不完全になったり、なくなってしまったものもあるとされる。

第二に、この「先王の道」は、「先王」によって制作されたものであるということである。

先王の道は、先王の造る所なり。天地自然の道に非ざるなり。けだし先王、聡明睿知の徳を以て、天命を受け、天下に王たり。その心は、一に、天下を安んずるを以て務めとなす。ここを以てその心力を尽くし、その知巧を極め、この道を作為して、天下後世の人をしてこれに由りてこれを行はしむ。

〔大意〕「先王の道」は先王が制作したものである。天地自然に出来上がった道ではないのである。つまり先王は聡明・英知の徳を持ち、天命を受け、天下に王としてのぞんだ。その心はひとえに天下を安らかにすることを任務としていた。そして心身を使いはたし、智恵の限りを極めて、この道を作りあげ、天下後世の人々をこれによって行動するようにさせたのだ。

即ち彼ら「聡明睿知」な「先王」が、「その心力を尽くし、その知巧を極め」て制作したものが「先王の道」である。彼らがこれらを制作したのは「天下を安んずる」ためであって、世の中に道徳を教えるためでも、これによって民が身を修めるためでもない。あくまで人間社会の秩序を構成し、社会を安定的に保っていく術である。

なお第一章で触れたように、徂徠の解釈によるこの「先王」による「先王の道」の「制作」を、「自然から作為へ」という「近代化」の筋道と捉え、徂徠こそ「中世的な社会・国家観」を脱し「近代的市民的」社会・国家観を呈示したという意味で、徂徠を日本「近代化」の先駆者と位置づける考え方（丸山眞男『日本政治思想史研究』）があるが、そのような徂徠解釈は「恣意的なあるいは強引な解釈にもとづく、物語の所産である」（子安宣邦『「事件」としての徂徠学』）という立場に、筆者もまた立つ。徂徠を「近代化」の先駆者どころか、「反近代」の思想家と見做しているからである。

第三に、この「先王の道」は、総合的な名称であって、具体的には「礼楽刑政」という「物」によって構成されるということである。

道なる者は統名なり。礼楽刑政凡《およ》そ先王の建つる所の者を挙げて、合せてこれに命《なづ》くるなり。礼楽刑政を離れて別にいはゆる道なる者あるに非ざるなり。

〔大意〕道とは、総合的な名称である。礼楽刑政という、先王が制作したものをすべて一括して名づけたものである。礼楽刑政を離れて、ほかに道というものがあるわけではない。

「統名」というのは、多くの名辞を総合した名称であり、「先王」が制作した様々な行為の総称である。これは言葉を変えていえば、「先王の教え」が「物」によって示されているということである。「礼楽刑政」というのは抽象的な構築物ではない。その一つ一つが具体的な、多くの場合身体的動作を伴い、反覆したり学習したりすることのできる行為である。例えば「三尺下って師の影を踏まず」という「礼」がある。このような身体的動作が自ずと師を敬う心を培う「物」なのである。何故「先王」がそのような形の「物」を作ったかといえば、言語の限界というものを、よく承知していたからである。

けだし先王の教へは、物を以てして理を以てせず。教ふるに物を以てする者は、必ず事を事とすることあり。教ふるに理を以てする者は、言語詳かなり。物なる者は衆理の聚《あつま》る所なり。しかうして必ず事に従ふ者《こと》これを久しうして、すなはち心実《こころ》にこれを知る。何ぞ言を仮《か》らんや。言の尽くす所の者は、僅僅乎として理の一端のみ。かつ身、事に従はずして、能く立談に瞭然たるは、あに能く深くこれを知らんや。

〔大意〕思うに先王の教えは、具体的な物によっており、抽象的な理論にはよらなかった。物によって教えるときは、必ずものごと自体に即さねばならない。理論によって教えるときは、言葉が詳細になる。物というものは、様々な理論が集まったものである。このようにものごとに沿って学んで久しくなれば本当にそれを理解することができる。言葉の力を借りるまでもない。言葉で表現できるのは、せいぜい理論の一部にすぎないし、しかも自身はものごとに即していないまま、立ち話のようなものでわかりやすく述べたところで深くわかるはずがないだろう。

前章において、「体得」の問題について触れたように、本当に「知る」ことは、体にタタキ込まなければ出来るものではない。

なお「礼楽刑政」は、例えば『礼記』には「礼は民心を節し、楽は民声を和らげ、政は以て之を行い、刑は以て之を防ぐ」とあり、民を統禦する手法であることが明示されている。徂徠はこれを全体として「礼楽」又は「礼」と総称することが多い。本稿においても、これらを厳密に区分することはしない。

第四に、「礼楽」の役割は、「礼」は人間社会に必要不可欠な秩序をもたらすものであり、「楽」は同様に調和をもたらすものであるということである。その役割は異なるが、両者相い俟《ま》って天下を安んずるに有効であるとする。

礼は以て中を教へ、楽は以て和を教ふ。先王の、中和に形づくれるなり。礼楽は言《ものい》はざれども、能く人の徳性を養ひ、能く人の心思を易《か》ふ。心思一たび易ふれば、見る所おのづから別る。故に知を致すの道は、礼楽より善きはなし。かつ先王の、天下を紀綱し生民の極を立つる所以の者は、専ら礼に存す。

（中略）

然りといへども、礼の守りは太《はなは》だ厳なり。いやしくも楽《がく》以てこれに配せずんば、またいづくんぞ能く楽しみて以て生ぜんや。故に楽なる者は生ずるの道なり。天下を鼓舞し、その徳を養ひて以てこれを長ずるは、楽より善きはなし。故に礼楽の教へは、天地の生成のごとし。君子は以てその徳を成し、小人は以てその俗を成し、天下これに由りて平治し、国祚《くにそ》これに由りて霊長なり。

〔大意〕礼によって「中」を教え、楽によって「和」を教える。是は先王が中和を具体的に示したものである。礼と楽は言葉を用いずに、人の徳性を涵養《かんよう》することができ、人の考え方を変えさせることができる。いったん考え方が変われば、見る所も自然と違ってくる。だから知を極める方法として、礼楽にまさるものはないのである。それで、先王が天下を統治し、人間が守るべき基準を作ったのは、もっぱら礼に依ったのである。

（中略）

とはいえ、「礼」を守ることはきびしいので、それに「楽」を配合しなかったならば、とうてい楽しみつつ徳を生み出すことはできない。だから楽は、徳を生む方法である。天下の人々をはげまし、自分の徳をそだてて大きくさせるには、楽にまさるものはない。だから礼楽の教えは、天地が万物を生み、育てるようなものである。君子はこれによって自己の徳を養成し、小人は自分の習慣を作りあげる。天下はこれによって安らかに治まり、国はこれによっていつまでも続く。

礼と楽は、「中」と「和」を作り上げるのである。

「中」とは、「過不及なきの謂ひなり」（『弁名』）とされている。「過ぎたるはなお及ばざるが如し」（『論語』先進篇）というように、礼は良識であるといってよい。それを前提として行為の規律を作り「天下の民をしてみなこれに由りて以て行はし」めることとしたのである。

また「和」については、先王が制作したのは「八音五声、相和して以て相済《な》すこと、なほ五味の和するがごとく、以て人の徳を養ひ、以て天地の和気を感召す」（『弁名』）とされる。八音五声というのは、八種の材料の楽器と五つの音階（宮商角徵羽）のことであり、五味は酸・苦・辛・鹹(しおからい)・甘の五つの味覚である。幾種もの楽器によって生み出され、五つの音が混じり合って演奏されるハーモニーが音楽の本質であり、これを通じて人々の徳が養われ、天下も和やかになっていくというのだ。

また「楽は楽《たのしみ》なり」という言葉があるが、そのようなものだからこそ、「天下を鼓舞し、その徳を養ひて以てこれを長ずる」ことが出来るとされていることに注目したい。徂徠は崎門のようなリゴリストではないのである。「楽」については、あらためて次章で考えてみたい。

他にも触れるべき点は多々あるが、以上が「先王の道」の骨格である。

『弁道』では、その骨格を敷衍《ふえん》していくつかの観点から「先王の道」を説いているが、二、三重要な点を引用しておくこととしよう。

一つは、その効果は長い期間を経て表れてくるということである。「養ひて以てこれを成すに在り」とか、「備るを目前に求めずして、或るを他日に期す」とかいう言葉が使われているが、長い眼で成果が実るのを待つ辛抱強さが必要だといっている。
そこでこの「先王の道」を「道術」とも呼ぶ。「道術」とは、人間の自然の情を前提とした一種の人間操縦法をいう。
例えば『論語』（顔淵篇）に、「直きを挙げて諸《こ》れを枉《まが》れるに錯《お》けば、能く枉れる者をして直からしむ」という言葉があるが、これなども、「枉れる者」を強制的に矯正しようとしても効果がなく、むしろこのような自然の感化に期待して「善を養ひて悪おのずから消ゆ」やり方の方が優れている。このようなものを「道術」という。

今人はすなはち一日にして衆善これを身に傅《つ》けんことを欲するや、襲ひてこれを取り、矜《ほこ》りて以てこれを持す。これを苗を揠《ひ》くに譬《たと》ふ。あに油然として以て生ずるの道を知らんや。

〔大意〕今日の人は、一日でいろいろな善を身につけようとして、つけ焼刃であれこれやってみて、あれが出来たこれが出来たなどと自慢する。これはあの宋人が早く伸びろ早く伸びろと苗を引っぱって枯らしてしまったようなものである（『孟子』に典拠がある）。どうして自然にむくむくと湧き上がるように、善心が生ずるやり方を知らないのだろうか。

「助長」の故事である。
第二に、「先王の道は、その大なる者を立つれば、小なる者おのづから至る」とあり、すべてに根本は何なのかを押さえて、物事を観察し方向を定める必要があることを説いていることである。これに対して「その論、務めて精緻の極を窮めん」とする人物は「不賢」であるとされる。この点、「こだわり」とか「細部を極める」とかに喜びを感じる日本人は、「不賢」に陥らぬよう注意を払う必要がある。

第三に、「先王の道」は「天下を安んずるの道」であるが、それは一人で出来ることではなく「衆力を得て以てこれを成す」ものである。「衆力」とは天下の多様性（それぞれの人の「気質」）を持った人々である。この多様性があるからこそ、そしてそれぞれの気質が変えられないものであるからこそ、「その材を用ふる所」があるのである。従って「人に強ふるに人の能くせざる所を以てせば、その究《きわみ》は、必ず、天を怨みその父母を尤《とが》むるに至る」とする。

最後に、次のことは、言われてみたらその通りで、何と多くの人がこの事に気づかずに道をさ迷っているのかということを考えさせる。

> 礼を外にして心を治むるの道を語るは、みな私智妄作なり。何となれば、これを治むる者は心なり。治むる所の者は心なり。我が心を以て我が心を治むるは、譬へば狂者みづからその狂を治むるがごとし。いづくんぞ能くこれを治めん。

〔大意〕礼を外にして心を治める方法を説くのは、すべて小賢しいでたらめである。なぜかといえば、治めるものは心であり、治められるものも心である。すなわち自分の心で自分の心を治めるわけで、たとえていえば狂人が自分で自分の狂疾を治すようなものであり、どうしてその狂を治すことができようか。

上記のような「先王の道」の考え方は、すべてが徂徠の独創という訳ではない。その多くを実は先秦の思想家荀子に負っている。

荀子といえば、いわゆる性善説の孟子に対して性悪説を唱えたことで名高いが、「戦国最後の儒家」ともいわれている。

荀子は紀元前三一〇年代、趙の国で生まれた。司馬遷『史記』の孟子荀卿列伝によると、年五十で初めて斉に遊学してきたとされる。三一〇年から五〇年を引くと紀元前二六〇年、この年は趙と秦の間で長平（山西省）の戦いがあった年である。趙の軍兵四十余万人が秦によって生き埋めにされたという、戦国時代最大の大量虐殺となった戦いである。この時の趙の大将趙括の「紙上談兵」ぶりが『史記』に記されている（詳しくは拙著『中国経済の故郷を歩く』第八章「紙上談兵」を参照されたい）。この戦いと荀子の斉への遊学が関連があるかどうかはわからない。ただこの後、秦の天下統一が着々と進む。趙が滅ぼされたのが、紀元前二二八年、そして最後に残った斉が滅ぼされたのが紀元前二二一年である。

この秦の始皇帝の天下統一を支えたのが丞相の李斯《りし》である。この李斯は韓非子《かんぴし》を讒言《ざんげん》して死に至らしめたことも『史記』に名高い（拙著『中国経済の故郷を歩く』第一〇章「倒言反事」を参照されたい）。李斯も韓非子も荀子の門人であった。なお、この李斯も、二世皇帝胡亥の時代に、宦官趙高の讒言によって腰斬の刑に処せられている。いずれも荀子の強調した「礼」よりは「法」もしくは「法術」を重視して秦の強国化を図った。

荀子は『荀子』として知られる二十巻三十二篇から成る書物を残した。この姿は前漢末の劉向の整理編纂によるものだという。その論ずる分野は、天人論、性悪説、礼楽論、経済論、論理学、認識論、倫理学、教育論など多岐にわたっているが、ここでは、「先王の道」論を中心に見ていくこととしよう。

荀子もまず「聖人」が「礼楽」を制作したとする。それは人間の性が悪であって、それを矯正するために必要だからであるとする。

人の性は悪なり。故に古者《いにしえ》聖人は人の性の悪なるに以《よ》（由）りて、〔これを放任せば〕偏険にして正しからず、悖《はい》乱にして治まらざらんと以為《おも》い、故にこれが為めに君上の執（勢）を立てて以てこれに臨み、礼義を明かにして以てこれを化し、法正を起して以てこれを治め、刑罰を重くして以てこれを禁じ、天下〔の人〕をして皆な治に出でて善に合せしめしなり。是れ聖王の治にして礼義の化なり（『荀子』性悪篇）。

〔大意〕人間の本性は悪いものである。だから、むかし聖人は、人間本性が悪いものであることから、それを放任しておけば偏って不正を働き、道理にもとって乱暴を働きうまく治まるものではないと考え、それを矯正するために君主の権勢を高くして君臨させ、礼義を明確に示して感化し、法規を制定してそれを治め、刑罰を重くして禁止し、世界中の人々の行為がすべて立派で善に合致するようにさせたのである。それが聖王の政治であり礼義の感化というものである。

まず「聖人」が「礼義法度」を定めて、これを以て人間社会を統禦することを説いている。その基本の考え方は徂徠と異ならないであろう。

しかし、荀子はこれらを制作した「聖人」は、「先王」「聖王」とも表現し、徂徠のように七人に限定せず一般的な古代の聖王と考えている。一方彼らの「制作」したことについては、「礼論篇」や「王制篇」などにも「先王」が「制《さだ》」めたと明記している。徂徠と同様である。即ち、天地自然に出来上がったものとは考えていないということである。

一方徂徠が強調する「天下を安んずる」目的について荀子は、その性悪説から、人間は放っておくと、たちまちあれこれと悪さを働くもので、そのままではまとまるものでない。そこでこれを矯正するために、礼義や法度を定めたものとする。「天下を安んずる」という意味においては目的を同じくするが、徂徠のそれが自然に感化されるのを期すものであるのに対し、荀子のそれはいかにもストレートである。

その差は両者が根底に持つ人間観の差から生じるのであろう。荀子が性悪説に基づき、人間は「群」ではあるが、放っておくと「万人の万人のためにする闘争」になる。これを制禦する方法が「礼」の活用だとするのに対し、徂徠の「群」は、人々がお互いに「相親しみ相愛し相生じ相成し相輔け相養ひ相匡し相救ふ」(『弁道』)「群」という祭祀共同体をイメージしており(第十七章及び第十八章参照)、これを統禦するのが「礼」であるとするのである。

次に徂徠が「道なる者は統名なり」といっている点についてはどうか。

『荀子』に同様の表現はないが、「正名篇」に「名辞制定の三原則」というものが説かれており、徂徠がこれを参考にした可能性は大いにある。

故に王者の名を制《さだ》むるや、名定まりて実弁じ、道行われて志通ずれば、即ち慎んで民を率《ひき》いて一にす(『荀子』正名篇)。

〔大意〕故に王者が名辞を制定し、名辞が定まってその事実がはっきりと理解され、そのような手法が一般化して人々の意思が通ずれば、すべての人々を統一することができる。

即ちここでは名辞制定の必要性、名辞分別の根拠そして名辞制定の準則が説かれる。

特に名辞制定の準則では、単名、兼名、共名、大共名などが説かれる。即ち単一の言葉で理解できるものが単名（例えば馬）であり、単一では理解できなければ兼名（白馬）であり、単名と兼名が同類である場合は共名（馬と白馬→馬）であり、万物様々にあるものを総称する場合は大共名（馬と牛→獣　獣と鳥→鳥獣又は生き物など）であり、それを「物」という（括弧内はよく例示される例で、当時公孫竜の「白馬は馬にあらず」という白馬非馬論が流行したのを踏まえている）。

これはいわゆる形式論理学の話だが、徂徠はこのような詭弁的な形式論理は好まない。『弁名』で冒頭説いているのは、物があれば名がある。その中には普通の人間が名をつけたものもあるが、それは形のあるもので、「物の形なき者」で、普通の人間が見ることのできないものは聖人が名をつけたのである。聖人が名をつけて後にはじめて普通の人間がその概念を認識できるようになったのだということである。

最後に「礼楽」の役割、あるいは機能について荀子はどういっているのか。

まず「礼」について見てみよう。

礼は何《いず》くより起るや。曰わく、人は生まれながらにして欲あり。欲して得ざれば則ち求めなきこと能わず。求めて度量分界なければ則ち争わざること能わず。争えば則ち乱れ、乱るれば則ち窮す。先王は其の乱を悪《にく》みしなり。故に礼義を制《さだ》めて以てこれを分かち、以て人の欲を養い人の求めを給（足）し、欲をして必ず物に窮せず物をして必ず欲に屈《つ》（竭）さず、両者相い持して長（養）せしむ。是れ礼の起る所なり（『荀子』礼論篇）。

〔大意〕礼の起源はどこにあるか。すなわち、人間は生まれつき欲望を持っていて、欲望がとげられなければそれを追求しないわけにはいかず、追求してそこにきまった範囲の規則や差別がなければ争わないわけにはいかない。争いあえば社会は混乱し、混乱すれば結局ゆきづまってしまう。古代の聖王はそのような社会的混乱を憎んだのである。そこで礼義すなわち社会の規範を制定して差別をつけ、それによって人々の欲望をコントロールし、人々の求めを満足させ、欲望を野放図にして対象物のつきてしまうことがないように、また対象物を制約して欲望がつきてしまうことがないように、欲望とその対象物とがバランスを保つようにしたのである。これが礼の発生した起点である。

まず「分」かつことが第一に出てくる。「分」かつとは、「分を守る」などの言葉にあるように、世の中の上下尊卑の差別又は区別のことである。これがないと人は争わざるをえず、「争えば則ち乱れ、乱るれば則ち窮す」るのである。

現代の社会で「分」を主張することは許されない。人間は皆「平等」だからである。誰もが豊かになり、それぞれの人が自らの生を充実させる権利を持っているとされるからである。

しかし、それは個人の主張としては全く非の打ち所のない考え方であっても、そこに一種の合成の誤謬が生じている事実も、誰もが否定できないのではないだろうか。

次に「楽」についてはどうか。

夫《そ》れ楽《がく》なる者は楽《らく》なり。人情の必ず免《まぬが》れざる所なり。故《もと》より人は楽しみなきこと能わず、楽しめば則ち必ず声音に発し動静に形《あらわ》る。而して人の道の声音動静と性術の変とは是《ここ》に尽くるなり（『荀子』楽論篇）。

〔大意〕そもそも音楽というものは楽しみである。人情として必ずなくてはならないものである。人間はもちろん楽しみがなくてはおれないが、楽しければその感情が必ず音声にあらわれ動作にあらわれる。こうして人の道としての外的な音声動作と内的な本性の動きの変化とはこの音楽において尽くされるのである。

人間にとって音楽は楽しみであり、また欠くべからざるものである。それに加えて、音楽は人間社会に調和をもたらすという。

且《か》つ楽《がく》なる者は和の変ずるべからざる者なり。礼なる者は理の易《か》うるべからざる者なり。楽《がく》は合同し礼は別異し、礼楽の統は人心を管〔理〕す。本《もと》を窮め変を極むるは楽《がく》の情なり。誠を著わして偽を去るは礼の経なり（同）。

〔大意〕そして音楽とは、ほかのもので変えることのできない調和であり、礼とはほかのもので変えることのできない規準である。音楽は人間社会を合同する働きがあり、礼は差別の働きがある。そしてこの二つを統合することによって人心をコントロールすることができる。根本を窮めて変化を極めるのが音楽の心であり、誠を明らかにしていつわりを去るのが礼の求める所である。

以上、「礼」と「楽」の内容と機能、そして両者相い俟《ま》って人間集団の統禦に有効であるという点については、表現振りこそ違うものの、徂徠と荀子は同じことをいっている。

しかし、思想の体系化、全体像の構築という観点に立てば、後進の徂徠に一日の長があるように思われる。

青はこれを藍より取れども、藍より青く、冰《こおり》は水これを為せども水よりも寒《つめ》たし（荀子『勧学篇』）。

まさに「出藍の誉れ」である。

以上、断片的ではあるが、「先王の道」についての徂徠と荀子の異同について見てきた。しかし、一体全体「先王の道」とは何なのか。

それは人間社会の一つの統禦の方法である。では、それが有効な人間社会とはどのようなものなのか。中国戦国末期、秦の始皇帝による統一国家は荀子の門人の李斯等が強力に推進した法治によって統禦された。この際、荀子の意見が参考とされた訳ではない。わが江戸中期、貨幣経済の浸透と武士の都市居住によって日々弛緩しつつある幕藩体制にあって、「先王の道」を主張することは、全く時代錯誤であって、徂徠もまたその主張が国政に参考とされた訳ではなかった。

にもかかわらず彼らがそれぞれ「先王の道」を主張した理由はどこにあるのか。

思うにそれが最も現実的な理想論だからであろう。儒者の姿勢、あるいは思想家の使命は、あるべき人間社会の統禦の姿を示すことにある。実際の統治は実務家の李斯あるいは吉宗の方がより現実的、能率的に行うであろう。これに対し思想家の本務は彼らに方向性を示すことにあるのだ。

では、その方向性とは何か。

先に「先王の道」によって徂徠の政治哲学が完成したと述べた。それは即ち「先王の道」が踏み行われる世界、具体的な「物」としての「礼楽」、朝廷や宗廟において国の神々や代々の祖先が祀られ、その祭礼が数々の舞踊や音楽を伴って行われる、一言でいえば礼楽共同体あるいは祭祀共同体をめざす政治哲学といえる。

祀られる対象は、国の神々（神）と代々の祖先（鬼）である。この「鬼神」については第十七章であらためて考えてみたい。

ここでは「祭祀共同体」の今日性についてだけコメントしておく。グローバリズムが席捲する今日においても、これらは消滅するどころか、力強く生き残っている現実に眼を向ける必要があるのではないか。

今日の世界でその最も成功した例は、わが天皇家である。『日本国憲法』上は、天皇は日本国民統合の「象徴」でしかないが、実体的な機能としては、日本国民のあるいは「日本教」の祭祀長の役割を見事に果していている。天皇の行為が「礼」と「楽」によって構成されることによって「中」と「和」がもたらされ、その存在は、人間集団統禦の中核となっているのである。

あるいは全国各地で絶えることなく続けられている数多くの祭の機能とは何であろうか。過疎や高齢化によってその担い手が減少し、存亡の危機にある所も多いが、祭が人を集め、人を一体化し、祖先を思い地域を思う機会を提供していることは誰も否定できないであろう。

それは非合理な感情かもしれない。しかし、人間にはそのような「感情」が必要なのである。人間が生きるというのは、このような感情とともにあることである。今日の社会、様々な制度や言論から、このような人間の根源性が見失われていることこそ、大きな問題なのではないだろうか。

第十一章

音楽の力

——徂徠と孔子

孔子は音楽マニアであった。自身琴の演奏を得意としたが、歌ったり踊ったりするのも好きであったようである。

『論語』には、孔子のそのような面を窺わせる章句が数多く記録されている。

そのいくつかを引用してみよう。

子、斉に在して韶《しょう》を聞く。三月、肉の味を知らず。曰わく、図らざりき、楽を為すことの斯に至らんとは（述而篇）。

〔大意〕先生は斉の国で数ヶ月のあいだ韶の音楽を聞き習われ、すっかり感動して肉のうまさも解されなかった。「思いもよらなかった、音楽というものがこれほどすばらしいとは」（『論語』の大意は岩波文庫版金谷治訳による）。

「韶」というのは舜の音楽のこととされる。九つの楽章からなる朝廷楽で、天子、諸侯が一堂に会し、堂上には石磬《けい》や琴瑟《きんしつ》、それに歌唱団、堂下には笛、太鼓、笙や鐘を並べて演奏されたとされている（以下、江文也『上代支那正楽考』東洋文庫、二〇〇八年に拠る）。斉にその古曲が残っていたのであろう。その感動に打ちふるえている孔子がいる。

感動するのは、それが美しいからであり、善だからである。

子、韶を謂わく、美を尽くせり、又た善を尽くせり。武を謂わく、美を尽くせり、未だ善を尽くさず（里仁篇）。

〔大意〕先生が韶の音楽を批評された、「美しさは十分だし、さらに善さも十分だ」。また武の音楽を批評された、「美しさは十分だが、善さはまだ十分でない」。

「武」の音楽とは武王の音楽のこととされる。孔子は、そして当時の人々は、今日われわれがバッハやモーツァルトやベートーベンを聞き分けることができるように、その差を聞き分けることができたのだ。音は残らない。残念ながら今日のわれわれは、何故武は善でないのか、韶と武の差を理解することはできなくなってしまっている。

子、人と歌いて善ければ、必らずこれを反えさしめて、而して後にこれに和す（述而篇）。

〔大意〕先生は、人といっしょに歌われて相手がうまければ、きっとそれをくりかえさせ、そのうえで合唱された。

ここには、素晴らしい歌にアンコールを求め、ともに歌い興じる孔子の姿がある。

そのように音楽は魅力的なのだけれども、同時にそれは時として毒を放つこともある。

顔淵、邦を為めんことを問う。子の曰わく、夏の時を行い、殷の輅《ろ》に乗り、周の冕《べん》を服し、楽は即ち韶舞し、鄭声を放ちて佞人を遠ざけよ。鄭声は淫に、佞人は殆うし（衛霊公篇）。

〔大意〕顔淵が国の治めかたをおたずねした。先生はいわれた、「夏の暦を使い、殷の輅の車に乗り、周の冕の冠をつける。音楽は舜の韶の舞いだ。鄭の音曲をやめて口上手なものを退ける。鄭の音楽は淫らだし、口上手なものは危険だから」。

「輅」とは木製の堅牢な車をいい、「冕」とは上に板がついて前後にふさの垂れた冠だとされる。「鄭」は中原にあった国、繁華で都会的な風俗であった。

国の統治に当っては、そのような「淫」とか「殆」といった毒を斥けなければならない。

子の曰わく、詩に興こり、礼に立ち、楽に成る（泰白篇）。

〔大意〕先生がいわれた、「人間の教養は詩によってふるいたち、礼によって安定し、音楽によって完成する」。

「詩」とは文学であり、人間の喜怒哀楽に精通することである。また「礼」と「楽」がセットになって、その完成を助ける。にもかかわらず、現代日本でこの三つは片隅に追いやられている感がある。
そもそも「学習」とは何か。

子の曰わく、学びて時にこれを習う、亦た説《よろこ》ばしからずや。朋《とも》あり、遠方より来たる。亦た楽しからずや。人知らずして慍《うら》みず、亦た君子ならずや（学而篇）。

〔大意〕先生がいわれた、「学んでは適当な時期におさらいする、いかにも心嬉しいことだね。そのたびに理解が深まって向上していくのだから。だれか友だちが遠い所からもたずねて来る、いかにも楽しいことだね。同じ道について語りあえるから。人がわかってくれなくても気にかけない、いかにも君子だね。凡人にはできないことだから」。

『論語』冒頭の有名な章句である。

ここで何を学んでいるのかといえば、教科書のようなものではない。「先王の道」であり、「詩書礼楽」である。徂徠が『論語徴』で引用している、「春は誦し夏は絃す。秋は礼を学ぶ。冬は書を読む」（『礼記』）とあるような、具体的な行為である。「誦」は「詩」を誦するのである。具体的な行為だから時におさらい（「習」）をしたり、心嬉しく（「説」）なったりするのである。

そのようにイメージする時、この章句は俄然、潑剌とした輝きを放ってくる。

その情景が眼に浮かぶように描かれているとして古来有名な「浴沂詠帰」の章（先進篇）においても瑟が出てくる。

曲阜《きょくふ》の南郊にある舞雩《ぶう》台（雨乞いの祭をする場所）で、孔子を子路、曽皙《そうせき》、冉有《ぜんゆう》、公西華という門人が囲んで談笑している。孔子が門人それぞれに時が来て用いられるとなったら君達は何をしたいのかと訊くと、子路は千乗の国でも戦争や飢饉を克服して治めてみせます、冉有は小さい国でも人民を豊かにしてみせます、公西華は宗廟の祀《まつり》や諸侯会合の際の礼を正しく行ってみせますなどと言うのに対し、それまで瑟を奏でていた曽皙は「暮春には春服既に成り、冠者（青年）五六人、童子（少年）六七人を得て、沂（水）に浴し、無雩に風して、詠じて帰らん」と言ったのである。これに対し孔子は「吾れは（曽）点に与《くみ》せん」と嘆じたと記録されている。徂徠は曽皙の答えを「微言」であるとしている（『論語徴』）。即ち、他の三者が政治そのものについての抱負を述べたのに対し、曽皙はさらにその上にある「礼楽」の制作のことをほのめかしたというのである。何故ほのめかさざるを得なかったかといえば、そのことを言えるのは「天子の事、革命の秋《とき》」に限られ、今はその時ではないからであるとする。

最後に、『論語』には、次のような章句もある。

太師摯は斉に適《ゆ》く。亜飯干は楚に適く。三飯繚は蔡に適く。四飯缺《けつ》は秦に適く。鼓方叔は河に入る。播《は》鼗《とう》武は漢に入る。少師陽・撃磬襄《げきけいじょう》は海に入る（微子篇）。

これは殷末に世が乱れたので、宮廷の楽師たちが各地に四散した状況を記したものだという。当時は天子の祭は四回の食事があって、その度ごとに指揮者《コンサートマスター》が違っていた。初回のマスターが太師であり、亜飯、三飯、四飯と続く。摯、干、繚、缺は人名である。鼓方はつづみかた、播鼗はふりつづみ（デンデン太鼓のように、柄を振ると胴の両側に下げた振り子が鼓面を打ち鳴らす小鼓）の演奏者、少師は太師の補佐役、撃磬は磬（何枚ものくの字形の石板を吊るしたものを打つ打楽器）の演奏者。こう注釈されても、この章句、何のことなのかさっぱりわからない。

孔子は魯の国で三桓（孟孫・叔孫・季孫の三家、魯の王族）の勢力を排除しようとして失敗し、十四年にわたって亡命を余儀なくされ、各地を遍歴した。最早政治指導者となって自ら「礼楽」を制作する望みの断たれた孔子は、各地に残る失われた過去の王朝の「礼楽」を採取し、これらを復元することに情熱を傾けたと考えられている。もちろん音楽も「礼楽」である。その一つの証拠に「子、磬を衛に撃つ」（憲問篇）という章句も残っている。わかるのはこの微子篇の章句が、その孔子の後半生と何らかのつながりがあるということだけである。

なお余談だが、徂徠門人に本多忠統《ただむね》という大名がいた。その略歴は第十四章に詳しくあるが、号を「猗蘭」といった。

「猗蘭」というのは、孔子が作曲したともいわれる琴曲「猗蘭操」から名を取ったものである。

孔子は諸国を歴遊したけれども、諸侯の任ずる所はなかった。衛から魯に帰る道すがら、深い谷間に蘭が茂っているのを見て、孔子は「蘭は王者の香りを持つという。それが今群草に雑ってしまっている。それはまさに賢者が時に逢わずに鄙夫《ひふ》と混在している姿を表している」と慨嘆して、その場で弾《つまび》いた曲であるとされている。（『琴操』）

現実の本多忠統は、吉宗政権になって奏者番や若年寄などに重用されているから、「猗蘭」というのは一種のポーズに過ぎない。

中国人は古代より徹頭徹尾政治人間であるから、早くより音楽の政治的利用ということを考えてきた。冒頭引用した『論語』章句にあった「韶」が舜の音楽であったように、歴代の帝王にはそれぞれ固有の音楽があったとされる。即ち、咸池《かんち》（黄帝）、英楽（帝嚳《ていこく》）、五茎（顓頊《せんぎょく》）、大章（堯《ぎょう》）、大韶（舜）、大夏（禹《う》）、大濩《たいこ》（殷）、勺《しゃく》、大武（周）などである。もとより禹以前は伝説上の帝王であるから音楽もそのレベルで考えるべきであろう。

その中国人の音楽理論がまとまった形で記録に止められたのが前漢の頃で、『礼記』の一篇に残る『楽記』、『荀子』の一篇をなす「楽論篇」、そして『史記』八書の一つである『楽書』であり、内容はかなりの部分重複している。

以下『楽記』によって、そのポイントを見ていくこととしよう。

第一は、今述べた、音楽は政治そのものであるという点である。

凡そ音は人の心に生ずる者なり。楽は倫理に通ずる者なり。是の故に声を知りて音を知らざる者は禽獣是なり。音を知りて楽を知らざる者は衆庶是なり。唯君子のみ能く楽を知ると為す。是の故に、声を審にして以て音を知り、音を審にして以て楽を知り、楽を審にして以て政を知る、而して治道備る。

〔大意〕およそ音楽の起こりを考えれば、それは人の心の動きによって生ずるのであり、従って音楽の原理は人情にも物の道理にも相通ずるのである。それゆえ一般の音声はわかっても楽音がわからないなら、人ではなくて鳥けだものであり、楽音はわかっても音楽の意味がわからないなら、君子ではなく、ただの人民であり、そしてただ君子のみが音楽を理解しうるのである。こうしたわけで、まず声音の理を明らかにして楽音の理を知り、それによって音楽の理を知り、それによって政治の理を知るのであって、こうしてこそ治世の道のことが十分に理解されるのである（『楽記』の大意は、『礼記』竹内照夫訳、明治書院による）。

「倫理」という言葉は、明治初年に“Ethics”の訳語として作られた和製漢語のように思われているが、ここに用例のあるように古い言葉なのである。ただ意味は大意にあるように“Ethics”よりかなり広い。

ここでは、声、音、楽の差が説かれる。第一の差が人か動物かということであり、第二の差が君子か小人かということである。君子は音楽の理を審《つまびら》かにして政治の理を知ることができるのである。第二は、音楽には人の和を形成する作用があることである。

楽は、宗廟の中に在りて、君臣上下同じく之を聴けば、則ち和敬せざること莫し。族長郷里の中に在りて、長幼同じく之を聴けば、則ち和順せざること莫し。閨門の内に在りて、父子兄弟同じく之を聴けば、則ち和親せざること莫し。故に楽は、一を審にして以て和を定め、物を比べて以て節を飾《かんが》へ、節奏合ひて以て文を成すものにして、父子君臣を合和し、万民を附親する所以なり。是れ先王楽を立つるの方なり。

〔大意〕音楽は、これを宗廟の中で君臣上下が共に聞くときは、人々がみな和合し敬愛の念を生ずるのであり、同村や同町の人々が集会して音楽を聞くときは、みな和合し温順の気持ちになるのであり、また家庭で親子兄弟たちが聞くときは、みな和合し親愛の情を強くするのである。それゆえ音楽は一定の基準を明示して種々の声音の調和を図り、種々の楽器を並べ演奏して全体の調節を考え、一つ一つの小節が好く連合して一つの楽曲を作るのであって、それゆえに音楽が父子や君臣を和合せしめ、万民を君主に親しみ服せしめるのであり、これが即ち先王の、音楽を作った目的なのである。

音楽に備わり、それを聞くとこころが和やかになるハーモニー、これが和敬、和順、和親をもたらすというのである。ここでイメージされているものは、自然発生的共同体、即ち、領邦国家、宗族、家族という人が誰でも生まれながらに有する共同体である。ひと頃よく使われた言葉でいえば、ゲゼルシャフトでなくゲマインシャフトである。

第三に、統治の手段としての「礼」と「楽」の効用、両者役割を異にしつつも相い俟って人間の統禦が円滑に行われることを説く。

楽は同じくすることを為し、礼は異にすることを為す。同じければ即ち相親み、異なれば則ち相敬す。楽勝てば則ち流れ、礼勝てば則ち離る。情を合せ貌を飾るは礼楽の事なり。礼義立てば則ち貴賤、等あり。楽文同ずれば則ち上下、和す。

〔大意〕音楽は人々の心を和合させ、礼儀は人々の身分の差別を明らかにする。和合すれば互いに親しみ、差別をわきまえれば尊敬することを知る。しかし音楽の感化が強すぎると、和合が流れて無秩序になり、礼儀の効果が強すぎると、人々の心が離反する。そこで、適宜に用いて人情を通じさせ、作法を身につけさせるのが、礼楽の効用である。礼儀が守られれば貴賤の別が明らかである。音楽の和合の力が働けば上下が相親しむ。

「礼」と「楽」は、それぞれ役割を異にするものであるが、その異なる役割が合わさって一つの目的を果すことができるものと位置づけられている。第八章で触れた、中国思想に独特の「対待」の例である。同と異、親と敬なども同様である。

最後に「楽は楽《たのしみ》なり」ということである。

楽は楽なり。君子は其の道を得るを楽み、小人は其の欲を得るを楽む。道を以て欲を制すれば則ち楽みて乱れず。欲を以て道を忘るれば、則ち惑ひて楽まず。是の故に君子は情に反りて以て其の志を和げ、楽を広めて以て其の教を成す。楽行はれて民、方に郷《むか》ふ。以て徳を観る可し。

〔大意〕古人も「楽は楽、たのしむことである」と言った。即ち君子は音楽によって音楽の表現する善や美を知って楽しみ、小人は音楽によって感覚上の欲求を満たして楽しむ。君子は、善や美によって感覚的の欲求を清らかにするから、音楽を楽しんで乱れないのであるが、小人は欲求に引かれて善も美も忘れるから、音楽を楽しむことができず、これに溺れてしまうのである。つまり君子は人情を好く考察し、音楽を利用して人心を和らげ、音楽の愛好を世に広めて教育の効果を大きくするように、努める。こうして音楽が広く行われ、その結果として民心が正しい方向に進めば、その事によって指導者たる君子の徳化が、好くわかるのである。

ここで思い出されるのが、『論語』の次の章句である。

子の曰わく、これを知る者はこれを好む者に如かず。これを好む者はこれを楽しむ者に如かず（『論語』雍也篇）。

〔大意〕先生がいわれた。「知っているというのは好むのには及ばない。好むというのは楽しむのには及ばない」。

このことは今日でも多くの人が経験していることである。仕事でも、好きなことなら寝食を忘れて取り組んでも倦むことがない。でもその先、楽しくて楽しくて仕方がないとなれば、寝食どころかすべてを没入して悔いるところがない。

そのような立場に立てば、最近の日本の企業や役所などの仕事の仕方はどうなのだろうか。もし「働き方改革」のかけ声の下に過剰な管理が横行したり、些細な違反が摘発されたりすれば、働く人を益々仕事嫌いにさせ、苦痛にさせるようなことはないか。このような職場からは斬新なアイデアや革新的なイノベーションが生まれることはないだろう。

以上が『論語』や『楽記』に見られる古代中国の音楽論である。徂徠がそれをどう考えていたのかは、既述の通り、人間集団の統禦には「先王の道」が有効である。「先王の道」とは「礼楽」によって代表される具体的な「物」である。「物」であるが故にそれを日夜稽古鍛錬し「体得」しなければならない。「礼」と「楽」は両者相いまって、異と同、中と和というように人間統禦の円滑を達成する手段である。特に「楽」は人間の心や身体に深く浸透して、その人や組織を感化するものであると、その政治哲学の根本をなしている。ところが、

徂徠ハ無器用ノ人、拍子キカズ、勉強精力ヲ尽シテ、楽ヲ学バレタトナリ（『文会雑記』）。

とある。残念ながら、徂徠は孔子と違って音楽的才能には恵まれなかったようである。にもかかわらず「勉強精力」を尽くすという涙ぐましい努力を重ねたのである。

徂徠が音楽関係について考究した著作に、『楽律考』『楽制篇』『琴学大意抄』が挙げられる。山寺美紀子氏の「荻生徂徠の楽律研究」という論文によれば、『楽律考』は、周・漢の音律の基準音（黄鐘《こうしょう》）が、日本十二律

の黄鐘《おうしき》に相当することを立証したもの、『楽制篇』は、周・漢の古楽に用いられた五つの調が、琴《きん》と日本雅楽の調に残されていると説いたもの、『琴学大意抄』は、琴の古楽譜『碣石調幽蘭第五』の復元によって、古楽を再興させることを企図したものであるという。

さきほどの『論語』の引用の中に「撃磬襄は海に入る」というものがあった。それほど古い時代でなくても、日本に残る伝統的な文化藝能の中に、古い時代に中国から渡来してそのまま冷凍保存されたように、古式を残しているものがあるに違いない。わが日本雅楽もそのようなものではないかとの問題意識の下に研究したのであろう。いかにも徂徠らしい取り組み方である。

実は似たような発見が徂徠及び門人によってなされている。門人の山井崑崙及び根本遜志の両名が、足利学校において中国では最早失われた宋版の『五経正義』や、七経（『易経』『書経』『詩経』『春秋左氏伝』『礼記』『論語』『孝経』）及び『孟子』の古いテキスト、『論語』の皇侃による注釈書（『論語義疏』）を発見し、これらをもとに三年間調査をして、その校勘の結果をまとめて、『七経孟子考文』を著したのである。徂徠はこの書物の序を書いているが、その中でも、孔子が「二十年の久しきを歴て、衛より魯に反《かえ》り、而る後雅頌、各《おのおの》その所を得」たとして、孔子の努力を讃え、門人の努力をそれに擬えている。なおこの『七経孟子考文』は清の考証学者の注目する所となり、『四庫全書』にも収蔵された。

さらに徂徠は楽律について、その音の高さが管楽器の律管の長さを反映するものであることから、古代の各種の尺の長さの異同を考証して、『度量考』という研究を著していることを付言しておく。

音楽を人間の統禦に用いることは、何も中国の古代王朝の専売特許ではない。その有用性に早くから着目し、組織的に活用してきた好例は、ヨーロッパ中世のカソリック教会である。

教会で行われる祈りの儀式（典礼）において歌われる聖歌が、教会音楽の基本となり、今日のクラシック音楽の源流となっている。

即ち、グレゴリウス一世（在位五九〇―六〇四）によって公認されたグレゴリオ聖歌が、各地方、各教会で歌われるようになり、これを記号化して保存し、どこでもいつでも誰でも同じように歌うことが可能となるように、楽譜が考案された。そして今日の五線紙のように横に平行線を書いて音の高低をプロットする形の楽譜は、イタリア・トスカーナ地方アレッツオの修道士グイード（九九〇頃―一〇三〇年代）によって作られた。当初は四線だったという。その後この「楽譜」は、いわば「知的インフラ」としてグローバル・スタンダードとなる。興味深いのは、同じ知的インフラでグローバル・スタンダードとなった「複式簿記」も、同じトスカーナ地方の町サン・セポルクロのフランチェスコ会修道士ルカ・パチョーリ（一四四五?―一五一七）によって発明されたことである。いずれもニッコロと同郷である。


人間には「考える脳（知性）」と「感じる脳（感性）」があるとされる（小泉英明『脳科学と芸術』工作舎、二〇〇八年）。古代中国の聖王達も、中世カソリックの教皇達も、経験的に音楽の持つ力を認識し、また「礼」を伴って相乗効果を上げることを認識し、数多くの儀式と音楽の中に人間集団を放り込み、これを統禦することに成功してきた。

今日、インターネット空間では言語情報が氾濫し、多くの人がこれに溺れて自失しているような状況の下でこそ、「礼楽」の機能が見直されるべきではないだろうか。特にイノベーションは「知性」と「感性」の協働作業の中から生まれるともされるので、なおさらその重要性は高い。

『論語』を読むのも同様である。単に字句の解釈や考証をしているばかりでは、真に孔子の意図してきた所を学ぶことは出来ない。孔子が「韶」に感動したこころを、今日のわれわれも疑似体験すること、よき音楽に接し、よき藝術に触れることを通じて、感得することができるのである。それが『論語』を読むに当って一番大切なことであると思う。感動するこころがなければ人を感動させることはできない。このことは、これからのビジネスにおいても最も大切なことではないかと思われる。否、ビジネスだけではない。人の世を生きることにおいても同様である。

第十二章

棄材なし

——徂徠と老子

徂徠の好んだことの一つは人物月旦であった。

或ひと徂徠に問ひて曰く、「先生、講学の外、何をか好む」と。曰く「余它《た》の嗜玩《しがん》無し。惟炒豆《ただいりまめ》を噛んで、宇宙間の人物を詆毀《ていき》するのみ」と（『先哲叢談』）。

古今東西の人物を誇《そし》り貶《けな》すことしか好むものはないというのである。徂徠の偽悪的な面の出た言葉である。聞く人によっては、何とも傲岸不遜な奴だと思われたであろう。

人物は「詆毀」ばかりでなく、評価もされて居るのだが、いくつかその例を見てみよう。

まず第一に戦国武将の人物評。

近ク戦国ノ諸名将ヲ論ズルニ、元就秀吉ホド手ノ延タル大将ナシ。何レモ主君ノ仇ヲ打ツヨリ兵ヲ起セルユヘナリ。謙信ホド心儘ノ働ヲシテ人ノ耳目ヲ驚シ、威猛ノ盛ンナル大将ナシ。勇智ノ抜群ナル上ニ尚又信義ヲ表ニシタルユヘナリ。信玄ホド弓矢ノ巧者ナルハナク、信長ホドカシコキ弓矢ハナケレドモ、不仁悪毒ノタ、リニテ人ノ怨怒ヲ免レズ、或ハ国亡ビ或ハ身弑《しい》サラル。天下遂ニ東照宮ニ帰シタルハ、人ヲ損ズルコトヲ嫌ヒ玉ヒ、無事ヲ好ミ玉フ処、仁道ニカナヒ玉ヒ、ヨク天命ヲ知玉フユヘナリ。小西行長ハサバカリノ将ナレドモ高麗ニテノハタラキ手ノワロキコト多ク、傍輩ニ向テ不信不義多キニヨリテ衆ノ悪《にく》ミ免レガタク、身ノ置所ナクシテ石田ニ組シテ終ニ家ヲ亡セリ。何レモ武士ノ鑑戒《かんかい》ナルベシ。君命ヲ奉テ合戦ヲセン将ニ、近世ニテ人ノ手本トナルベキハ加藤清正ニ越タルハナシ（『鈴録』）。

信玄、信長、行長などが、戦闘力はあっても人の「怨怒」を買ったり、「不信不義」の行いから滅亡していったことが強調される。一方、元就や秀吉は「手ノ延タル」ところ、即ち情報戦や調略戦に優れていたことが評価されている。また謙信も武威があるだけでなく、信義を大切にしたことが評価される。東照宮家康が評価の高いのは当然だが、人を大切にした点が特に強調される。では清正はどこが「人ノ手本」となったのか。『鈴録』にもいくつか清正のエピソードが語られているが、次に紹介するのは吉宗に呈した献策書『政談』に記されている興味深い例である。

清正の武功の侍大将に、飯田覚兵衛という者がいた。加藤家が改易された後、覚兵衛は京都に隠棲していたが、ある時ある者にこう語ったという。

我一生は清正にだまされたり。最初武辺をしたる時、其場を立さりて見たれば、われと同じき傍輩、皆々鉄炮にあたり箭《や》にあたりて死たり。扨も扨も危き事哉。もはや是切にして武士の奉公はやむべしと思たり。帰るといなや清正折をのがさず、扨も今日の働き神妙いはんかたなしとて腰物を賜る。かくのごとく、毎度其場を去ては後悔すれども、清正毎度時節をのがさず、或は陣羽織、或は加増、感状を与ゆ。諸傍輩も羨みて讃歎するゆへ、それにひかれて引込事ならず。ざいを手に懸け侍大将といはるる程になりたるは、清正にだまされて本意を失ひたり。

〔大意〕わが一生は、清正にだまされたようなものだ。最初に武功を立てたとき、その戦場を離れてみると、同輩たちはみな鉄砲にあたったり、矢にあたったりして死んでいた。さてもさても危ないことである、もうこれっきり武士の奉公はやめようと思ったが、帰るや否や、清正は機を失せず、さても今日の汝の働きはすばらしかった、何とも誉める言葉がない、と言って刀を褒美に賜った。このようにいつも戦いが終わるたびに後悔したけれども、清正はそのたびに機を失せず、あるいは陣羽織、あるいは知行、あるいは感状をくれるのである。同輩たちもみなこれを羨んで賛嘆するものだから、それにひきつけられてやめることができなかった。軍配を手に持って侍大将とよばれるほどの地位に昇ったのも、清正にだまされて、本意でもないのに働かされた結果だ。

まさに大将の人心収攬《しゅうらん》術である。働きぶりをじっくりと見て、「折をのがさず」信賞必罰、信賞の方も手をかえ品をかえてという行き届いた仕方である。覚兵衛も「だまされた」ことを怒っているのではない。武功の度にそれをよく見てくれていて、ねぎらいの言葉をかけ、度々褒美をくれた主君を、その戦場の記憶とともに懐かしんでいるのである。この君にしてこの臣ありというべきか。

実は徂徠は清正に対して特別の親近感を持っていた。父方庵の姉妹が嫁した人に清正の家臣堀江李庵という人物があり、その弟の堀江小右衛門から清正の軍物語を詳しく聞くことができたからである（『鈐録外書』）。『政談』にはこの他、清正が石垣（築城）の名人であったことや、高麗の陣の逸話などが取り上げられている。

『政談』で取り上げられている人物で、もう一人興味深い例が、板倉重宗である。重宗は父勝重の後をうけて三十五年という長きにわたり京都所司代を務め、父子ともども名所司代を謳われた人物である。

周防守（重宗）が江戸へ下向した時のことである。老中の松平伊豆守（信綱、「智恵伊豆」と称せられた）が、「将軍（家光）も政務に精励されるようになっている。上方のことも詳しくお聞きになりたいと思っておられるので、これからはわれわれに送ってこられる書状ももう少し念を入れて書かれ、上方の状況も将軍の耳に達するようにしてほしい」と言ったところ、周防守は、

> 百二十里隔たる先の事なる故、上に何程御発明に被遊御座候ても、及びごしには御存知無之事也。其為に周防守を被差置事なれば、不及申上。
>
> 〔大意〕京は百二十里離れた遠方ですから、将軍がいかに聡明であっても到底わかるものではありません。だからこそ周防守を差し置かれているのではありませんか。何も申し上げることはありません。

と答えたのだ。

このやりとりを将軍がお聞きになって、「さてこそ周防守は身を踏み込んで職務に勤めている者である」と仰せられたということだ、と徂徠は結んでいる。

周防守の書状はいつも、将軍の御機嫌を伺った上、「堂上方替る事なし」とだけあって「恐惶謹言」と結ばれていたという。

「身を踏込んで勤むる」とは、こういうことであり、また、双方の信頼関係を前提として、人に任せるというのはこういうことであろう。

なお重宗についてつけ加えれば、彼は当時の京都の文化・藝術活動の中心人物の一人であり、本阿弥光悦、角倉素庵、松永貞徳、烏丸光広、小堀遠州、安楽庵策伝ら寛永文化の推進者と交遊を深め、その文化活動のよき理解者であり支援者でもあったことも付記しておこう。

清正と覚兵衛、家光と重宗、いずれも良き主従の姿である。

しかし徂徠が見る幕閣をはじめとして、当時の武家社会の姿はこんなものではなかった。

江戸開府から百年、「太平久しくなれば、よき人は下より出て、上の人はをろかに成行」現実があった。上は上で、代々の世禄にふんぞり返っている連中が生まれている。

代々大禄・高官成人《なる》も、其元祖はいづれも戦国の時、生死の場を歴て、様々の難儀に逢たるより才智生じて、夫故功を立て大禄・高官に成《なり》たれ共、其子孫は代々大禄・高官なる故、生れながらの上人にて、何の難儀をもせねば才智の生ずべき様なし。位高く下と隔たれば、下の情にはうとく、家来にほめそやされてそだちたれば、智恵もなきわが智恵を自慢し、生れながら人にうやまはるれば、元来かく有べき事と思ふ故、上の御恩をもさまで心に感じ入り有難きと思ふ事もなし。心をのづから我儘にして、下をば虫けらのごとく思ふ（『政談』）。

〔大意〕世襲で大禄をとり高官の地位についている人々でも、その先祖は、いずれも戦国の時代に生死をかけた戦場を経験し、様々の難儀にあったことにより、才知が発達し、その結果として大禄・高官になったわけである。しかし、その子孫は世襲で大禄・高官になっているのであるから、生まれながらのセレブで、何の苦労もしないから、才知が発達するわけがない。身分が高くて、下々の者から遠く隔たっているから、下情にうとく、家来たちから賞めそやされて育っているので知恵もないのに、わずかばかりの知恵を自慢し、生まれながらに人から敬われて、これがあたりまえだと思っているので、主君のご恩をそれほど有難いと思って感銘をうけるということもない。おのずからわがままになって、下々の者を虫けらのように思っている。

一方下は下で、「よき人」どころか次のような「大悪人」が生まれている。

上の思召に毫髪も違はず、よく上の御心を知りて、上の御身を分たるごとく成人は、皆我器量をも才智をも出さず、無理にをしまげて上へ合せて我を仕込たる事にて、是阿諛諂佞《あゆてんねい》の只中也。かくのごとき人は身を踏込ず、忠義の心全くなし。大悪人成と知るべし（同）。

〔大意〕上の人の考えに少しも違わないように、よく主君のお心を知って、主君の分身として働くような人は、みな自分の器量や才知を表に出さず、主君の考えに合わせ無理に自分をおさえているのであって、へつらい、おもねりそのものである。このような人は、身をうち込んで仕事をしようとはせず、真の忠義の心はまったくない人で、大悪人であることを知るべきである。

昨今の政官の関係を髣髴させるではないか。

ではどうしたらよいのか。徂徠は現実主義者だから、大名を廃して中国のように郡県制を敷き、人材登用のために科挙の制度を導入せよというようなことは言わない。

まず、

聖人の道には、賢才を下より挙る事を第一にいひ、世官とて大役を家筋にて代々する事を深き誡《いましめ》とし玉ふ（同）。

「世官」とは官職を世襲することをいう。老中のような「世官とて大役を家筋にて代々」しているような幕閣の高官にとっては勿論のこと、吉宗自身も、前代の詮房・白石の専横ぶりを見て譜代門閥層を重視する政策へ転換していたから、徂徠の主張はかなり過激なものとみなされただろう。

しかし、このように家筋が固まり、どこまで立身するかが初めからわかっているような世界になれば、思い切ったことをしようとするよりは、仕損ないをして家を潰さぬことが優先されるようになる。このようなことが続いていけば、いずれ世は乱れ、国は覆るに違いない。

このため徂徠が第一に強調するのが、賢才を挙げるということである。

まず「賢才を挙げる」といっても、今まで上に立っていた人を一斉に追放して代りに下の者を登用するということではない。一人でも二人でも下から登用すれば、「万人の目つけ替りて、人々励出来して、何れも何れもその挙用《あげもちい》たる賢才の風に成り、世界俄《にわか》にいき返りて、よく成る」のである。これは多くの組織のトップが実感し、実践していることであろう。人事はこういう波及効果を期することが大事なのである。

また「賢才」の範囲は、「たとひ百姓町人なりとも、才智あらん者をば当時（現在）あらたに召出されて御家人」とするようなことがあってよいとする。「賢才」を広く求め、組織に外部の血を入れることを説いているのである。

ただ「賢才」を挙げるといっても、それを見抜く眼がなくてはならない。

そこで第二に、「人を知る」ことが大切になる。

まず「人を知る」のは、「使ひて見て知る事也。さはなくて我目がねにて人を見んとせば、畢竟我物ずきに合たる人を器量有と思ふ也」。

使ってみなければ人の本当の力などわからない。自分の物差で人を評価するのは、結局自分の物差に合った人しか見えないということであり、そういう人が「器量有」と見えるだけのことなのである。

むしろ自分の物差で見ようとすれば、必ず間違うものである。何故ならば、下の者には、「立身を好む利欲の心」があるから、「上の御機に合《あわせ》と上の御心を取んと心掛る事甚」しいのは人情であり、上はこれにだまされるからである。

そして「人心の同じからざる事面の如」しというように人の器量才智は同じものではない。薬が皆毒なのに毒といわないのは、その長所を用いるからであるように、「人を知る」ということは、その長所ばかりを用いて、短所を用いないということである。

従って「人を使ふて見て其器量を知る」といっても、この際に「上より物ずきを出さず、菟《と》せよ角《かく》せよと指図をせず、其人の心一ぱいにさせて見」なければならない。それがわかっていない者は、アレコレと「指図をして人を使ふことを好み、我心をよく知りたる者也などといひて寵愛す」ることになる。

愚なる上はこのようにして下に籠絡されていくのである。これが人間社会の実相であり、今も昔も変わるものではない。

このように自分の物差で評価せず、その長所を見出してこれを用い、アレコレと指図せず、その人のやりたいようにやらせて「其上にて功有を賞し、功なきを退くべし」とする。

信賞必罰である。

しかし、「小過をゆるすといふ事有て小過を咎《とが》むれば、其人小過も無様にとするゆへ、其才智ちぢみて働かず、心一ぱいに働く事」が出来なくなってしまう。

要は下が器量を発揮できるような環境作りに、上も意を用いなければならないということだ。上が留意すべきこととして徂徠が例示しているのは、例えば下が言っていることに理があれば、「少々無調法有ても尤《もっとも》と賞翫」してやることである。これに対して不愉快な顔をしたり、裏から手を回して「物をいはせまじき」とするなどもっての外のことである。また「をろかなる人は器量ちいさく」、「それほどの事は誰も知りたる事とて、下と智恵あらそひ」をすることである。徂徠はこれを「たけくらべ」といっている。

人材はいないのではない。人の使い方がわからないので、その人の才智が見えないだけである。その己れの無能を顧みず、「今の代には人なきといふ事、身を高ぶる余りに天地の徳をなゐがしろにする」事である。

さらに「人を知る」のに、「大概くせの有人に勝れたる人ある」ことが強調される。もとより「くせのある人は皆々勝れたる人」ということでなく「一くせあるものに、勝れたる人多き物」なのである。よく「泛駕《ほうが》の馬」といって、「車をはね返してかけ出すほどの馬にあらざれば、すぐれたる馬にあらざる」とされている。これに対して毒にも薬にもならぬ人は、誰にもよく合わせ、よく思われることのみを考えているもので、『論語』にある「郷愿《きょうげん》」（「郷愿は徳の賊なり」陽貨篇）のようなものである。

徂徠の人材論においてさらにいくつか付け加えれば、当時の行政機構のあり方についての提言である。

第一は、組織の役割分担と相互牽制機能の明確化である。徂徠はそういう言葉を使っていないが、「何役にも頭役《かしら》・添役《そえ》・下役《した》・留役《とめ》」と四段に立てるべきだとする。同役ばかりだと互いに気を使って思い切ったことが出来ないし、月番のように毎月交替するような仕方では、その場しのぎの対応になりがちである。役を四段に立て、それぞれの責任を明確にすれば「身を踏込ん」で仕事をせざるをえないようになる。添役は相談相手、下役は頭役の指示を分担して行う執行役員のような存在、そして留役は全体の意思決定や実行について文書に書き留めておくいわば監査役のような存在である。

第二は、公文書(留帳)の作成、保存、活用の重要性を説いていることである。留帳に記載し保存しておかないと、特定の個人によって情報が囲い込まれ、それを小出しにして自らの手柄にしようとしたり、都合の悪いことは隠し立てしようとしたりすることになる。公文書としてキチンと保存・管理されていれば、新任者でも明日から仕事が出来るのである。

第三は、それぞれの役職に応じて、求められる資質や役割が異なることについて、明確な指針を示したということである。

例えば、老中・若年寄などは「天下の事はみな知り尽して有べき事」である。また、「言語容貌を慎み、下へ向て慮外をいはず、無礼なる事のなきを第一とすべし」とされる。万人がその挙措を注視して「天下に隠れな」いからである。さらに、「己が才智を働かさず、下の才智を取用ひて、下をそだて、御用にたつものの多く出」るようにすることが第一の職分である。

また側用人は、主君の意とする所を、間違いなくよく聞き届けて、それに付添(プラス)も落す事(マイナス)もなく、詳しく伝達することがその仕事である。従って、上の機嫌を伺ったり、下の情をふさいだりしてはならない。「威権がまし」いことのない「私なき人を用ゆべし」。

その他「諸番頭」「御目附」「代官」等々と続く。徂徠の眼は細部まで行届いているのである。

そして徂徠はこの人材論の最後で、上に立つ者の心得べきこととして次のように言う。

惣て御役人は隙《ひま》になくて不叶事也。殊に上にたつ大役の人程、隙なくては成まじき事也。御年寄・若年寄抔は、御政務の全体へわたる大役なれば、世界の全体を忘れては役儀にぬけたる所生ずべし。隙にして工夫をもし、又時々は学文をも可為事也。当時は大役ほど毎日登城して、隙なきを自慢し、御用済ても退出をもせず。相役多きは毎日出仕せず共、代り代り出ても御用は足るべきを、何れも鼻を揃へて出仕し、御用なくても御用ありがほに仕なす事、代の風俗也。

〔大意〕すべて役人は、ヒマがあるようでなくてはならない。ことに人の上に立って責任の重い人ほど、ヒマがあるようにしなくてはならない。老中や若年寄などは、ご政務の全体にわたる大役であるから、世の中の全体に気を配っていなければ、職務に抜けたところが生ずるであろう。ヒマがあって、いろいろと考え、またときどきは学問もすべきである。現在では大役に就いている人ほど、毎日登城して、ヒマがないのを自慢にし、仕事がかたづいても退出もしないでいる。同役が大勢いれば、交替で出仕しても仕事は処理できるのに、全員が顔をそろえて出仕し、仕事がなくても、仕事があるような顔をしているのが、現代の風俗である。

こうなるのは、本当の奉公とは何かを考えず、他人の目ばかりを気にしているからである。

以上、主として『政談』（巻三　人の扱）に拠って、徂徠の人材登用論を見てきた。

組織の動かし方、人の活かし方について、人情のありかをよくおさえ、何に留意すべきかについて包括的な指針を示している。このような組織論・人材論は日本史上初めてなされたものであり、以前筆者は徂徠を「日本経営学の祖」と称すべきではないかと説いた（『荻生徂徠の経営学』日経BP社、二〇一〇年）。

その数々の指摘は、今日でも十分に有効である。

例えば「世官」の弊害、今日それが顕著なのは政治の世界であろう。また貧富や教育の格差の固定化は、人材の涸渇をもたらすことになろう。

あるいは「賢才を挙げる」、機会の均等とか平等な取扱いとかにこだわりすぎていて、結局「賢才」を挙げる機会も組織を活性化する契機も失して、自身沈没しつつあるのが、今日の日本の社会や企業ではないだろうか。

またあるいは「人を知る」、最近流行の「指名委員会」の設置、社外役員が何人集まって議論しても、本当に「人を知る」ことが出来るのだろうか。使ってみてはじめてわかるその人の力とか、人がポストによって、そして「様々な難儀困窮」によって生まれてくる「才智」とか、その人を登用することによって生まれる波及効果とか、そのようなものはわかる筈もないであろう。

あるいは「小過をゆるす」、今日の日本社会はお互いに小過を摘発し合って、社会全体の足を引っ張っているようにも見える。コンプライアンスとか説明責任とかの過剰達成である。

社会全体に「大量」、大きな度量、おおらかさがあってはじめて、活き活きとした風潮が生まれてくるのである。それを欠く社会は、天に唾するが如く、我が身に降りかかってきて、自ずとチマチマと縮小していかざるをえない。

あるいは「隙になくて叶わざる」、ここに挙げている例は、少し前までの日本の企業社会で日常的に見られた光景である。忙しいのを自慢し、用もないのに会社に居残り、やたらと会議や書類を作って仕事をした気になり、他人の眼を気にしてつき合い残業をするといった悪習だ。「働き方改革」の号令だけで一掃されるとは思わないが、あらためて仕事とは何か、何のために仕事をするのか、どのように仕事をすべきなのかを考えさせるキッカケにはなったと考える。

この徂徠の人材登用論は、『政談』が献呈された吉宗によってどれほど参考にされ実施に移されたかというと、残念ながら、ほとんど無視されたといってよい。換言すれば、徂徠ははるか時代の先を見ていたから、その時代に受け容れられなくて当然である。天才の不幸ということも出来るだろう。


本章の最後に、以上のような徂徠の人材登用論のベースにある徂徠の人間観と、それを踏まえた社会のあり方、人間集団の統禦のあり方との関連について触れておくこととしたい。

第一に、人間はそれぞれの「気質」を持った限りなく多様な存在であるということである。第六章でも引用したように、人間はそれぞれ「米は米にて用にたち。豆は豆にて用に立」つものである。これは天からうけた「気質」というもので、「気質は何としても変化はならぬ物」（『徂徠先生答問書』）なのである。そのような存在として人間を捉えるからこそ、その「気質」を見抜き、その力を十全に発揮させるようにすることが、「人を知る」ということなのである。

第二に、それぞれの人が持っている「気質」を「造化ニシタガフテ養ヒソダテ」（『太平策』）ることが大事だということを説く。何故ならば「人ハ活物」であって、意図的にあるいは強制的に器量才智を作ることは出来ないからである。代りに時間をかけて養い育てていくしかないのである。これを「長養の道」という。

第三は、それぞれの人が自らの「気質」が何であるのか、それをどう「長養」してきたかについて、自分でその成長を実感することが大切であるという。これを脇からいえば、「其人ノ自得スルヲ待ツ」ことである。このように「自心ニ発得シテシル故ニ、シリタルコト皆我物ニナリテ用ニ立」（『太平策』）つことになるのである。

この「気質→長養→自得」のプロセスこそ人間が本来的に持っている力を最大限に発揮することにつながり、世の中はそれによって円滑・円満に回っていくことになると、徂徠は考えているのである。

こういう世の中を実現すること、無限の多様性を包含しつつ、全体として「民を安んずる」ことのできる道、「先王の道」が目指すのもここにあると徂徠は説く。そうなれば、その理想の世には、

聖人の世には、棄材なく、棄物なし（『学則』）。

ということになるだろう。この「棄材」とか「棄物」というのは、実は『老子』を典拠にしている。即ち、『老子』二十七章に、次のようにある。

是を以て聖人は常に善く人を救う、故に人を棄つること無し。常に善く物を救う、故に物を棄つること無し。是れを襲明と謂う。

〔大意〕それによって聖人は、いつでもうまく人々が活かされるようにするから、人を捨てることはない。いつでもうまく物が活かされるようにするから、物を捨てることもない。このことを道を知る明知にならうという。

徂徠は儒学者ではある。しかし彼が最も嫌った「道学先生」ではない。「学んでむしろ諸子百家曲芸の士となるも、道学先生たることを願はず」（『学則』）といっている。道徳をやかましく人に説き、強制しようとするのが「道学先生」である。具体的には宋儒であり、朱子学の徒である。

従って徂徠が『老子』を読み、その思想に親近感を持っていたとしても不思議でない。あらゆるものを相対的に見ているからである。実は徂徠及び徂徠学派への老子の影響は広く深いものがある。

例えば、『太平策』ではさきほどの気質・長養・自得のくだりに続いて、次のようにある。

国家ノ治メハ、医者ノ療治ノ如シ。聖人ノ道ハ、最上至極ノコトニテ、神医ノ療治ノ如シ。第二等ヲ云バ、老子ノ道也。是ハ療治ヲセヌコトナリ。

大意は略す。老子は荘子と違って、出世間で個人の救済を考えているような人物ではない。老子も儒家同様、人間集団の統禦を常に考えている。ただその方向性や手法がポジとネガといったくらいに正反対なのである。その生き方が常に有効とは限らない。しかし時としてポジ以上に有効な時もあるのだ。

あらためて本章冒頭に引用した清正と重宗とを比較してみよう。

一見非の打ち所のない清正は儒家風である。一方何事もない重宗の行き方は老子風である。しかしよくよく考えてみると、朝幕関係を儒家風にやって上手くいくかといえば、多分ぎくしゃくしてくるだろう。建前を建前のまま押し通せる世界ではないからである。儒学者だからといって、「四書五経」を金科玉条のように崇拝する必要はない。世の中には、老子風の智恵が必要な場合も沢山あるのである。必要に応じてカードを切っていけばよいのだ。こういう柔軟性、悪くいえば老獪《ろうかい》さが、徂徠の真骨頂である。

第十三章
貨幣改鋳
――徂徠と白石

新井白石（一六五七―一七二五）は、当時の人々から「鬼」と呼ばれていた。他者を責めること厳しく、しかもひと度敵と見做されると、逃げ道も与えず息の根を止めるまで糾弾して止むことがない。しかも滅法弁が立つ上に博識である。これではかなわない。

その白石に対峙して滅ぼされた人物に、勘定奉行荻原重秀（一六五八―一七一三）がいる。イッシューは元禄に始まった貨幣改鋳であった。

貨幣改鋳、即ち金に銀を混ぜ、銀に銅を混ぜ、品位を落して貨幣の流通量を増大させる施策である。発行者（幕府）はそれによって巨額の差金（出目）を得る。いわば打ち出の小槌であるから、麻薬のようなもので、いったん始めたら中々止められるものではない。最初綱吉の時代、元禄八年（一六九五）に始められ、家宣の時代となってからも、何度も実施されてきた。

これに当初から携わり主導してきたのが、勘定吟味役、後に勘定奉行の荻原重秀である。

重秀は御家人の次男坊として江戸に生まれている。十七歳で幕府勘定所に召出され、以降五十五歳で失脚するまで一貫して勘定所に奉職した生っ粋の財務官僚であった。この間、金銀改鋳以外にも延宝の全国検地による石高の増収、佐渡金山への重点投資による金銀産出量の増加、長崎貿易の幕府直轄化など、幕府財政の再建と増収確保に努め、いずれも大胆かつ根本的な改革案を自ら発案しそれを実行に移している。

その赫々たる実績によって、幕府内では財政の第一人者として、押しも押されもせぬ存在となっており、その立場と威信は、家宣将軍になっても不変であった。

その重秀に猛然と嚙みついたのが白石である。その「鬼」が重秀を追い詰めていく徹底ぶりを、白石の自伝『折たく柴の記』によって見てみよう。

バックグラウンドとして、慶長年間から当時までの幕府の通貨政策を簡単におさらいしておく。

まず開幕直後の慶長年間は、幕府が諸国の金銀山を接収し、またその産出量も大きかったため、幕府財政は潤沢で幕府は大量の慶長金銀を発行し、金銀本位制を採用した。ところが、次第に金銀山の鉱脈が細り、産出量が減少したこと、また貨幣経済の浸透によって物価の上昇と米価の相対的下落が起こったことにより、次第に幕府財政は悪化し、寛文の中頃（即ち徂徠の生まれた頃）には、幕府財政は支出超過となり、「御蔵の金毎年一二万両足ず」（『政談』）という状況に悪化していた。そして綱吉の代には「御蔵」の金は涸渇し、抜本的な策を講じなくてはにっちもさっちも立ちゆかない状況に追い込まれる。そこで重秀を中心に計画・実施されたのが、元禄八年の貨幣改鋳である。即ち四・八匁の慶長小判（純度八四・三％）を吹き直し、銀を混ぜて同じ重さの元禄小判（純度五七・四％）を発行したのである。金の含有量でみると三二％の減少となる。また丁銀・豆板銀も、慶長時の純度八〇％から元禄時のそれは純度六四％と、銀の含有量は二〇％減少した。これによって幕府の得た利益（出目）はおよそ「五百万両」（『折たく柴の記』）に達したとされる。ところが、この財源も綱吉政権の放漫財政に天災（特に元禄十六年の関東大地震）が加わり、たちまちのうちに底をつき、以後宝永年間にかけて何度も改鋳を繰り返さざるを得なくなり、改鋳の度に品位は落ちるという悪循環に陥った。一方において良貨が退蔵されるとともに、品位の異なる金銀貨が併行して発行されたため、経済の混乱を招いた。

そこで白石の建議により宝永七年（一七一〇）に慶長金と同じ品位の宝永小判が発行されたが、これは品位こそ高いが重さは慶長金の半分しかなかったので、信用は得られず実質二分（一両＝四分）で流通していたという。また、宝永末年から正徳元年（一七一一）にかけて、三度にわたり銀貨を発行したが、回を重ねる毎に品位は劣化した。さらに正徳四年には慶長金銀と同じ品位の金銀貨を発行したが、発行量が僅かで、徒《いたずら》に質の違う貨幣を増やしただけで、財政の健全化とか物価の安定とかに効果があったとはいえない。

白石、重秀、徂徠らが直面していたのは、このような混乱した状況であったのである。

『折たく柴の記』では、まず第一に、家宣襲職間もない宝永六年二月、幕閣で国家財政の実態について議論があり、その中で財源がこれまでいかに貨幣改鋳に依存してきたか、中でも重秀の役割が大きかったか、その現状を踏まえて家宣から「金銀の製を改むべき事は、我心にあらず。此事を除くの外、よろしく相議すべし」との内意があったと、間部詮房を通じて聞いたと記されている。これに対し白石は、意見書二通を詮房に提出している。その結果家宣が「金銀の製、かさねて改造《あらためつく》るべきの議をしりぞけられし御事、実にこれ天下の幸甚」と安堵している。

ところが幕府は宝永七年から立て続けに改鋳を再開することになる。宝永小判、宝永永字銀、三ツ宝銀、四ツ宝銀などである。特に銀貨は出目による増収を図り、その使途は、江戸城修復、綱吉廟建設、浄光院（綱吉正室）葬儀、東山上皇葬儀などの支出に充てられたとされる。

幕府の正式の決定ではないが、家宣の「御内意」によって、これらの「打ち出の小槌」が振られたということだ。この功により重秀も加増を受けている。

これに白石は烈火の如く怒った。想像するに、「上様は金銀改鋳はなされないとおっしゃっていたではありませんか。心変わりをされたのですか」などといって追及したのであろう。

家宣の困惑する様子が目に浮かぶようである。

そして翌正徳二年の三月、白石は重秀弾劾文を上呈する。

その時に家宣は何と答えたか。

> 此年の三月、これらの事共論ぜし封事《ふうじ》まい《(ゐ)》らせし時に、「才あるものは徳あらず。徳あるものは才あらず。真材《しんざい》誠に得がたし。今にあたりて、天下の財賦《ざいぶ》をつかさどらしむべきもの、いまだ其人をえず。年比《としごろ》重秀が人となり、しらざる所にはあらず」と答仰らる。
>
> 〔大意〕この年三月、改鋳のことを論じた上書を奉った時、将軍は「才ある者は徳がなく、徳ある者は才がない。誠の人材とは得がたいものだ。現今、国家財政を司らせる適当な人物がいないのだ。かねてより重秀の人となりについて知らない訳ではない」とお答えになったのだ。

これに対し白石は、「古えより此かた、真材の得がたき事は申すにも及ばず、重秀がごときは、才徳ふたつながら取るべき所なし」と切り捨てている。宋の名臣司馬光に「徳は才の帥《すい》なり」(『資治通鑑』)という言葉がある。重秀には確かに才はあったが、それを指揮する徳が欠けていたのだ。

しかし白石はこのくらいでは諦めなかった。そこで白石が建議したのが、勘定吟味役の設置である。現在の勘定所が民政、財政、刑政などを含む広範囲の業務を所掌し、「人民の楽しむべきも苦しむべきも、此職を奉れる人々のその人を得ると得ざるとによ」ると、その衝に当る役人に高い資質を求め、これらを一人で所掌するのは困難だから、勘定吟味役を置いて、役人の適否、年貢の輸送、土木工事、街道宿場、金銀銅山を所掌させるべきであると説いた。

表向きはこう記されているが、真の狙いは重秀に集中している権限の分散と周囲を含めた不正腐敗の剔抉《てっけつ》であろう。今回は白石建議通り七月にこの職が復活した。

そして九月、白石の執念が実って、重秀失脚の日を迎える。『折たく柴の記』には何とあるか。

九月十一日、荻原近江守重秀、其職を奪はれて召籠《めしこめ》らる。世の人大きに悦びあへれども、其故をばしらず。実は此年の春三月より、昨日の十日に至りて、我封事を奉りし事三たびに及びしが故也。

「してやったり」と喜ぶ白石の得意満面は、その裏に「世間の者は知らないが俺がやっつけたんだ」という薄汚い自己顕示が張り付いているようである。

なお翌十月十四日、六代将軍家宣没。

「召籠」られた重秀は、翌正徳三年九月二十六日に亡くなっている。白石は次のようにそれを病死としているが、実際は何らかの手段で白石によって殺害されたのではないかとの説がある（村井淳志『勘定奉行荻原重秀の生涯』集英社新書、二〇〇七年）。

重秀此事の首罪なれば、前代の御時、職奪《うば》はれ、召籠《めしこめ》られしかど、かくれさせ給ふ時に及びて、御勘気《ごかんき》のものども一切に御免の仰《おおせ》あるによりて、其罪を正さるゝにも及ばれずして、そののちに病ひし死し畢《おわ》りぬ。首罪すでに其誅《そのちゅう》をまぬかれたり。しかるに、同謀《どうぼう》・縁坐《えんざ》のものどものみ、こと〴〵く皆誅せられん事もまたいかゞ有《ある》べき。同謀・縁坐のものども、必らず死を以て其罪を決せられんには、重秀が棺《かん》を発し、屍《しかばね》を戮《りく》せられて後に其事に及ばるべき歟《か》。たとひ死せしもの、ものしる事ありて、其冷《そのひやや》かなる肉を寸斬《すんざん》せらるゝとも、重秀が愚鬼《ぐき》のごとき、なにの痛苦《つうく》をかしり候べき。

〔大意〕重秀はこの事件の主犯であるから、家宣将軍の時に免職となり禁錮されたが、将軍が亡くなられた時に、これまでお咎めを受けていた者一切に恩赦の仰せがあったので、その罪を問われることなく、その後病死してしまった。主犯が死罪を免れたのに、共犯者等をことごとく死罪とするのはいかがなものか。もし彼らをどうしても死罪にしようとするなら、まず重秀の棺をあばいて、屍体をさらしものにした後に、そうすべきであろう。もっとも死者がそのことを知ったとしても、その冷えた肉体をズタズタに斬られても、重秀のような愚鬼が、どんな苦痛を感じるというのか。

どちらが「愚鬼」かと思わぬでもない。とてもまともな大人の書く文章とは思われない。『折たく柴の記』は、古来日本の「自伝文学の白眉」などと評価されることがあるが、それが人間の醜悪な面も隠すところなく曝《さら》け出すことを意味しているのであれば、筆者も同意する。

この文章を書く白石の脳裡には、おそらく『史記』（伍子胥列伝）の次のような文章が浮かんでいた筈である。

呉の兵の郢《えい》に入るに及び、伍子胥《ごししょ》、昭王を求むるも、既に得ず。乃ち楚の平王の墓を掘《あば》きて其の尸《しかばね》を出《い》だし、之に鞭《むちう》つこと三百、然る後已む。

〔大意〕呉の兵が楚の都郢に入城したとき、伍子胥は昭王を探したが、逃げたあとで捕らえられなかった。そこで、楚の平王の墓を掘り返しその遺骸を取り出して、これに三百回鞭打ちをしてやっと気が済んだ。

歴史家としての白石が、自らを歴史上の人物と一体化させているのだ。

ここで白石の簡単な略歴を辿っておくことにしよう。

白石は、いわゆる「明暦の大火」（明暦三年〔一六五七〕）の直後に生まれた。父新井正済《まさなり》は上総久留里二万石の大名土屋利直の家臣であった。

延宝五年（一六七七）、利直死後の御家騒動に連座して父正済とともに「奉公構《ほうこうがまえ》」の処分を受ける。これは免職としたうえで何処へ立ち去ってもよいが、他家への仕官奉公を禁ずるというものである。白石二十一歳。

止むなく白石は牢人生活を送ることになるが、二年後に土屋家の改易に伴い「奉公構」が解け、さらに三年後、天和二年（一六八二）、大老堀田正俊に仕えることとなる。正俊は将軍綱吉擁立の功労者として権勢を振るっていた。ところが翌々貞享元年（一六八四）、この正俊が江戸城中で若年寄稲葉正休に刺殺されてしまう。白石再び失禄する。

そして元禄六年、師木下順庵の推挙により五代将軍綱吉の甥に当る綱豊に出仕することになる。白石三十七歳。

三代将軍家光には男子が三人いた。長子が家綱で四代を継ぎ、次男が綱重で早くに亡くなっていた。この綱重の長子が綱豊である。家光の三男が綱吉である。

そして宝永六年に綱吉が亡くなると綱豊が襲職して、六代将軍家宣となった。白石は五百石取りの幕臣となり、以降政治の中枢に参画することになる。白石五十三歳。

正徳二年家宣没、次いで享保元年（一七一六）七代家継没。この七年間の家宣、家継時代が、側用人間部詮房とともに白石が幕府にあって大きな影響を及ぼした時期である。

家継没後、吉宗が八代将軍となるとともに、白石は本丸寄合を解任され、以降著述活動に余世を送る。享保十年没。六十九歳。

こうして見ると、白石は徂徠の九歳年長であり、徂徠の亡くなる三年前に死んだから、両者はほとんど同時代を生きたといってよい。そして、二人とも中級武士の出身であること、若い頃に牢人となるなどの苦労をしていること、時の権力者のブレインとして活躍したことなどの共通点も多い。

ところがこの二人、仲が良くなかったようなのである。

白石ある豪富の町家へ行きし時、主人今日はよきおりにて只今に徂徠も参りもうすと云ひしかば、白石匆々にして帰られたり（『蘐園雑話』）。

この逸話、当時の人々は白石であればこそ「さもありなん」と思ったであろう。白石は周囲から狷介《けんかい》、戦闘的、非妥協的な性格であったと思われているからである。これが徂徠であれば、いい機会だから一つ議論でも吹っかけてやろうと待ち構えていたかもしれない。

双方ともにプライドの高いことも双璧のような人物である。しかし、もともと交際があって何かの拍子にトラブルになったとか、経済政策の応酬が激しく人間関係が険悪になったとかいう訳ではなさそうなのである。

お互いに何となく肌合いの合わなさを感じていたのであろう。

悉皆的《しっかい》に調べた訳ではないが、徂徠の書き残したものには何ヶ所か白石について触れた箇所があり、中には「荒井《ママ》抔《など》も文盲なる故」と記されている（『政談』巻三　官・位・爵・禄並びに勲階の事）ものもある。

次に掲げるのが、本論の貨幣改鋳についての徂徠の白石批判である。名指しはしていないが、誰もが白石のこととわかるような書き方となっている。

近年瞑眩の大薬ヲ用ラル。是ハ或儒者ノ工夫ヨリ出デヽ、物価貴キ故、上下困窮ス。物少ケレバ貴ク、多ケレバ賤シ。金多キユヘニ金賤クナリテ物貴シト見テ、金ヲ半ニスル術ヲ建白シタルト承ハル（『太平策』）。

〔大意〕近年（貨幣政策について）くらくらするような劇薬が用いられた。これはある儒者（白石）の考えたことで、結果として物価が高騰して、世の中上も下も大変困ったことになった。物が少なければ価格が上がり、多ければ安くなる、金が増えたためにその価値が下がって物が高くなったと見て、金を半分にする手法を建策したと承知している。

「瞑眩」とは、劇薬を服して目まいがして困《くる》しむ様を言う語だという。実に言い得て妙ではないか。

これは重秀を死に追いやった後、家継時代に金銀貨を元禄改鋳以前の姿（量目、金銀銅の配合比）に戻す政策をとったことをいう。いわば「逆出目」だから、その吹き替え費用を含めて、幕府には巨額の損失が生じ、国民経済も貨幣流通量が縮小して深刻なデフレ経済に陥ったことをいう。

では、白石の通貨政策とは、いかなるものであったのか。彼は家継に呈した「改貨議」という建策書を残しているので、これを中心にその骨子を整理してみる。

この「改貨議」は、先の『折たく柴の記』などとは異なり、冷静かつ論理的に通貨政策を説いたもので、わが国初めての通貨政策論とも称すべきものであろう。

白石はまず物と通貨との関係からスタートする。

近年すべての物の値段が上がったのは、金銀の数が倍々増したからだとみる。

凡そ物の価重く候事は、貨の価軽きによりて候て、貨の価軽くなり候事は、其数多きが故に候へば、法を以て其貨を収めて其数を減じ、又物の価軽く候事は、貨の価重きにより候て、貨の価重くなり候事は、其数少なきが故に候へば、法を以て其貨を出して其数を増し、貨と物とに軽重なきごとくに其価を平らかにし候時は、天下の財用ゆたかに通じ行われ候。

即ち、物価高↓貨幣安↓貨幣量多あるいは物価安↓貨幣高↓貨幣量少という原因があるので、このために物価高の時は流通量を減らし、物価安の時は流通量を増やせば、貨幣と物がバランスするというのである。

一種の貨幣数量説といってよいが、この文章を読んで、筆者は若い頃に「近代経済学」の「価格理論」を習った時のことを思い出した。いかにも形式論理で、実体経済がどうであるのかという現状認識より、それが正しいかどうかはさておき、論理的整合性を第一にしているように思えてならない。

さきほど引用した徂徠の文章が、まさにこのことを指摘しているのだ。即ち金を少なくすれば物価が下がるなどとノーテンキなことを言って、世の中が大迷惑したといっていることに符合する。

しかし、白石の本意は本来経済政策や通貨政策の目的は物価の安定にあるといいたいのかもしれない。「改貨議」に戻ると、ところが元禄以降、幕府が財政支出を賄うために金銀改鋳を行い、貨幣の流通量を増加させてしまったので、物価がますます高騰し民は塗炭の苦しみを味わうこととなった。そこで白石は次の五つの提言をする。

一には金銀共に慶長の法のごとくにあるべく候
二には上の御費を惜まるべからず候
三には下の利を奪はるべからず候
四には此事にあづかり候役人を撰ばるべく候
五には誠信を失はるべからず候

第一の慶長の金銀に戻せという主張は、家康が慶長の初めに定めた小判金一両（重さ四匁八分）＝銀六十匁＝銭四貫文という交換レートを守れということである。また、ここにあるように金は一両という名目価値を持つが、銀は丁銀・豆板銀という形でそれぞれ重さで取引され、また銭は数量で取引するのが本則である。

それが元禄・宝永の度重なる貨幣改鋳によって、慶長初めと比べると小判における金の含有率は三〇％程度減少し、銀貨における銀の含有率は、八〇％から最後は二〇％程度（四ツ宝銀の場合）へと減少してしまっていた。そしてこの白石建議に基づき正徳年間に金銀貨が発行されたが、発行量が少量であったこと、かえって退蔵を助長したことなどから、実際はむしろ逆効果となり、デフレ経済を招いたことが指摘されている。

第二の「上の御費」というのは、慶長の金銀にするには現在流通しているものを回収し吹き直して作り直さねばならないが、その費用を惜しむなということで、「国は義を以て利とする」などといかにも儒学者らしいことを言っている。

第三は、元禄の改鋳の時のように、富商などから強制的に慶長金銀を供出させ、代りに新貨を交付するような形で「下の利を奪う」ようなことをするな、下の利を奪い上の利を図るようなやり方はかえって民の信頼を失い実効性のないものとなると主張している。

第四は、いうまでもなく重秀のような者に担当させてはならないということで、「其才略はなく候とも其操清廉にしてよく其法を謹守るべき人々を撰」ぶべきだとしている。

第五は、元禄改鋳の時にあったような欺瞞的なやり方は、上下ともに信頼を失わせることになる。もともと武士が工商の民と智術を争うようなことをしても勝てる筈がなく、むしろいささかも私心なき所から天下の信を得、人民がこれに服してこそ、その政もうまくいくのだと、これまた儒学者風精神論を説いている。

以上は政策の基本スタンスであるが、白石はさらにこれに加えて、銀の裏打ちのある紙幣（銀鈔）を発行すること、江戸及び上方において新銭（銅銭）を発行し、銀鈔と交換して回収した銀鈔は焼却すること、諸国金銀銅山の再調査と大名領銀山より産出する銀の私的取引を禁止すること、回収した銀貨で純度の低いものはあらためて吹き分けを行うことなどの、慶長金銀に返すための良質な銀貨の回収について具体的な提言を行っていることが注目される。

以上が「改貨議」の主な提言である。白石の主張の根底には儒教でいういわゆる「正名」思想があることが従来から指摘されている。即ち、名を正す、名と実が乖離していることは好ましくないという考えである。また御上の役割は民の災いとなるようなことはすべきでなく、また商工と利を争うようなこともすべきでない、ましてや出目によって得た財源で寺社を建立したり華美な催事を行うなどももっての外のことであると主張するのも、儒学者らしいといえばいえる。

ではこれに対して徂徠はこの問題をどう考えていたのか。

まず徂徠は、現下（享保期）の経済問題を次の三点に集約する。第一は「金銀のかず減少したる事」、第二は「諸色の直段（諸物価）高直に成たる事」、第三は「借貸の道ふさがりて、少き金銀流通せざる事」である（『政談』）。これらは相互に関連しているが、本稿では第一を中心に考えていく。

「金銀のかず減少」について徂徠はまず当時が米経済であることに注意を喚起する。

金銀の数減少したる事、世界の困窮になる事は、金銀大分に持たる者皆半身代になるによりて、金を出して米を買ふことならず。是によりて米価下直《げじき》に成ゆへ、武家も百姓も皆半身代になりて、世界困窮したる事也（『政談』以下同）。

〔大意〕金銀の数量が減少すると、世間が困窮するというわけは、金銀を多く持っていた者も、それにつれておのずと収入が半減するから、金を出して米を買うこともできない。そうなると米価が下がるから、米を売って生活を立てる武家や百姓も、みな収入が半減して、世の中が困窮したのである。

そしてただ慶長の昔に返せばよいなどといっている者は、この間の世の中の変化を知らぬ者であるとする。そうなのである。問題は単なる「物の価」ではなく、米価とそれ以外の物（「諸色」）の価格のバランスなのである。米価高諸色《しょしき》安なら武士や農民は有利になり、逆であれば商工が有利となるのだ。価格というのは生産者の立場で見るか消費者の立場で見るかで全く違う。白石にはそれが見えず、単なる消費者の立場でしか見ていないように思える。

そして徂徠は抽象的な価格理論のようなものでなく、現実社会の変化に眼を向けている。

慶長の頃より今日に至ては、既に百年に及ぶ。其時よりは段々に世上の人、高下貴賤に不限、人々の身持・家の暮し不覚奢に成り、今は又其奢世の風俗と成て、世界の常となるゆへ、是をやむべき様なし。其子細は前にいふごとく、元来制度なきより起りて、人々の暮しに物入おほく成たる也。

〔大意〕慶長年間から今日まで、すでに百年にもなる。その時代から比べると、世の中の人々は、身分の高下や貴賤にかかわらず、生活が知らず知らずの間にだんだん贅沢になり、今はまたその贅沢が世間の風習となって、当り前になっているので、これを止めようとしても止めることができるものではない。その理由は、前に述べたとおり、もともと制度がないことが原因になって、人々の暮しに出費が多くなっているからである。

このように生活が豊かになれば、貨幣はすべての人に行き渡らず、物価も次第に高くなっていく。今の言葉でいえば、経済が拡大していけば、それに伴った成長通貨の供給が必要だということだろう。そのことに思い至らず、

然ば当時金銀半分より内にへりて慶長の昔に返れども、世界の奢、風俗の常と成たる所は、慶長の時分とは遥に別也。ふゑたる竈のかずも昔にかへらねば、人々半身代にて、世界の困窮する筈の事なるを、世

界はよく成筈の事といふは、世界の全体の姿を知らぬ愚眼といひつべし。

〔大意〕今や、金銀の数量は半分以下に減少し、品位の方は慶長の昔と同じになったとはいってみても、世の中の贅沢の風俗が、慶長の頃とははるかに異なっている。増えた世帯数が元にもどるわけもないから、どの家も財産が半減したようなもので、世間が困窮するのも当然であるのに、この（品位を元に戻すという）改鋳によって世の中が良くなるはずだなどというのは、世の中の全体の姿を知らない愚かな考えである。

白石を名指しこそしていないが、「世界の全体の姿を知らぬ愚眼」だと批判している。徂徠にいわせればその根本、すなわち「世界の奢」を変えなければならず、それには武士を「旅宿の境界」から本来あるべき知行地への「土着」に戻すことと、身分に応じた生き方を求める「制度」を立てることが肝要である（この点は第十六章で詳しく見ていく）。それを放っておいて金銀を半分にすれば、世の中が不景気になるのは当り前だと説く。

しかし、そのような抜本的な施策は時間もかかるし、人々の抵抗も強い。そこで当面の施策として景気の良くなることを考えなければならないが、それは銅銭を大量に鋳造することではないかと提言する。

当時如何様の事をして世界をば賑はすべきと工夫するに、銭を鋳るにしくはなかるべし。惣て金銀を金つけ石にて試て位のよきといふは、両替屋などのいふ事にて、大きにおろかなる事也。其子細は、元禄に金銀に歩を入れてかねの性悪けれ共、銭の直段さまでかはらねば、慶長と金の位かはる事なし。当時元禄の金銀をふきぬきて性はよく成たれども、銭の直段元禄とかはらねば、是又元禄と金の位替らぬ事也。一両はやはり一両也。一両を二両にも使はれず。されば性のよく成たる詮はなし。

〔大意〕現在世の中の景気を良くする方法を考えてみると、銅銭を鋳造するのがもっとも良い方法である。そもそも金銀を試金石で擦《す》ってみて、品位が良いとかいったりするのは、両替屋などのすることで、たいへん愚かなことである。なぜかというと、元禄の改鋳で金銀の純度をおとして品位が悪くなったけれども、その金貨や銀貨と銅銭との交換比率はあまり変わらなかったから、慶長金銀の場合と価値は変わっていないことになる。現在では元禄金銀を吹き直して品位は良くなったけれども、銅銭との比率は元禄と変わっていないから、これもまた元禄金銀の場合と価値は同じである。一両はやはり一両であって、一両を二両の価値で通用させることはできない。とすれば、金銀の品位を良くしてみても何の役にも立たない。

ここで徂徠は貨幣の本質に言及している。品位を落とそうが、品位を上げようが、「一両はやはり一両」であるならば、それは名目貨幣であるということだ。即ち発行者に信用があれば名目価値で通用するということで、これを重秀は、「幣は国家の造る所、瓦礫《がれき》を以て之に代えると雖もまさに行うべし。今鋳する所の銅銭、悪薄と雖も尚紙鈔《ししょう》に勝れり」(『三王外記』)としている。

徂徠もまたこの重秀の立場に立っているといってよいだろう。それがリアリティを見ている者の考えであろう。元禄の改鋳は、実は金銀本位制から名目貨幣化への第一歩であった訳である。この後徂徠は銅銭増産の方法として、大仏、仏像、梵鐘など無用の銅器を鋳つぶすことや、湯殿山や浅間山への投げ銭を紙銭に変えること、あるいは国産銅が海外へ流出しないようにすることなどを提言しているが、詳細は省略する。

以上、白石と徂徠の通貨政策論を見てきたが、理論を現実にあてはめようとしているのか、現実から理論を抽出しようとしているのかの差が歴然としている。前者を悪く言えば「学者バカ」ということだろう。これは今でも、何も通貨政策や経済政策に限られることなく、世の中の至る所で見られる現象である。

従来、白石と徂徠は、江戸の大儒の双峰として聳え立つ存在とされてきた。中でも海保青陵（一七五五—一八一七）の評言、即ち「白石ト徂徠トハ真ノモノヲ前ニヲキテ論ジタル人、世ノ儒者ノ云ヒゴトハ、ハルカニチガウテヲル也」（『稽古談』）がよく知られている。

ここで「真ノモノヲ前ニヲキテ論ジ」るとはどのようなことを言うのか。青陵の『稽古談』を読んでも、そのことは必ずしも明らかでない。

しかし「真ノモノヲ前ニヲキテ」というのであれば、あくまで現実をどう観察し、そこにどのような問題点を抽出し、さらにその解決策を構築するという一連のプロセスを踏むことが必須であろう。先に理論ありきでなく、現実があるのである。とするならば白石と徂徠をこのような観点から併称するのは、必ずしも適切とは思われない。

第十四章

雞肋

——徂徠と春台

宝永六年（一七〇九）一月十日、将軍綱吉死去。六月三日には吉保は隠退し、吉里が家督を次ぐ。そして六月十八日、吉保は妻妾とともに六義園に移る。

この間三月二十四日には吉保から徂徠は、「その方藩邸を出て町宅に居住し、広く天下の人士と交際し、また書物を数多く集め、儒者として身を立てれば、「天下無双之名儒」と呼ばれるようになろうし、それが世の為にもなる」（『由緒書』）との言葉を賜っている。しかも五百石という高禄は相変わらず支給するというのだ。

吉保がいかに徂徠を高く評価していたか、またよく人を見る眼を持っていたかがわかる。

徂徠が柳沢家の藩邸（上屋敷、このうち道三橋に近接した一角に居住していたと推定されている。当時日本橋川の一石橋から内濠を結ぶ水路〔道三堀〕があり、これに架かっていたのが道三橋である。今日の大手町一丁目に当る。こういう細部に拘《こだわ》るのは、その距離感がまさに綱吉と吉保の近さを表わしているからである〔第七章参照〕）を出て、茅場町の町宅に落着いたのは、八月の後半と考えられている。

徂徠はここに三年ほど住み、正徳二年（一七一二）には牛込若宮小路に新居を建てて移り住んでいる。

徂徠は柳沢家から形としては独立し、町儒者として自由に研究し、弟子を取って門戸を張ることとなった。徂徠の私塾は、茅場町の茅＝萱の別字である蘐を取って蘐園と称した。

梅が香や隣は荻生惣右衛門

其角作とされている。確かに其角は茅場町に住んではいたが、宝永四年には亡くなっているので、実は其角に擬して後世の文人がこしらえた句である。

「梅」には徂徠の中国趣味が諷されている。徂徠没後、徂徠学が一大ブームを引き起こしていた。この句もそのブームにあやかって作られたものであろう。

この蘐園設立から亡くなるまでのおよそ二十年が、徂徠の円熟期であり、数々の著述をものするとともに多くの門人を育て、日本思想史上空前絶後の「古文辞学」を創出した。

本章では高弟太宰春台を中心に、徂徠学が次の世代の人々にどのように受容されたかについて考えてみることとしたい。

はじめに蘐園のメンバーを何人か紹介しておこう。以下『先哲叢談』による。

太宰春台（一六八〇—一七四七）。太宰純。字は徳夫。春台と号す。信濃の人。

なお蛇足ながら、昔の人は沢山名前を持っていた。春台の場合、純《じゅん》が本名であり、字《あざな》は徳夫《とくお》、通称は弥右衛門、幼名を千之助といった。春台は号で、その開いた私塾の名前を紫芝園《ししえん》と称した。また当時中国人のように姓を一字に署名したりすることが流行した。物（部）徂徠、服（部）元喬の如し。


服部南郭（一六八三―一七五九）。服元喬。字は子遷。南郭と号す。平安の人。

安藤東野（一六八三―一七一九）。藤煥図。字は東壁。東野と号す。下野の人。

山県周南（一六八七―一七五二）。山県孝孺。字は次公。周南と号す。周防の人。

平野金華（一六八八―一七三二）。平玄中。字は子和。金華と号す。陸奥の人。

大内熊耳《ゆうじ》（一六九七―一七七六）。余承裕。字は子綽。熊耳と号す。陸奥の人。

高野蘭亭（一七〇四―一七五七）。高惟馨。字は子式。蘭亭と号す。江戸の人。

宇佐美灊水《しんすい》（一七一〇―一七七六）。宇恵。字は子迪。灊水と号す。南総の人。


上記メンバーの中では、周南が最も早い時期（宝永二年）の入門者で、東野がそれに次ぐ（宝永三年）。また、春台の入門は正徳元年、南郭及び金華もほぼ同時期と考証されている。正徳初年には蘐園の主要メンバーが揃っていたことになる。

また、『先哲叢談』に掲げられていない門人として、

田中省吾（一六六八―一七四二）。字は桐江。富春山人と号す。徂徠と甲斐へ旅した。

入江若水（一六七一―一七二九）。字は子徹。摂津の人。徂徠の著述の出版に尽力した。

越智雲夢《おちうんぼう》（一六八六―一七四六）。字は君瑞。医官名は曲直瀬正珪《せいけい》。徂徠の主治医を務めた。

山井崑崙《やまのいこんろん》（一六九〇—一七二八）。鼎《かなえ》、字は君彝《い》。崑崙と号す。紀州の人。『七経孟子考文』を著す。

根本遜志（一六九九—一七六四）。字は伯修。武夷《ぶい》と号す。武蔵の人。『七経孟子考文』を出版する。

この他『徂徠先生学則』を校訂した三浦竹渓、あるいは地方巧者として知られた田中丘禺などが知られている。

また注目すべきは二人の大名が徂徠に賓師の礼をとったことである。

黒田直邦（一六六六—一七三五）。豊前守、琴鶴と号す。旗本中山直張《なおはる》の三男として生まれ、外祖父の黒田用綱《もちつな》の養子となる。後綱吉に重用され、柳沢吉保の養女を正室とする。元禄十六年（一七〇三）には下館の城主となる（一万五千石）。吉宗の時代となり、奏者番、寺社奉行、西の丸老中などを歴任。

本多忠統《ただむね》（一六九一—一七五七）。伊予守。猗蘭と号す。近江膳所《ぜぜ》藩主本多康将の次男忠恒（一万石）の嫡男として生まれる。綱吉の小姓を務め、家宣、家継時代は冷遇されたが、吉宗の代となり、大番頭、奏者番、若年寄などを歴任。徂徠の墓碑を撰した。なお本墓碑は東京都港区三田にある長松寺に隷書で「徂徠物先生之墓」と書かれたものが現存している。

なお、門人ではないが徂徠と交遊があった人物として、同じ『先哲叢談』には、
宇都宮遯庵《とんあん》（一六三三—一七〇九）。字は由的。頑拙と号す。周防の人。

安積澹泊《あさかたんぱく》（一六五六—一七三七）。字は子先、老圃と号す。常陸の人。水戸黄門格さんのモデル。

雨森芳洲（一六六八―一七五五）。字は伯陽。平安の人。長男顕允が一時徂徠に師事。
堀正超《まさのぶ》（一六八八―一七五七）。字は君燕。景山と号す。平安の人。本居宣長が師事した。
宇野士朗（一七〇一―一七三二）。字は士茹。平安の人。一時蘐園に入門するも後離れ、兄明霞とともに徂徠学批判をする。

などが挙げられる。

多くの門人のうち、春台と南郭が、「経学の春台」「詩文の南郭」と称され、徠門の双璧をなしたとされる。

まず春台の「経学」とは、いわば儒学者の本業であって、「語孟」「六経」など儒教の経典古典の注釈、あるいはこれらを踏まえた「経世済民」の政策論などをいう。春台には、例えば前者の著作として『古文孝経』『論語古訓』『六経略説』『周易反正』『聖学問答』など、経世済民論としては、『経済録』『経済録拾遺』『産語』などがある。この他第四章で引用した『三王外記』や随筆集『紫芝園漫筆』など、春台は精力的かつ多産な作家だったといえる。

春台は、信濃飯田堀藩の鉄砲組頭（二百石）太宰言辰《のぶとき》の次男として生まれた。言辰は元平手姓で、織田信長の傅役《もりやく》を務め、その非行を諌めて諌死した平手政秀の四世の孫であった。また政秀の子汎秀《のりひで》は三方ヶ原の戦いで戦死している。春台はこのような剛毅勇猛な祖先を持ったことを生涯誇りにしていた。本人も、その「人と為り厳毅端方」と評されている（『先哲叢談』）。よくいえば古武士の風があったのだろう。

その春台が徂徠へ入門する時のことである。春台は徂徠の才を試そうと、扇子に釈迦と老子が並んで立ち、孔子がそこへ平伏している絵を画いて、その賛を乞うた。徂徠はこともなく直ちに、

釈迦釈空　老子談虚　孔子伏笑

と書いたので、春台は徂徠の大なるを知り弟子になったとされている（『蘐園雑話』）。師を試すという不遜な春台ではあったが、「徠翁は極めて才を愛する人」（同）なので、春台に対し「足下ハ詩文既ニ一家ヲナセリ。経学ヲ修シタマヘ」（『文会雑記』）と言ったという。徂徠には一見してその人の長所を見抜く力があったということだろう。

入門はしてみたものの春台は徂徠に対して尊敬は保ちつつも、不満もあった。それは徂徠が「才を愛する」あまりに、「能く文才の士を容れて、礼法の士を容るる」ことがない、「其の人を取るに才を以てし、徳行を以てせず」（『先哲叢談』）と、春台には見えたからである。実際南郭をはじめとして門人の大多数は、経学には関心を示さず詩文に耽っていた。そこで春台は言う。

是を以て徂徠の門、跅弛《たくし》の士多く、其の才を成すに及ぶや、特《ただ》に文人に過ぎざるのみ。其の教然るなり。外人既に是れを以て先生を譏《そし》る。純も亦嘗て窃《ひそ》かに先生に不満とす。此れ先生の雞肋《けいろく》もて純を視る所以なり（『先哲叢談』）。

〔大意〕このように徂徠門には、しまりのないルーズな連中が多く、その才を発揮するといっても、単なる文人でしかない。徂徠門の教え方もそうみられていて、外の人々が徂徠先生を批判している。自分も以前徂徠先生に不満を持っていた。それは徂徠先生が自分を雞肋（ニワトリのアバラ骨、少々肉がついていて捨てるのは惜しいが、かといってさして美味いものではない。もともとは曹操の言葉として『後漢書』にある）のように見春台はこのように門流内で疎外感にさいなまれていた訳だが、徂徠に対しては被害妄想であっただろう。ただ門人の中では、春台の硬骨漢ぶり、その直言や圭角が、鬱陶しく思われたり、からかいの対象となったりしていたようだ。

特に平野金華とは仲が悪く、金華は会読の折に春台の論に反駁するためわざと虚談を交えて困らせたり、ある時は大部の書籍にこういう言葉があるが知っているかと架空の言葉を挙げて春台を試し、カッとなった春台が必死になって探しても見つからない。二、三日たって春台が「足下の云ひし語は見えず、何の処にある」と問うと、金華は「あれは我が腹中の語なり」といって、ないのは当り前だと春台をなぶり者にするようなこともあった（『蘐園雑話』）。それは、「春台ハ物ヲキハムルコトスキ也」（『文会雑記』）として、人と会釈する時も、これはこういう人だからこれくらい会釈するべきだと、その人の格に応じて細かく決めていたり、書物の校正なども「胡粉ニテ点ヲ消シ、墨ニテ点ヲツケ直シ、朱ノ書込、又墨ノ書込、青墨ノ批点アリ、見事」（同）であったとか、「春台はむだ咄しするなどと云ふことはなき人なり」（『蘐園雑話』）とか、その写本は「一字一画の書き損じはなかりし」（同）とか、春台が異常なくらい几帳面で融通の効かない性格であったため、「跅弛の士」としてはからかいたくもなったのであろう。

ただ春台がここで他の門人達を「特に文人に過ぎざるのみ」と批判している点は、次章において詳しくみてみたいが、彼らによって文人精神が究められ、流行し、様々な文化を生んだ功績を軽視すべきではない。

最後に特筆すべきは、春台は笛の名手であったことである。「春台ハ笛ノ曲七十計リモ覚ラレタリ」（『文会雑記』）。また能の太鼓もよくたたいた（『蘐園雑話』）とか、音楽に対する嗜好や関心が並々ならぬものであったことが窺われる。しかし、春台が笛の名手であることを聞きつけた寛永寺の法親王から、笛の演奏を所望された時、春台は「余は儒生なり。(中略)其の私嗜の末枝を以て、王門の伶人(音楽師)と為るは、余の欲せざるなり」といって断っている(『先哲叢談』)。いかにも偏屈な春台らしいが、「音楽の力」(第十一章)がわかっていないし、遂に孔子があれほど音楽に感激したこころもわかっていないといってよい。

それでは春台の「経学」について、「先王の道」に関して徂徠の考え(第十章)と対比しながら見ていくこととしよう。

まず「先王」について、春台は「先王トイフハ、伏羲《ふっき》・神農ヨリ以下、皆古ノ帝王ニテ、天下ノ君ナリ」(『聖学問答』)とする。徂徠のいう堯舜以下の「唐虞三代」の王ではないのである。

第二に、徂徠が「道」は「先王」によって制作されたものであり、「天地自然の道に非ざるなり」としている点に対して春台は、「二帝三王の道は天地自然の道にて、およそ人間の道かくあるべきすぢ」(『弁道書』)を聖人が見つけたのだとする。さらに、徂徠が「先王」が「その心力を尽くし、その知巧を極め」て制作した点について、春台は、堯舜は「多くの聖賢の人を挙げ用いて官人となし、朝廷にて僉議《せんぎ》したまひて、万事の制度を定められ候」(同)としている。これでは徂徠がイメージしていた「先王」の超越性が希薄となり、何か政府が審議会で有識者を集め、彼らの衆智を集めて制作したようになってしまっている。

第三に、「先王の道」に従っていれば民は自然に感化されるとされていた点については、春台は「先王ノ教ハ、最初勉強ヨリ始マル。勉強スルコト已《ヤ》マズシテ、習熟スレバ、後ニハ勉強ヲ離レテ自然ニナル」(『聖学問答』)としている。

いかにも「勉強」好きな春台らしい理解であるが、これを例えば徂徠が「聖人の道は、なほ和風甘雨のごときか」（『学則』）として、和やかな風、恵みの雨のように、その中にいれば自然と万物を長養するものであると説いているのと比較すると、天才と秀才の違いを見せつけられるようである。

第四に、「礼楽」特に「礼」の機能について、徂徠がそれによって「心志身体、すでに潜《ひそ》かにこれと化す」（『弁名』）として、その感化が心にまで及ぶことを前提としているのに対し、春台は心は変えようがない、また変える必要もない、礼によって変えられるのは行いだけであるとするのである。

次は古来有名な文章で、春台といえば例外なくこの文章が引用される。

聖人の道には、心中に悪念起りても、能礼法を守て其悪念をそだてず身に不善を行はざれば、君子と申候。心中に悪念の起るをば罪とせず候。若其悪念に因て礼法を犯て身に不善をなす者を小人と申候。たとへば美女を見て其色を心に愛するは人情にて候。此情に任て礼法を犯て、妄に他の婦女に戯るゝ者は小人にて候。礼法を守り情を抑て、我が妻妾にあらざる他の婦女に戯をもいはざるは君子にて候。是罪の有無は戯るゝと戯れざるとの上にて定り候。情の起る処をば咎めず候（『弁道書』）。

〔大意〕聖人の道では、心の中に悪念が起こっても、よく礼法を守って悪念を増長させず、不善の行為をしなければ、それは君子である。心の中に悪念が起こることを罪とはしない。もしその悪念によって礼法を犯し不善の行為をなす者があれば、それは小人である。たとえば、美女を見てその容色を心の中で愛するのは人情である。この人情の任せるままに礼法を犯してみだりに他の婦女にたわむれる者は小人である。礼法を守って人情を抑え、自分の妻妾でない他の婦女にたわむれの言葉もかけない者は君子である。罪のありなしは、たわむれるかたわむれないかという（外形的な行為）ことによって定まるのであって、人情の起こる所を咎めるものではない。

この文章は後に、「反徂徠」の儒者達によって糾弾される種を蒔いた。徂徠学はこのように心の修養を問わず、外面だけを重視する「偽君子」を養成しているのだという批判である。

第五に、春台は以上のように「礼楽ハ人欲ヲ節制スル道具ナル故ニ、是ヲ廃スレバ、人欲必恣《ほしいまま》ニナルナリ」(『聖学問答』)としているが、「節制」ととらえるのは「礼楽」の矮《わい》小《しょう》化に他ならず、徂徠が思い描いた「礼儀三百威儀三千」(『礼記』)という燦然《さんぜん》たる世界とは全く違って、くすんだ冷たい牢獄のような世界になってしまっている。

こう見ていくと、春台は徂徠から何を学んだのか。徂徠の方からすれば、「コイツ何もわかっとらん」と慨嘆されても仕方がないような気がする。度量の大きい徂徠だったから「雞肋」で済んだが、春台が山崎闇斎門下にあったら、必ずや破門されていたであろう。

春台には人間に対する愛情とか、やさしさ、おおらかさが稀薄だから、その文章は人を感動させる力を欠く。そして論理で打ち負かしてやろうと躍起になればなるほど、人はそれに反撥し反論したくなるのである。それはまさに徂徠が戒めたように、出来もしないことを人に押しつけているようなもので、反撥を招くだけで何の効果も生まないのである。

そのことは、両者の根底にある人間社会や人間とは何かという捉え方の差にも通じる所がある。

一つは荀子について述べた第十章でも触れたが、徂徠がイメージしていたような礼楽が燦然と輝くような祭祀共同体を春台がイメージできなかった所にあるし、今一つは、人間は非合理的な存在である、非合理であるが故に、それを導くのは「道術」であるという、リアルな人間認識を春台が持つことができなかった所にもある。

たしかに春台は「経学」を自らのフィールドとした。しかしそれは徂徠学をさらに発展させたというようなものでなく、徂徠学が内包していた、言葉あるいは論理には限界があるという人間認識を論理によって必死に証明しようとしたために、かえって奇妙な形式論理に陥り、信奉者が増えるどころか批判者を増やす結果になったともみられるのである。

ただ春台の功績として、よくその重商主義の主張、藩営産業の振興を通じて国家を豊かにし、財政を健全化する方策を説いたことが挙げられる。

春台は、対馬（朝鮮人参、貿易）、松前（蝦夷の海産物、毛皮）、津和野（石州半紙）、薩摩（砂糖、中国の物産）などの諸藩を例示して、その土地土地の特産品の奨励とそれの海外を含めての交易の活発化が、「国ヲ富ス術ナリ」としている（『経済録拾遺』）。そしてこれらは藩が、物産であれば「コトゴトク買取」り、「交易スベキ物ヲバ交易」すれば、「商人ニ売ルヨリモ利多キ」ものになるとする。

春台の重商主義は、藩営重商主義であって、一国の産業や金融といった民間部門を盛んにすることを目的としたものではなかった。その主張はいわば武士の「商人化」であって、後の田沼意次の時代には、幕府が率先してこの道に突き進むようになる。

それは徂徠が構想した、武士を知行所へ土着させ、上下の区分について精密な制度を立てることによって、幕藩体制の基礎を盤石ならしめるという考えとは全く逆方向への提言であったといえるだろう。

徂徠の提言が時代錯誤であったとするならば、春台の提言は遥かに時代適合的であった。しかし武士の「商人化」は、それによる武士のエートスの喪失を招き、結果として武家政権の弱体化につながらざるをえない。

さらに春台の流れの中からは、君臣関係まで商業的な取引行為とする儒者を生むまでになっていくのである。

古エヨリ君臣ハ市道ナリト云也。臣へ知行ヲヤリテ働カス、臣ハチカラヲ君ヘウリテ米トスル。君ハ臣ヲカイ、臣ハ君ヘウリテ、ウリカイ也。ウリカイガヨキ也。ウリカイガアシキコトニテハナシ。凡ソウリカイノコトハ、君子ノスルコトデナイト云ハ、皆孔子ノ利ヲイトウコトヲ丸ノミニシテ、ノミコミソコノウタル也（海保青陵『稽古談』）。

〔大意〕古来より君臣は市道なりという。君は臣に知行を与えて働かす。臣はその力を君に売って米にする。君は臣を買い、臣は君に売る、売買取引である。売買が良いので悪いことはない。およそ売買商行為は君子のすることではないというのは、孔子が利を厭うことを丸のみにして、実は飲み込み損っているのである。

実はこの青陵は徂徠門流である。父青渓とともに徂徠晩年の門人宇佐美灊水《しんすい》に学んでいる。また、春台の門人大塩与右衛門は青渓の師でもあった。

あるいはそれは、徂徠の学が後の儒者から批判された「功利」の学であるところからの、必然的な結果であったかもしれない。

門人は師のコピーではない。特にそれぞれの「才を愛」した徂徠の門から、様々な考えを持った門人が輩出したことは不思議でないし、徂徠も以て瞑すべき所があるだろう。ところが、この春台の門人ぶりを見ていると、彼が徂徠の意図する所をどこまで理解していたのか疑問であるし、どこまで師を乗り越えられたかも疑問である。しかし、徂徠の意図するところに刺激を受け、あるいはその書物に残された思想に触発された後進が数多く存在し、彼らがその後の日本の方向を大きく変えてきたことは否定できない徂徠の影響であろう。

そこで後世への徂徠の思想の影響について、ここで整理しておくこととしよう。

多くの根源思想家がそうであるように、徂徠もその生前より死後に大きな影響を及ぼしたといえる。その第一は、日本の国の形への影響である。

徂徠が『政談』その他で予感していたように、徂徠が生きた徳川幕藩体制の権力基盤とは、幕府が武力を掌握していることに随伴する「御威勢」によるものであって、天皇家のような権威を持つものでなく、その「御威勢」が衰えれば脆いものであった。

第七章でも触れたように徂徠は、官位が「朝廷から下さるる事」の危険を説いているが、気をつけなければならないのは朝廷ばかりでなく、東山・東海の二道を尾張藩が塞いでいることなど、「代久しく隔てば、上の御気遣いあるべきはこの方々也」（『政談』）とか、海路の締りの留意事項に「薩摩より伊豆の鼻まで二日に来る」（同）とか、徂徠は「御威勢」に影響する事柄についていくつも注意喚起しているにもかかわらず、これらは「時代錯誤」でなく、「時期尚早」であったが故か、幕府は何ら対策を打つことなく、幕府瓦解に至っている。

では「御威勢」や「御威光」でない強靭さを持った制度とは何か。それは人間が祭祀的統合を遂げた共同体である。詳しくは第十七章で見ていくが、それはその共同体の中核に「祖考を祀り、これを天に合す」（『弁名』）という、祖先と天の神と一体化させた祭祀が存在するものをいう。

具体的にそれが何かといえば、日本の天皇制である。

徂徠は説く。

祖を天とし、天を祖とし、祭《まつり》を政《まつりごと》とし、政を祭とし、神物と官物との別無し。神か人か、民、今に至るまでこれを疑い、而して民、今に至るまでこれを信ず。ここを以て百世に王たりて、今だ易《かわ》らず（『旧事本紀解の序』)。

〔大意〕(古代の天皇は)祖先を天とし、天を祖先とし、祭祀を政治とし、政治を祭祀とし、神への供物も国への租税も区別しなかった。天皇は神なのか人なのか、今に至るまで人々は中ば疑い、中ば信じている。そのため、長年君主の地位を保ち続けて、変わることがない。

この「序」は享保四年(一七一九)に記されたとされている。徂徠流の「先王の道」を確立した『弁道』『弁名』が成ったのが享保二年とされるから、徂徠はここで密《ひそか》に「先王の道」の体現者は天皇家であり、幕府でないことに気付いていたに違いない。だからこそ前述したように「御威勢」に拘《こだわ》ったのである。

しかし、この日本の「先王の道」は、幕府の「御威勢」の衰えに伴い新しい展開を見せるようになる。それが日本の「国体」であり「万邦無比」の「国体」であるということになったのが、幕末の会沢正志斎らによる「後期水戸学」、そして明治以降それを「発展」させた「皇国史観」であったといえるだろう。

第二章で述べたように、その末流によって徂徠は「汚名」を着せられることとなるが、実はその淵源の思想を種として蒔いていたのは徂徠だったのである。

なお、この「皇国史観」の培養土となった「国学」、特にその「四大人」のうち賀茂真淵、本居宣長、平田篤胤に対する徂徠の影響も深いものがあった。特に宣長の学は、徂徠の「今言は古言に非ず、今文は古文に非ず」(『弁名』)という古文辞の学を日本の古代研究に応用して、あの浩瀚な『古事記伝』となったものである(村岡典嗣「徂徠学と宣長学との関係」、『新編日本思想史研究』前田勉編、平凡社、二〇〇四年所収など)。

第二は、江戸中期における自然科学、中でも蘭学(医学)発展への影響である。

これには徂徠のいわば「物」の思想が大きな影響を与えている。「先王の教へは、物を以てして理を以てせず」（『弁道』）。そして「教ふるに物を以てする者は、必ず事を事とすることあり」（同）で、この「実学の精神」の主張が大きな刺激となった。

医学でいえば、中国思想に伝統的な陰陽二気説、五行説、五臓六腑説など、いずれも「説」であって、「物」の思想ではない。人体を解剖して実物に即して確認すれば、それが正しいのか間違っているのかなど、一目瞭然である。

日本で初めて「観臓」（解剖）を行った山脇東洋（一七〇五―六二）は、春台及び山県周南と交遊のあったことが考証されている。また東洋の残した『養寿院医則』は、徂徠の『学則』に倣ったものである。自身、「齢、強壮に及んで物子（徂徠）の書を得て読む。また道に古今有るを知りて驚喜措く無し」と、その傾倒ぶりが明らかである。

また『解体新書』を刊行した杉田玄白（一七三三―一八一七）は、晩年の随筆『形影夜話』において、次の様に述懐している。

不図徂徠先生の鈐録外書といふものを見たり。其中に真の戦といふものは、今の軍学者流の人に教る所の如くにはあらず。地に嶮易あり。兵に強弱あり。何れの時、何れの所にても、同じ様に備を立、予め勝敗を定めて論ずるものにてはなし。総て蘆原、萱原にては弓の用はなさず。雨降には鉄炮は用立ず。殊に太平の世の如く、何時にても硫黄、焔硝、鉛の類市町に買得らるゝものにはあらず。諸国乱るゝ時に当りては、鉛は出て焔硝の出ぬ国もあり、焔硝、硫黄は出ても鉛の出ざる国もあるものなり。其時は鉄炮ありても打事ならず。常に軍理を学び得て大将の量に従ひ勝敗は時に臨て定るものなりと記し置給ひたり。是を読て初て発明する事あり。是実に然るべき事なるべし。我医も旧染を洗ひ、面目を改めざれば、大業は立べからずと悟れり。

〔大意〕ふと徂徠先生の鈐録外書という本を見た。その中に、本当の戦というものは、今の軍学者たちが人に教えるようなものではない。土地にはけわしいところもあり、そうでないところもある。兵にも強弱がある。いずれの時、いずれの所でも同じように軍勢を配置しても予め勝敗を論じられるものではない。蘆原や萱原では弓は用をなさない。雨降りのときは、鉄砲は役に立たない。ことに太平の世の時のように、いつでも硫黄や煙硝、鉛の類が市場で買えるものでもない。諸国が乱れたときには、鉛は出るが煙硝の出ぬ国もあれば、煙硝と硫黄は出ても鉛が出ぬ国もあるものである。それでは鉄砲があっても、うつことはできない。常に軍理を学び、そのうえで大将の力量にしたがって、勝敗はその時その時に決まるものだ、と書いてある。これを読んで、初めて啓発された。本当にそのとおりである。われわれ医者も古い習慣を洗い去って、面目を改めなければ、大事業はできないと悟った。

なおこの「物」の思想は、徂徠の抱く人間は「相輔相養相匡相救」という共同体の中で、人々はそれぞれの持ち場において分業体制を形成するものであるから、その理想型（聖人の世）においては「棄材なし」となるというイメージと連続していることに注意を払いたい。

第三に、このことは必ずしも学界のコンセンサスにはなっている訳ではないが、筆者は徂徠の考え方が「京都ルネッサンス」を生んだ大きな要因になっているものと考えている。「京都ルネッサンス」というのは次章で詳しく記すが、十八世紀後半、京都に文化藝術の花が開いたことをいう。それを生んだものに、いわば「文人精神」というものがあり、それは徂徠の「詩文」についての積極的評価があり、これに促されて蘐園門下から南郭を筆頭に多くの文人が輩出したことが契機となっているということである。

最後に、これは徂徠だけでなく仁斎にもいえることだが、朱子学を相対化することによって日本の近代化を助けたということである。

即ち中国や朝鮮半島では、科挙制度の下で朱子学が絶対視され、十九世紀中葉に西洋の思想文物との対峙を迫られた時、日本のように「和魂洋才」などといって、物事を折衷的に視、「採長補短」することが出来なかったのである。

この差が同じ東アジアの儒教文化圏において、その後の進路を分かつ転轍手《てんてつしゅ》となった。もとより日本は中世後半より武の国となり、また古代の律令制下以降においても科挙の制を採用しなかったという条件下でのことではあるが、仁斎・徂徠らのいわゆる古学派が朱子学の相対化に果した功績を過小評価することはできないであろう。

第十五章

文人

――徂徠と南郭

十八世紀後半、年号でいえば宝暦、明和、安永、天明という時代、京都という時代から取り残されつつあるように見えた町に、文化藝術の花が開いた。絵師でいえば、伊藤若冲、与謝蕪村、池大雅、円山応挙、曽我蕭白、長沢蘆雪など日本絵画史上のビッグネームを一斉に輩出している。ちょうどニッコロが活躍していたルネッサンス期のフィレンツェに擬えて、「京都ルネッサンス」とも称される。

フィレンツェにしても京都にしても、そのような時代は歴史上、一回しかなかった。どうしてそのような奇蹟が生まれたのか。その疑問は古来多くの歴史家の探求心を刺激してきた。

イタリア・ルネッサンスについては、ヤーコプ・ブルクハルトの『イタリア・ルネサンスの文化』（柴田治三郎訳、中公文庫、一九七四年）という名著がある。この中でブルクハルトは、藝術作品としての国家、個人の発展、古代の復活、世界と人間の発見、社交と祝祭、風俗と宗教と、六つの章を設け、そのそれぞれの観点から、ルネッサンスを生んだものが何であったかについて検討を加えている。

筆者は以前よりこのことに関心を持ち、「京都ルネッサンス」を生んだものは何であったかを考え、その時代とその精神について筆者なりの思考実験の結果を一書にまとめてみた（『平安人物志――若冲・応挙・蕭白らを生んだ時代とその精神』中央公論新社、二〇一六年）。

その中で特に筆者が着目したのが、第一にその時代を生きた人々が持っていた多様なネットワークと、それを活性化させる地域社会のあり方、特に祭礼祭祀の重要性と、第二に様々な要素が絡み合って相乗的な効果を生んだ時代精神の力といったものであった。

後者についてブルクハルトが取り上げた観点からいえば、「個人の発展」に見合うものが、徂徠の「気質不変化説」（第六章）の主張であり、「古代の復活」に見合うものが、仁斎、徂徠と続く「古学」「古文辞学」（第七章）の主張であり（これは後に「国学」や「水戸学」につながっていく）、「世界の発見」に見合うものが、折しも盛んとなってきた「蘭学」や「博物学」への思想的基盤を提供したのが徂徠であり、最後に「風俗と宗教」に見合うものが、当時の臨済（特に白隠禅師）や黄檗（特に売茶翁）の名僧の輩出であり、彼らと徂徠学派の文人達との交流も見過ごせぬ重要性を持つものと思われる。

こうしてみると、「京都ルネッサンス」に及ぼした徂徠の影響ははかりしれないものがあるが、本章では、徂徠の門人の中で「詩文の南郭」と称されて、この滔々たる流れの形成に一役買った服部南郭を中心に、いかに徂徠が後世に影響を与えたかを見ることとしたい。

その「京都ルネッサンス」の始まる頃、宝暦二年（一七五二）三月、本居宣長は京都綾小路室町西ノ町にあった堀景山の塾に入門、以降五年半にわたる京都留学生活を送ることとなる。

堀景山（一六八八―一七五七）は、藤原惺窩《せいか》門下の四天王と称され名儒の聞えの高かった堀杏庵の曽孫に当り、当時広島浅野家の藩儒を務めていた。景山六十五歳、宣長二十三歳である。

この景山は享保十一年（一七二六）八月、藩主に従って東下した際、市谷大住町の徂徠宅を訪ねている。徂徠六十一歳、景山三十九歳。あたかもこの景山の歳は、徂徠が仁斎に書簡を出した歳と同じである（第七章）。こ景山は朱子学者ではあったが、徂徠の古文辞の学に深く関心を寄せ、東下の機会に面会を求めたのである。この前後、二人の間で交わされた四通の長文の書簡（「屈物書翰」という）が残されており、読むと暖かい友誼の中にも知の真剣勝負を感じさせる。

内容は徂徠の提唱する李・王両名の「古文辞」批判と、その反批判が主なテーマである。その文学論の意義に不案内な筆者がその当否を云々することは差し控えたいが、この若い新進に対して徂徠が来信に倍する返信を書いていることに、徂徠の学者としての誠実さを思わざるをえない。

この良き学問の応酬が可能であったのは、両者が「争気有る者とは、与《とも》に弁ずるなき也」（『荀子』）という姿勢を共通にしていること、共に論ずるに足る力量を互いに認め合っていることの二点であろう。第二章で触れた中井竹山や尾藤二洲などの批判とは、いかにレベルが違うかを見るべきであろう。

それからおよそ三十年、景山は押しも押されもせぬ京都の「名儒」（『先哲叢談』）となり、宣長のような諸国の俊秀を集めていたのである。

この三十年で思想界も大きく変わった。徂徠晩年からその没後しばらくの間は、徂徠学全盛期であった。

それは「徂徠学ニテ世間一変ス」（『文会雑記』）といわれたほどであったが、流行すればその末流が軽佻浮薄に陥ることも古今を問わない。もともと徂徠自体が闇斎のような厳格主義《リゴリズム》を嫌い、それぞれ人が生まれ持った個性を大切にするという考え方であったから、その教えを良しとして悪乗りする門人も多く輩出した。「蘐門ノ学士ハ経学ハ訓詁ノミニテ、文章ヲノミ専ラトスルユヘ、放蕩無頼ノモノ多シ」（同）などともいわれるようになった。

この「経学ハ訓詁ノミニテ、文章ヲノミ専ラ」としたのが服部南郭である。そこには南郭なりの覚悟があった。

服部南郭は、天和三年（一六八三）京都の商家の次男として生まれた。家業は絹問屋ではなかったかと考えられている。父の元矩《もとのり》は歌を北村季吟に、連歌を里村家に学んだ人で、母の吟子は蒔絵師としてまた歌人としても名の高かった山本春正の娘であった（以下南郭の考証は、日野龍夫『服部南郭伝攷』ぺりかん社、一九九九年による）。南郭は生い立ちから濃厚な京風文化、王朝文化の洗礼を浴びているのである。

父親を失った後、十三歳の時に江戸に下り、元禄十三年（一七〇〇）柳沢吉保に「歌ト画トノ藝ヲ以テ」（『文会雑記』）召し抱えられることとなる。

即ち、南郭の柳沢家での使命は主君の歌会出席へのアシストである。吉保は、古今伝授を受け、当時歌道の第一人者であった北村季吟を京都から招くなど、この面でも熱心であった。

南郭が徂徠に入門するのは、正徳元年（一七一一）二十九歳の頃とされている。既に徂徠の蘐園には続々と俊秀が集まってきていた。徂徠とは、柳沢家仕官時代に歌会で同座するなどそれなりに面識があったが、あらためて南郭が徂徠門に入った理由は何か。

それを一言でいえば、「唐話」がブームとなりつつあり、その最先端に徂徠がいたということであろう。そして当初南郭は蘐園社中において「経学」も「詩文」も合わせて学びたいと思っていたように思われるのである。

ところがある事件以降、南郭は「詩文」に自らの行く道を限定してしまう。

そのことを窺わせるのは、『蘐園雑話』の次の記事である。

南郭公儀の事を漢文にして書きしが、此事にて殊の外難儀ありし故、是より一向経済を云はず、詩文ばかり専にせられしなり。

吉保退隠後の柳沢家中での出来事であろう。南郭の文章が何らかの折に藩の重臣の眼にとまり、「これは御公儀を批判するもので、柳沢家臣としてあるまじき行いである、ただでさえ前朝の寵臣として柳沢家には厳しい眼が向けられている、身を謹まねばならぬ時期なるぞ」などと、厳しく叱責されたのではないか。南郭は吉保には「先侯の恩、山高海深」（柳沢淇園宛書簡）と記しているほど感謝しているが、吉里以下の次代の柳沢家からは冷眼視されていた。

正徳四年、吉保没、享保三年、柳沢家致仕。その後の南郭は「文人」として生きていくことになる。ここで南郭の「詩文」とは、漢詩と漢文による文辞である。今日でも漢詩といえば唐詩、中でも李白、杜甫、そして白楽天などがその代表者と、当り前のように考えられているが、その「常識」を作ったのが南郭といってよい。彼が校訂した『唐詩選』（享保九年刊行）は、唐話ブームとともに当時漢詩ブームも引き起こし、南郭は文壇の寵児となっていった（この『唐詩選』は生前に四回も刊行されている）。それは徂徠が政治ばかりでなく文学や藝術も、それまでの道学的規範からの自由を説いたことから生まれてきたものであった。この流れは十八世紀後半の文人、文人精神、文人画などにつながっていく。

もとより文人といっても、日本の文人は、中国の文人のように科挙官僚が余暇に文事に游ぶといった存在ではない。そのような中国的視点からは、おそらく評価の低い、いわば「職人的」文人である。しかし「文人精神」を会得すれば、それは元祖を超える高みに達することができる。蕪村の絵画などその好例ではないかと思う。

当時人口に膾炙《かいしゃ》した南郭の詩をここで引用しておこう。

夜　墨水を下る

金龍山畔　江月浮ぶ
江揺《ゆら》ぎ月湧いて金龍流る
扁舟住《へんしゅうとど》まらず　天水の如し
両岸の秋風　二州《じしゅう》を下る
（『蘐園録稿』）

墨水は隅田川、金龍山は待乳山《まっちやま》、二州は武蔵と下総、杜甫の「旅夜書懐」と李白の「峨眉山月歌」を踏まえている。何となく何処かで見たような詩だなと思うのは、そのためである。

このような虚構の世界、「模擬剽窃《ひょうせつ》」といってよい世界への逃避は、儒者としての責任放棄、より悪しざまにいえば堕落ではないのか。

南郭自体、「今太平ナレバ、モハヤ礼楽ニモ及バヌコトナルベシ」（『文会雑記』）と放言していたという。従って春台などから見れば、それは徂徠が生涯をかけて目指した天下国家の学「経学」を蔑《ないがし》ろにする態度に見えたのであろう。

徂徠没後、両者は徂徠の遺稿集編纂をめぐって対立し、蘐園は間もなく分解してしまう。しかし皮肉なことに、その種は実は徂徠によって蒔かれていた、その必然的な結果であったともいえるのである。即ち、徂徠によって政治と道徳は分離され、治者あるいはそのブレインである儒者が個人の身の修養に努める必要がなくなったからである。

もしそうであるならば、「詩文」に自らの才を懸けることの、どこが悪いのか。

徂徠の主張の実践者は、春台であるよりはむしろ南郭であったといえる。そして「経学の春台」が、師を超えることができなかったのと異なり、「詩文の南郭」は、徂徠の「出藍」の弟子となったように思われる。

文化・藝術の重視、文人精神の涵養という考え方は、徂徠から提供されたものであった。

第一に、徂徠が強調したことは、「人情」の重視である。「人情」のわからない者に、「先王の道」がわかる筈がない。だからその「人情」を知るために、古典、特に『詩経』や『書経』に学び親しめというのだ。


先王の道は、人情に縁《よ》りて以てこれを設く。いやしくも人情を知らずんば、いづくんぞ能く天下に通行して、窒碍《ちつがい》する所あることなからんや。学者能く人情を知りて、しかるのち書の義は神明変化す。故に詩を以て義の府となす者は、必ず書を併せてこれを言ふのみ。これ先王の教への、妙たる所以なり（『弁名』）。

〔大意〕先王の道は、人情に基づいて設計されている。従って人情を知らずして、どのように天下にあまねく行われ、途中で行き詰ったりすることがないようにできるだろうか。学ぶ者はよく人情を知り、知れば『書経』の意味も神秘的な働きをして応用可能となる。従って『詩経』を義の倉庫とする時は、必ず『書経』を合わせ用いるのである。これが先王の教えのはかりしれない妙所である。


これを、文学の道徳からの独立と、狭く解することはない。「詩書」だけでなく、広く「礼楽」も含めた「先王の道」、換言すれば人間社会の文化の体系全体についていえることなのである。

南郭に「詩文」の文章法を説いた『南郭先生燈下書』なるものがある。そこで南郭は「人情」について次のように言っている。

詩人の情は左にはあらず。益なき事は我もしりて思ひかへし〳〵すれとも。ひたと心にかゝり。悲しみ憤りも出候余り。其情を詠歌して、せめて君親の万一も思ひかへし。人もあはれと感する様に。諷諫にも用ひ候事。是則風雅の情にて候。又たとへは友なとに別るゝ時。平生の好《よし》みを思ひ出。別後の恨うさをなけき。共に涙を流してあはれを述るなと云様の事。宋以後理学計の目よりは。手ぬるき児女子の様に見え候事なれとも。そのすなはち風人の情にて候。

〔大意〕詩人のこころとはそういうものではない。思い返しても益のない事だということはわかっていても、いつまでもこころに止まっていて、悲しみや憤りが湧き出てきて、そのこころを歌や詩にして、せめて君や親の恩の万分の一でも思いかえして、人も同じ思いを感じるように歌や詩で諷諫に使うような事も、風雅のこころといってよい。また、友人と別れる時に、これまでお互いに親しみ睦み合ってきたことを思い出し、別れた後の憂さを嘆き、一緒に涙を流して同じ気持ちを話し合うような事は、宋以後の朱子学の眼から見れば、何とも手ぬるい女子どものすることのように見えるものだけれども、それが即ち風雅のこころなのである。

「人情」を追求していくと、このようになっていくのである。

景山の代表作に『不尽言』がある。徂徠の『徂徠先生答問書』のように問答形式で自論を述べている。

人情に通じ諫めを容れ用る事、人君政治の肝要なる事と仰せらるゝ事、至極の卓識と感入候。聖人の教は近くにいはゞ人情に通ずるまでの事也。今の世の経生儒者などは、人情に遠く世間の事に不案内なるを、向上にして殊勝なることと心得、（中略）大きなるはきちがへかと思はるゝなり。儒者の業は、古聖賢の書を読み歴史に達すれば、世常凡常の人よりは格別に能く人情に通達せねば叶はずはずの事也。

〔大意〕人情に通じることと、諫言を容れて用いる事は、政治の一番大切な事だとおっしゃっているのは、全く卓見であると感じ入っています。聖人の教えをわかりやすくいえば、人情に通じるまでの事です。現在儒書を研究したり人に教えたりしている人は、人情に遠く、世間のことに不案内であることを高尚で殊勝なことと心得たりしていますが、（中略）大きなはき違えと申せましょう。儒者の仕事とは、古えの聖人・賢人の書を読み、歴史を学ぶ所にあるのですから、むしろ世間の人一般の人よりは格別に人情に達していなければ、勤まるものではないのです。

次は景山を師とした宣長の「人情」論である。

おほかた人はいかにさかしきも、心のおくをたづぬれば、女わらはべなどにもことに異ならず。すべて物はかなくめゝしき所多き物にて、もろこしとても同じ事なめる（『石上私淑言』）。

〔大意〕大体において人間はいかに賢いものであっても、こころの奥を探ねてみれば、女子どもなどと特に違うところはなく、すべてもろく儚いそして女々しいものなのであって、それは唐土であっても同様である。

徂徠─南郭師弟と景山─宣長師弟とは、誠に相似形となっているのである。

第二に、徂徠が強調したことは、個性の発揮、徂徠の言葉でいえば「気質」は変化しないということである。第六章で引用したように「米は米にて用にたち、豆は豆にて用に立」（『徂徠先生答問書』）つものなのである。そして「人に強ふるに人の能くせざる所を以てせば、その究《きわみ》は、必ず、天を怨みその父母を尤《とが》むるに至る」（『弁道』）ものなのである。

この最後のくだり、今日の教育を考える人々、それに携わる人々によく読んでほしい所である。特に学校教育の均一性（共通〇〇試験）、平等性（機会均等）、強制性（「義務」教育）などが、「人の能くせざる所」を「人に強」いているのではないか。誰もが「高等」教育を受ける必要などないのではないか。「学級崩壊」「いじめ」「落ちこぼれ」「引きこもり」などの生まれる真因がここにある。そして、自分達をそうしてしまったのは、世の中が悪い、学校が悪い、先生が悪い、父母が悪いと、他者を「怨み」「尤《とが》める」のである。「人の能く」する所を伸ばすことこそ教育であろう。

第三に、徂徠が強調したことは「藝に遊ぶ」ことの正当化である。

これは「道に志し、徳に拠《よ》り。仁に依り、藝に遊ぶ」（『論語』述而篇）という孔子の言葉について朱子学では、「徳行は本也、文藝は末也」とされていることに対し、徂徠は「夫れ六藝は、聖人此れを設けて、以て人の徳行を養ふ、学ばざるべけんや」（『論語徴』）と反論している。「藝」＝「六藝」＝「先王の道」の具体的項目とする徂徠にとっては、「藝」は末どころか、「徳行を養う」最も大切な「物」だからである。また、同じく『論語』の「汎《ひろ》く衆を愛して仁に親しみ、行いて余力あれば、則ち以て文を学ぶ」（学而篇）の評釈においても、次のように説いている。

夫れ文は詩書礼楽の文を謂ふ。先王の教へなり。此れを学ばざれば、則ち上の数者有りといへども、未だ郷人と為るを免れず。何を以てか能く君子の徳を成さん哉。あに之を末なりと謂ふを得んや（『論語徴』）。

〔大意〕ここで文とは詩書礼楽の文のことである。先王の教えである。これを学ばなければ、上に掲げた徳目（孝、悌、信、仁）がいくつかあったとしても田舎者たるを免れない。それ以外に何によって君子の徳を形成することができるのか、どうして文を末ということができるのか。

なお「藝に遊ぶ」について徂徠は、「遊」ぶとは旅行のようなもので、時に「我が耳目を娯《たの》しましめ、その意智を発すべし」（『論語徴』）、楽しいだけでなく、いろいろなアイデアが生まれるものだとし、また「遊ぶ」ことあれば則ち「息《いこ》ふ」ことありとも言っている。ただ一心不乱に突き進むのではなく、時に一息いれてボヤッとのんびりする時間も大切だというのだ。味わい深い言葉ではないか。

最後に、徂徠が根本に持っていた世界観も、藝術や文人精神の培養土となるものであったと思われる。

　天地も活物。人も活物に候故。天地と人との出合候上。人と人との出合候上には。無尽之変動出来り。先達《さきだっ》而《て》計《はかり》知《しり》候事は不成物に候。愚かなる人はたま〳〵一つ二ついたしあて候事候へば己が智力にてなし得候と存候へ共。左にては無御座候。皆天地鬼神の助けにて成就いたし申候事に候。其人智人力のとゞき不申場にいたり候ては。君子は天命を知りて心をうごかさず。我なすべき道を勤候故。をのづから天地鬼神のたすけを得候に。をろかなる人はわが智に見え不申候故。疑ひ生じ心を専らにしてはげみ候事なく。つとむる力よはり候故。其事破れ候て成就いたし不申候（『徂徠先生答問書』）。

〔大意〕天地も活物、人も活物ですから、天地と人との出会いや、人と人との出会いの時には、無限の変動が起こり、前もってそれをはかり知るというようなことはできるものではありません。愚かな人は、偶然に一つか二つ見込みどおりに物事が運びますと、自分の知力でなし得たことと思いますが、そのようなものではありません。みな天地鬼神の助力でできたことです。そのような人間の知力の及ばないところに至ると、君子は、天命を知って心を動かさず、自分のなすべき道をよく知って勤めるので、自然に天地鬼神の助力を得ることができます。愚かな人は自分の知力ではわからないので、疑いの心が生まれ、心を専一にしてはげむこともなく、努力することがありませんので、そのことも結局成就することはありません。

天地も人も無限の変動を生む。従って予め結果を予測することなど出来ないというのが第一点。だからこそ人は何事にもよらず努力をし、大勢の心を一つにするために目出度いしるしを得て、その成就を期さねばならないというのである。これを「開物成務」という（原典は『易経』にある。開成高校の名称のいわれ）。

もう一つは、「人と人との出合」の「無尽之変動」。まさに文化藝術を生む人と人とのネットワークの大切さを説いているのである。拙著『平安人物志』で強調したのが、まさにこのことであった。当時売茶翁、皆川淇園、妙法院宮真仁《さねひと》法親王、六如《りくにょ》上人などを中心とした文化サークル、龍草盧の幽蘭社に代表される漢詩結社など、様々なネットワークが生まれ、そこに集う人々は刺激し合い、競い合い、新しい文藝を創り出していったのである。

以上のように文化・藝術を育み養う思想は、徂徠から十分に提供されたものであった。その思想の最も忠実な実践者が南郭であったといえる。

南郭はその人となりも、「風流温藉《おんしゃ》」（『先哲叢談』）、即ち風流で度量が広く包容力に富んでいた。そういう人だから「藝苑の士、雅慕せざる者莫《な》し。その来りて束修《そくしゅう》を薦《すす》むる者甚だ衆《おお》し」（同）、入門を求める者も引きも切らなかった。従って、一年に「金百五十余両を得」（同）るくらいの収入を得、風雅で安定した生活を営むことができたという。最後の点、「二百石は士の常禄なり。二百石なる能はざれば、即ち出でては以て士の事を行ふに足らず」（『先哲叢談』）と豪語して、それに見合う仕官の道を生涯得ることの出来なかった春台と好対照をなしている。

そして南郭は宝暦九年、七十七歳で亡くなっている。景山より五年早く生まれ、二年遅く没したことになる。

以上、徂徠の思想が南郭を筆頭とする門人にいかに受容され、彼らの活動を通じて、おそらく徂徠が思っていた以上に、後の文化・藝術の盛行に深い影響を与えてきたかについて述べた。

実はこのことは、今日の日本経済社会へも数多くの示唆を与えるものではないだろうか。即ち、近年における経済環境の大きな変化、中でも中国を筆頭とする新興国群の目覚ましい経済成長と経済社会のデジタル化の急速な進展は、日本企業の成長モデルを陳腐化し、その競争力は著しく低下している。このような環境の変化に対応していくためにまず求められることは、その生む財・サービスの付加価値を高めることであり、それには藝術と正面から取り組み、その力を借り、生かしていくことである。そのような思いからまとめたのが拙著『藝術経営のすゝめ』である。詳しくはそれに拠っていただきたいが、本章で見たような藝術・文化を生み、育む条件とは何か、それを組織内にどのように涵養するか、その思想と方法論についての徂徠の議論は、「藝術経営」の実践に数多くの示唆をわれわれに示しているのではないかと考えられるのである。

第十六章

中興気象なし

——徂徠と吉宗

徂徠の数多い著作の中で、現代の日本人に最もよく読まれているのが『政談』であろう。

単行本として、岩波文庫『政談』辻達也校注、東洋文庫『政談』平石直昭校注（服部本とされるもの、本書の原文の引用はこれによる）、講談社学術文庫『荻生徂徠「政談」』尾藤正英抄訳、講談社まんが学術文庫『政談』原作荻生徂徠、まんが近藤たかし、が刊行されている。なお、尾藤抄訳本の帯には「悪魔の統治術か。近代的思惟の先駆けか。江戸の〈病理〉に立ち向った、日本近世思想史の巨人による政策提言集」とある。

『政談』は八代将軍吉宗の諮問に対して認めた建策書である。それを一言でいえば「享保国家大改造計画」であろう。享保十一年（一七二六）頃に成ったとされる。徂徠の死は享保十三年の正月十九日だから、まさに最晩年の著作である。全四巻、国の卜《しま》り（第一巻）、財の賑《にぎわい》（第二巻）、人の扱（第三巻）、雑（第四巻）と漢字仮名交りの和文で書かれている。国の政治・経済から社会全般にわたる諸課題に対して、徂徠の犀利《さいり》な現状認識からそれぞれの処方箋に至るまで実に丁寧に説き起こしている。そこに見られるのは、体制に対する強い危機意識と、常に全体を見据える大局観である。

徂徠自身、「老眼悪筆にて認め侍るなり。（擡頭）上覧にも入たらん後は火中有度事也」としているくらいだから、秘書中の秘書であった筈である。

しかし、『政談』は火中に投ぜられるどころか、徂徠没後から弟子の間でその存在が密かに語られ、宝暦の頃からその写本が流通し始め、天保年間には木活字版が刊行され、その後も江戸末期にかけて数度にわたり出版されている（尾藤抄訳本の高山大毅解説による）。

本章においては、『政談』がこのように江戸時代から今日に至るまで、よく読まれている理由は何か、今日においてその持つ意味はどのようなものかについて考えてみたい。

内容にわたる前に、幕府中興の祖とされる吉宗について簡単にふれておく。

八代将軍吉宗（一六八四―一七五一）は、第二代紀州藩主徳川光貞の四男として生まれた。生母はおゆりの方、一説に巡礼の娘であったとされる。宝永二年（一七〇五）に長兄綱教（三代藩主）、次兄頼職《よりもと》（四代藩主）が立て続けに死去（光貞次男は早世）したので、吉宗に藩主の座が回ってきた。

そして享保元年、七代将軍家継が八歳で病死して、徳川宗家の血統が絶え、吉宗が将軍襲職する。この時御三家には、三人の候補者がいた。尾張の継友、紀州の吉宗、水戸の綱条《つなえだ》である。家康からみると継友は玄孫、吉宗・綱条は曽孫に当る。家柄では御三家筆頭の継友、年齢では綱条にそれぞれ長があり、一方吉宗には生母の身分というハンディがあった。しかし六代将軍家宣の正室天英院（近衛基熙の娘熙子）と幕閣首脳のコンセンサスで吉宗に決まったとされている。

吉宗は身長六尺余りで、色黒精悍な容貌であった。将軍が病弱では務まらない。これが第一の理由。もう一つは、既に紀州の治世で名君との評判が立っていたことが決定打になった（吉宗の紀州藩主時代は十二年に及ぶ）。

例えば、第四章で触れたが、宝永四年の南海トラフ沿いのプレート境界で起こったマグニチュード八・六と推定される大地震では、紀州の沿岸一帯にも大津波が押し寄せ、その高さは熊野灘側で一〇メートル、紀伊水道側で六〜七メートルに及んだとされる（倉地克直『江戸の災害史』中公新書、二〇一六年）。

藩主となって二年目である。吉宗は被災者への救恤《きゅうじゅつ》活動と地域の再建に全力を挙げて立ち向った。復旧に要する巨額の財政支出を賄うため、自ら率先して質素・倹約を励行し、また治水などのインフラ整備、新田や用水の開発などの生産性向上に努めた。

もう一つ紀州藩主時代のエピソードを紹介しておきたい。宿直の藩士が勤めを怠って朝帰りをしたという事件があった。その上司が厳罰に処すべしと上申したのに対し、この者が武藝に熱心であることを聞いて、吉宗は「世に全徳の人は得がたし。一失あれば一得あり、一善あれば一過はゆるすべきなり」として、この者によく言い聞かせるようにとこの上司に指示している。この一件を見ても、吉宗がリーダーたるにふさわしい資質を持っていたことは明らかである。

このような生まれついての将軍候補でない男に、偶然と強運が重なり（これも徂徠流にいうならば「天の寵霊」であろう）、将軍の座を射止めたのだ。しかも、実務経験、即ち紀州藩という一箇の経営体をマネージした経験があるということだ。これは強い。

吉宗が将軍になって第一にしたことは、それまで幕権を牛耳っていた側用人間部詮房と顧問役の新井白石を解任したことである。そして、御用取次、小姓、小納戸頭取など将軍側近を紀州藩士で固めた。御用取次として幕政の中心を担ったのが、加納久通と有馬氏倫《うじのり》である。ただこの二人は石高も一万石であり、かつての柳沢吉保や間部詮房のように権勢をふるった訳ではない。一方吉宗は自らの将軍擁立に功のあった（「援立の臣」と呼ばれる）老中は厚遇した。

この吉宗政権の樹立、詮房・白石の罷免という状況の中で徂徠は何をしていたのか。従来注目されているのが、この時期に本多忠統と黒田直邦という徂徠門の二人の大名が徂徠を訪問していることである。「徂徠先生親類由緒書」には、「学術之儀ニ付」と書かれているが、もっと生臭い話で来たのではないか、そして徂徠の政策提言「太平策」がこれを機に書かれることとなったのではないかという推測である。綱吉時代に重用された本多・黒田は家宣・家継時代は髀肉《ひにく》の嘆をかこっていた。今こそ我らの出番なりと、徂徠にも何か働きかけたのではないかというのだ。しかし、本多・黒田が吉宗政権で重職に就くのはかなり先のことであり、この時点でそこまでの話にはなっていなかったであろうとの丸山眞男説（「太平策」考）が当っているであろう。

当時徂徠の盛名は日増しに高くなっていた時期だから、吉宗も徂徠のことは耳にしていただろうし、吉保の下で綱吉の儒学好きに付き合わされていたことくらいも知っていたであろう。

しかし、吉宗が本格的に徂徠の意見を聞いてみたいという気持ちになったのは、享保六年の『六諭衍義《りくゆえんぎ》』刊行の一件からではなかったかと考える。それは、この事件を通じて吉宗が、徂徠の見識の高さや気骨の太さを認めることとなったと思われるからである。

吉宗は「武」以外の手法で民を統治するには何をしなければならないかを考えた初めての将軍ではないかと思う。これに比べれば綱吉の「文治主義」など、単なるポーズもしくは自己満足であり、その視野に民など存在していない。

その将軍の意図を明白に示したのが、いわゆる『六諭衍義』刊行問題であるだろう。

「六諭」とは、文字通り六つの諭し言、明の太祖洪武帝朱元璋が道徳の基本を民に示すことで、社会の底辺から秩序を安定させようとした努力である。もとは「聖諭六言」といい、次のような簡単なものである。

父母に孝順なれ
長上を尊敬せよ
郷里に和睦せよ
子孫を教訓せよ
おのおの生業に安んぜよ
非違をなすことなかれ

ごく常識的なものではあるが、このようなことを皇帝自らが教えを垂れ（「諭する」）たのは洪武帝を以て嚆《こう》矢《し》とする。

この考えはその後代々の皇帝にも受け継がれ、王朝が清朝に交替して以降も続いた。またこの趣旨を平明に解説し、故事や法令なども加えて民の便ならしめることを目的とした本もいくつか出版された。そのうち最も普及し半ば国定教科書のようなものとなったのが、明末の学者范鋐《はんこう》が編んだ『六諭衍義』である。「衍」は「敷衍」の衍である。

この『六諭衍義』が、享保四年、薩摩島津氏より、清朝の政令や風俗事情をまとめた文書とともに幕府に献上されたのである。島津氏はこれを当時「両属関係」にあった琉球国経由で入手したとされる。

綱吉だったら、これに何の関心も示さなかったであろうが、吉宗は違った。吉宗は既に紀州藩主時代から藩儒に明律の研究をさせるなど、この分野のいわば先学であったからである。

そこで吉宗は幕府の儒官として登用されていた室鳩巣にその翻訳を命じ、鳩巣はそれを三冊にまとめて仕上げた所、吉宗の満足のいくものでなかったため、徂徠にそのお鉢が回ってきたのである。

何故吉宗が満足しなかったかは、『衍義』が白話文即ち中国の俗語で書かれているので、鳩巣が十分に理解できなかったからである。

実は吉宗は鳩巣の作業進行中に、「かの国の俗語」をよく解したものにさせた方が良いのではないかと鳩巣に下問し、これに対し鳩巣は岡島冠山と深見玄岱父子を推している。冠山は長崎の人で徂徠も一時唐話を習っていたことがあるが、「放蕩の人」（『護園雑話』）との評もあり、あちこちでトラブルメーカーとなっていたような人物である。また玄岱は既に高齢であり、この件のあった翌享保七年に七十四歳で没している。もともと唐通辞の家に出て医や儒に通じ、宝永七年幕府儒官となっている。子の有隣とともに『大清会典』の和訳に携わった。しかし、いずれも俗語に通じているといえばいえる。しかし吉宗は鳩巣の提言を退け、徂徠に訓点を正確に付けるように下命した。文章は内容がわかっていなければ読めない（訓点をつけられない）からである。

それにしても鳩巣の冠山・玄岱父子推薦には底意地の悪さを感じる。徂徠と自分との力量の差を自覚するが故に、かえって反感を持ったのであろう。

徂徠の訓点を一目見て吉宗は満足した。そしてこれを刊行することとしたいとの上意が下された。

ここからが徂徠らしい所である。

徂徠は、その刊行に反対したのである。それは、そもそもお上からこのようなものを押しつけて本当に効果があるのかという疑問である。「古聖人の道に孝悌を教ゆる事を第一に云へるも、儒者抔に講釈をさせて民に聞せて、民の自心より発得して孝悌になる様にすると心得るは、大きなる誤也」（『政談』）。こういう考え方が根本にあるから、これを出版して最終的には寺子屋に至るまで普及させようなどという考え方を徂徠が採る筈がない。

徂徠の反対には、もう一つ理由があった。それは、この『六諭衍義』をお上が刊行、特に官板として上梓することは、日本が中国の属国視されかねないのではないか。両属関係にある琉球ならまだしも、日本の国体上宜しくないという考えである。

しかしこれは吉宗の聞き入れる所とならなかった。そして「序文を惣右衛門（徂徠）相認むべし」との上意が下された。徂徠は自分の意見が聞き届けられず「口惜しい」が、上意なので従わざるを得ないとして序文案を提出する。

しかしそこでも、徂徠は抵抗する。

序文が「御上」から仰せ付けられたのではない様な書き方が必要だし、徂徠へ序文を書くようにという下命も認むるに相応《ふさわ》しくない等の主張である。

最終的には徂徠も折れて序文を書くのだが、文中に清室をもって「胡清」とするとか、「清主」と記して「清帝」とは記さないなど、あくまで清にわが国が琉球のような朝貢国だとツケ入る隙を与えないような書き方を貫き、また卑賤の者のためになる文書だが、もともと唐船が持渡ったものではなく、また類書がなかったので板行することにしたといった趣旨を暗に示すなどの改修を加えて、その仕事を終えている（この項中村忠行「儒者の姿勢」に依る所が大きい）。

この間鳩巣は何をしていたか。例の翻訳を続け、ほぼ同時期にその完成稿を上呈しているのである。これは後に『六諭衍義大意』として広く流通した。通俗的な判りやすさという面では鳩巣にも長所があったからであろう。

等しく儒学者といって、頭の中が「四書五経」で一杯になっているような人物でも、誰もが人格者である訳でも、大人物である訳でもない。大切なことは、何を行動の基準としているかである。

この『六諭衍義』の一件で徂徠の大きさを知った吉宗は、腹心を通じて当時の治世に対する建言を求めたのではなかったか。訓点の下命があったのは、享保六年の九月であり、翌七年の二月には、徂徠は「御書物御用」と「御隠密御用」、合わせて有馬氏倫宅に毎月三度出頭するよう仰せつけられている（この点で平石氏は、徂徠への治道に対する諮問の褒賞として『六諭衍義』がカムフラージュに使われたという興味深い説を述べておられる。前掲書参照）。

この「御書物御用」と「御隠密御用」の内容がどのようなものであったかの記録はない。そして、月三回の有馬宅への出頭がどの程度頻繁になされ、またそこで何が話されていたかの記録もない。しかし、その「御用」と「出頭」の成果物が『政談』であり、そこに触れられなかった事があったにせよ、有馬邸での議論の多くがここに書き留められたことは疑いを容れない。享保十二年の四月一日、徂徠は江戸城において吉宗に拝謁の栄に浴することとなった。陪臣の儒者として破格の栄誉であった。

『政談』巻一は、「国の卜《しま》り」について記されている。徂徠の眼はまず、眼前の、即ち享保年間、十八世紀初頭の江戸、その政治社会、人々の姿に注がれ、それが「卜り」のない状況という評価をする。

盗賊追剝が横行している。それを取締るべき与力同心が賄賂を取って私曲を働いている。江戸という大都市はスプロール化して、地方から大勢の人が集まってくる。その多くが武家屋敷や商家の出替《でがわり》奉公人である。彼らの中に主人の金品を持ち逃げ（取逃《とりにげ》）したり、使い込んだり（引負）する者も多い。これはもともと戸籍（人別帳）を確《しっか》りと整備・運用していないことから起こるのである。また居所を変えたり旅行したりする際に必要な路引（道中切手）も、今やあってなきが如しの往来自由である。このような粗い網の目からこぼれて、浪人、山伏、遊女、乞食等々が市中に混在し、「武家の妻娘も傾城野郎の真似をして恥ということを知らず」と風俗上も宜しくない。武家屋敷も位や役職の違う者どもが混在してしまったので、それぞれ自分勝手になって（「面々構《めんめんこう》」）、他家のことや地域のことなどに無関心となっている。また譜代の家臣もコストがかかるしめんどうだということで減らし、一年切りの出替奉公人を雇うか、必要に応じてプロ（例えば米舂《こめつき》）などを調達したりしている。元来武家は軍役を担う者であるにもかかわらず、譜代の臣がいなくて、いざ戦さになったらどのように闘うのであろうか。

要約しすぎたかもしれないが、以上が徂徠が見た江戸の実相である。

江戸開府からちょうど百年を経て、世の中はこうも「トり」なく変わってしまったのだ。その変化の根底には何があるのか。

まず第一に、武士が知行所から切り離されてしまったことである。徂徠はそれを「旅宿の境界」という言葉を使って説明する。

先第一《まずだいいち》、武家御城下に聚《あつまり》居《お》るは旅宿也。諸大名の家来も其城下に居るを、江戸に対して在所といへ共、是又己が知行所に非ざれば旅宿也。其子細は、衣食住を初め箸一本も買調ねばならぬ故旅宿なり。故に武家を御城下に差置時は、一年の知行米を売り払ふてそれにて物を買調へ、一年中に使切る故、精を出して上へする奉公は、皆御城下の町人の為になる也。

〔大意〕まず第一に、武家が江戸のご城下に集まって暮らしているのは旅宿、旅行先でホテルに泊まっているようなものである。諸大名の家来も、その大名の城下にいるのを、江戸に対して在所《ざいしょ》と称してはいるが、これもまた自分の知行所ではないから、旅宿である。というのも、衣食住をはじめ、箸一本でも必要な物はみな買いととのえなければ暮らせないわけであるから、これを旅宿というのである。そういうわけで、武家が江戸で暮らすということは、一年分の知行米を売り払って、その代金で必要な物を買いととのえ、一年間で使いきってしまうのであるから、武士が精を出して主君のためにする奉公は、みな町人の利益になるばかりである。

「箸一本」まで買わねばならぬ状況に置かれてしまった結果、その「奉公」は町人を太らせるためにしているようなものになってしまったというのだ。

武士が知行所に住まなくなったのは、田舎にも悪い影響が出ている。

田舎のトりといふは、昔は在々に武家満々たれば百姓共我儘ならず。百年以来、地頭知行所に不住《すまざる》故、かしらをおさるる物なくて、百姓殊の外に我儘に成たり。御旗本の武士小身者なれば、自身不住しては江戸よりは知行所の仕置する事ならず。代官抔遣すも、小身者の家来若党風情の者なれば、何の用にも不立。

〔大意〕田舎の締りというのは、昔は在所在所に武家がいっぱいいたから、百姓も好き勝手なことはできなかったものである。この百年以来、領主が知行所に住まなくなったので、頭を押さえる者がいなくなって、百姓が非常に勝手気儘になっている。旗本の武士が小身であると、自分の住んでいない知行所を江戸にいて治めてゆくということはできない。代官などを派遣してみても、小身者の家来で若党風情《ふぜい》の者であるから、何の役にも立たない。

それが若き徂徠が南総で見聞してきたことである。

では逆に、武士を知行所に置けばどういうメリットがあるのか。

第一は、「衣食住に物入らぬ故、武家の身上直るべし」。また「男も野広く方々かけありけば、手足も丈夫に成べし」。また「平生隙《ひま》なれば、武藝並学文も外の慰《なぐさみ》なければ江戸よりはよかるべし」。そして「山川をかけありき、国中の地理をも知り、険阻にもなれ、川近き所にてはをよぎ水練も仕習ひ、物ごとに武士のわざ、巧者に成べし」と、いいことづくめである。
そして今は自分は城下にいて知行所は離れているから、その土地には馴染みもなく思い入れもないから、ただ百姓に対しては年貢を取ることばかりを考え、百姓の方も領主がそういう心だから武士を年貢をとるだけの人と考え、双方で年貢を「取られじ取らん」と、あたかも仇のような対応をすることも多い。これが、

不断に我住所にて見馴聞なれする時は、愛憐の心自然と生ずるは人の心也。又自然と親類も出来る物也。如何様の人にても左様になれば、百姓をさのみむごくはせぬ筈の事也。武家を知行所に差置事、如此徳有て、甚宜敷事也。

〔大意〕ふだんから在所で見なれ聞きなれしている百姓に対しは、慈愛や憐れみの心が自然に生ずるのは人情である。また（在所の人々と結婚したりして）自然と親類も出来るものである。そうなればいかなる人でも百姓にそれほどむごいことをする筈はない。武家を知行所におけば、このような利益があり、甚だ好都合である。

ここで徂徠が「愛憐の心自然と生ずるは人の心也」といっていることに着目したい。徂徠が形式的な制度論者でなく、絶えず人情の動きを想定して様々な施策を考えていたことがここにも示されているからである。
そして巻一の最後に、次のように記している。

惣体の様子に国持大名に奥ゆかしき事のあるは、所替をせぬ故、ふるき風俗を持伝へたるによりての事也。然れ共、御科有ての所替は各別の事、向後所替をば御停止有て、家中の武士をも皆知行所をくれて

面々居住させば、軍兵の数昔にかへり、日本武辺の再興と成べし。大切の事也。

〔大意〕それでも全体としてみれば、国持大名の方には奥ゆかしいことが多いが、これは転封がなく、古い時代の風俗をそのまま持ち伝えているからである。そこで、処罰のための転封は別として、今後は転封ということを停止し、大名の家中の武士にも、みな知行所を与えて、その知行所に居住させるようにすれば、戦時の軍兵の数も昔のとおりになって、日本古来の武辺の風が再興されるであろう。大切なことである。

注目すべきはこの後、短く「海路のトりの事」が付されていることである。徂徠自体「某海路不功者」ではあるが、異国にあるように造船、隻数、船貨、港（水駅）、巡検司などの制度を作るべしとしている。そして最後に「舟にては一瞬千里を走る物にて、日本は海国なれば、尤《もっとも》念を入るべき也。薩摩より伊豆の鼻迄二日に来るといふ。殊の外に秘する事也」と結んでいる。

仮想敵としての薩摩の脅威を、海から見ていた人は、徂徠以外当時ほとんどいなかったのではないかと思われる。

徂徠がそこまで承知していたかどうかは不明だが、「国持大名」の雄藩で、徂徠のいう「武士を知行地に差置」く施策を意図的に実施していたのが薩摩藩であった。

薩摩藩では藩の重臣を知行地に置いて、城郭のように堅固な居宅群を作らせた（一国一城令があるから城は作れない）。これを「麓《ふもと》」といって、今日でも出水、加世田、知覧、入来などによく残っている。「麓」という名は、中世の山城の麓に家臣団の居住区を作ったことからきている。薩摩領内には百を超す「麓」が作られたとされている。領国全体がハリネズミのように臨戦体制を取っていた訳だ。「武辺」の風が、そのような所にも徹底していたということであろう。

なお、これに加えて薩摩藩独特の「郷中」教育を挙げておくべきであろう。「郷」とは、上記麓（外城《とじょう》）と鹿児島城下（方限《ほうぎり》）に組成された土地の郷士を含めた武士の共同体であり、イザという時にはこれが戦闘集団となる。子弟の教育も郷中単位でなされるが、そこで重視されたのが「穿儀《せんぎ》」であった。「穿儀」とは小集団における徹底討議である。即ち、みんなが納得するまで衆議を尽くし、最後は「入魂《じっこん》」に申し合わせることが求められている。「穿儀」なき「入魂」は現実の軽視につながり、「入魂」なき「穿儀」は心の荒廃をもたらすということであろう（「二才咄《にせばなし》格式定目」、なお、「郷中教育」については、主として北川鉄三『薩摩の郷中教育』鹿児島県立図書館、一九七二年による）。

これによって薩摩武士は、リアリズムを摑む眼と集団としての強力な戦闘能力を培ったと思われる。

この教育法は、徂徠の会読の手法と相似している（第六章参照）。これに対して山崎闇斎を賓師とした保科正之を開祖とする会津藩の教育は、「什《じゅう》の掟」の「ならぬものはならぬものです」という言葉に象徴されるように、悪くいえば考えさせない教育で、権威への服従を志向するものであった。

この両藩が戊辰戦争の立役者であり、ものの見事に勝者と敗者に分かれた遠因が、このような教育の差にあったことは間違いない。

しかし精強を以て鳴った薩摩隼人も「麓」や「郷中教育」から切り離され、陸軍士官学校が出来（明治七年（一八七四）、恩賜の時計などを競うように学業優先となると、みるみるうちに劣化していくことになる。

今日のわれわれの社会や組織の統禦においても、あらためて徂徠「土着」論の意義を反芻《はんすう》する必要があるだろう。

筆者は今回の新型コロナウイルス問題に対しても、徂徠の土着論は示唆を持つと考えている。今回の問題が炙り出したのは、グローバリズム、市場経済、民主主義、自由や人権の尊重などを疑問の余地のない「普遍的価値」として絶対視してきた現在の社会経済の脆弱性である。その繁栄の極点にある大都市ほどその惨禍を蒙っている。

今回の問題を機に、都市の安全とは何か、人の生きる場とは何か、仕事はどのようになすべきかなどに、これまでとは異なる価値観が急速に強まっていくであろう。それは漱石が捉えた「人間活力の発現」（第一章）の延長線ではなく、「天下を安んずる」（第十章）道に回帰していく可能性がある。

巻二の「財の賑」では、徂徠の経済財政論が並べられているが、ここでの主要テーマは、貨幣経済の浸透に対して政治はいかに対抗していくべきかということであり、そのキーワードは「制度を立てる」である。なお、財政論としての貨幣改鋳の問題については、第十三章において詳しく触れたので、ここでは議論しない。

では「制度を立てる」とは、何の目的があり、どのような内容のものなのか。

古聖人の治めに制度といふ物をたてて、是にて上下の差別を立て、奢をおさへ世界を豊にする妙術也。

まず「制度」とは、身分の差に応じてしかるべき生き方を設計することである。それは限りある資源を適切に身分の上下に応じて配分する知恵であるとする。

歴代の王朝は皆この制度を立ててきたのだが、現在の徳川の天下は、大乱の後武威を以て治めてきたが、その際古えの制度は大乱によって滅びてしまったのに、あらためて制度を立てることなく今日まで来てしまった。そこで「上下共に心儘《こころのまま》の世界」となってしまっている。

制度とは、

衣服・家居・器物、或は婚礼・葬礼・音信・贈答・供廻りの次第迄、人の貴賤・知行の高下・役柄の品に応じて、それぞれに次第有《ある》を制度とはいふ也。

大意は略す。即ち「制度」を立てるとは、人の生活のすべてにおいて上下の身分に差をつけることをいう。それは

上下の分別をたつる事は、上たる人の身を高ぶりて、下を賤むる心より制度を立るには非ず。「惣て」天地の間に万物を生ずる事、各其限あり。（中略）其内によき物は少く、悪きものは多し。是によりて、衣服・食物・家居に至るまで、貴き人にはよき物を用ひさせ、賤しき人には悪敷物を用ひさする様に制度を立る時は、元来貴き人は少く賤敷《いやしき》人は多きゆへ、少き人が少き物を用ひ、多き人が多き物を用ひて、道理相応し行支なく、日本国中に生ずる物を日本国中の人が用ひて事足る事也。

〔大意〕上下の差別を立てるのは、何も上にいる人が高慢になって下々の者を賤しめようという意図で、制度を立てるのではない。すべて天地の間に生ずる万物には、それぞれ限りがある。（中略）しかもその中で良質の物は少なく、粗悪な物の方が多い。従って衣服から食物・家屋に至るまで、貴い身分の人には良い物を用いさせ、賤しい身分の者に悪い物を用いさせるように制度を立てるならば、もともと貴い人の数は少なく、賤しい人の数は多いのであるから、少ない物を少ない人が用い、多い物を多い人が用いれば、道理にかなって、支障がなく、日本国中で産出する物を日本国中の人が用いて、需要を満たしてゆくことができる。

こういう「差別意識」丸出しの所には、現代の日本人は抵抗があるであろう。しかし抵抗があるといっても、資源が有限であるということと、その消費に差異がある（徂徠の貴賤に代えて今日では貧富であろう）現実は、徂徠の時代と今とで変わりあるものではない。むしろ資源の有限性は当時より一層切実になっている。

そして誠の制度というものは、中長期的な視点と人情をよく考えて作らなければならないとする。

誠の制度といふ物は、往古をかんがへ未来をはかり、畢竟世界の末永く安穏に豊かなる様に、上の了簡を以て立置事也。

〔大意〕本当の制度というものは、過去の事例に学び、将来をおしはかって、究極の所、この世界が持続的に安定し豊かとなるように上の考え方によって制定するものである。

ここでは徂徠はさらに「往古をかんがへ」るとは、「惣て人情といふ物は時代の替りなく、古も今も同じ事」であって、歴史はそれを知る鑑となるからだといっている。従って、ここでの「了簡」というのは、その人情をよく弁え、かくすれば人はこう動くという洞察力を持って「制度」を立てるべきだということだ。現在の地球環境問題、その対応策は「世界の末永く安穏に豊かなる様に」考えられているだろうか。各国の利害対立などからいっこうに進展しない対策に対し、何かしら「上の了簡を以て立置事」は出来ないものか。

以上が「制度を立てる」の総論的な部分であり、この後巻の三では公儀、諸大名、旗本、通貨、金融など、巻の四では武家の習俗から始まって出家宗門、学問稽古などに至る様々な点について各論が述べられている。合わせて徂徠はこの「制度」について、大事なことをいくつかいっている。

第一は、上が何か心構えを示して下に見習わせるというようなものではないことである。例えば、（吉宗が紀州藩で率先垂範したように）上が自ら倹約を実践して世界の手本としようとしても、制度が立てられなければ、下々は守る者もなく、「上には御物ずき」と評判するだけだというのである。括弧内は『政談』にあるものではなく、徂徠が暗示していると思われる点である。

第二は、資源の有限性を前提とし、成長する経済という発想のないことである。一言でいえば、分配の経済学であって成長の経済学ではないということだ。そして『政談』でも触れられている様に、人間の多様性、その作る社会の多様性を前提とすれば、その分配の「制度」は限りなく細分化され微小化されていかざるをえない。徂徠には市場機能の発揮という発想がないから、かつてのソ連邦のような統制経済的なものとして「制度」を考えざるをえないのである。

第三は、そのことの弊害を少しでも緩和することを期してであろうが、「制度」を立てるに当っては、「了簡」が必要だ、換言すれば「人情」を閑却した「制度」はワークしないということを強調している点である。

このこともまた他人事でない。よくいろいろな問題（不祥事など）が起こると、対症療法的に様々な「制度」（例えば「倫理法」など）が作られる。しかしそこには「了簡」がないものだから、次第に形骸化したり、その「制度」に今度は受益者が生まれたりする。気がついてみると今日の日本はさきに述べた旧ソ連の統制経済もかくやというような、がんじがらめの「統制社会」になってはいはしないだろうか。

巻三の「人の扱」は、第十二章において詳しく取り上げた。また巻四の「雑」は、「養子の事」とか「喧嘩両成敗の事」とか、興味ある事項も多く含まれているが、今日のわれわれに直接何らかの示唆を与えるものは少ないので紹介は省略する。

最後の「大意の事」について要約する。

まず「治めの道はひとつひとつはなれたる事にあらず、世の成行、世界の全体を知召《しろしめす》事胆要也」と、全体観、大局観を求めている。

そして肝心の所は、「旅宿の境界なると、諸事の制度なきと」この二つに帰着すること、このため戸籍によって万民をその住所に有りつけること、町人百姓と武家との制度に差をつけること、大名家に制度を立てること、必要なものは各大名家に拠出させ、「御買上げ」を廃止することなどを実施すれば、「世界はゆたかにゆり直るべし」とし、この根本が実現できれば、「上にばかり御倹約」などということをしなくても、「上下共に富豊にな」ることを期するとしている。

この徂徠のいわば「享保国家大改造計画」に、吉宗はどう対応したか。その感想などは残されていない。その壮大なる意図と緻密なる計画には舌を捲いたかもしれないが、一歩下がってみると、あまりに時代錯誤な案に思われたに違いないし、自分一人で滔々たる時代の流れ、特に貨幣経済の浸潤に抗していくことなど出来そうもないと思ったであろう。実務家肌の吉宗にとって採用されたのは、足《た》し高の制などごく一部に止まった。

これに対し、吉宗に大いに期待していた徂徠は、吉宗を「さてさて中興気象なしと嘆」(『文会雑記』)いたと記録されている。

第十七章
鬼神
――徂徠と篤胤

江戸の儒学者は様々なテーマについて議論を闘わせているが、その中で最も興味深くまた人をして考えさせるものの一つが「鬼神論」であろう。「鬼神」とは何か、「鬼神」は存在するのか（「有鬼」）、存在しないのか（「無鬼」）、そもそも「鬼神」が存在するとはどのようなことなのか、何故人は「鬼神」を必要とするのか、「鬼神」は社会や人々の生き方にどのような意味を持つものなのかなどをめぐって様々な議論が交わされてきた。興味深いのは、頭の体操のような議論の内容そのものもあるが、そこに論者の人間観、宗教観、倫理観、世界観など、トータルとして人間を見る眼が自ずと滲み出ている点である。

本章ではそのうち何人かの「鬼神」観を比較して、論者の個性や立場の差を浮彫りにしてみたい。

まず初めに仁斎の「鬼神」の定義を見てみよう。

鬼神《きじん》とは、およそ天地・山川《さんせん》・宗廟《そうびょう》・五祀《ごし》の神、および一切神霊《いっさいしんれい》有って能く人の禍福《かふく》をなす者、みなこれを鬼神《きじん》と謂うなり。朱子《しゅし》の曰く、「鬼《き》とは陰《いん》の霊《れい》、神《しん》とは陽《よう》の霊」と。その意けだし以謂《おも》えらく鬼神の名有りといえども、しかれども天地の間《あいだ》は、陰陽を外《ほか》にしていわゆる鬼神という者有ることあたわずと。故に曰く云々。固《まこと》の儒者の論と謂いつべし。しかれども今の学者その説に因《よ》って、徒《いたず》らに風雨霜露《ふううそうろ》、日月《じつげつ》昼夜《ちゅうや》、屈伸往来《くっしんおうらい》をもって鬼神とする者は、誤れり（『語孟字義』）。

〔大意〕鬼神とは、一般に天地・山川・宗廟・五祀の神々、及び人の禍福をもたらす神霊的なものすべてをいうのである。朱子は「鬼は陰、神は陽の霊妙な働きである」としているが、それは思うに、鬼神という名はあっても、天地の間は陰陽以外に鬼神という働きがあるものではないという、まことに儒者の論というべきである。しかし、今の学者が、この朱子の説を根拠に、自然の現象や運動を鬼神の働きだとするのは間違いである。

「宗廟」は先祖の御霊《みたま》。「五祀の神」とは句芒《こうぼう》・蓐収《じょくしゅう》・玄冥《げんめい》・祝融《しゅくゆう》・后土《こうど》というそれぞれ木金水火土の五行をつかさどる神という。朱子の陰陽の説は、『中庸』の注釈書『中庸章句』の引用であるが、これは朱子の独創でなく、その先人である北宋の張横渠が唱えている。

まず第一段落の「鬼神」の定義は明快である。そして朱子の定義は、「鬼神」は陰陽の働きをほかに存在するものでないというのだから、いわば「無鬼論」の立場に立つといってよい。ただここで仁斎はさらに自分は「有鬼」だとか「無鬼」だとか、自分の考えを述べることはしない。

それは仁斎が「最上至極宇宙第一」の書とする『論語』に、「祭るには、在すが如くして祭る」（八佾篇）という章句があるからである。孔子は「敬すべきところに於ては則ち未だ嘗て敬を尽さずんばあら」ずとしてきた。これこそ人の正しい振舞い方だと仁斎はいっているのである。

「在すが如く」というのは、森鷗外のいう「かのやうに」の哲学である。悪くいえば偽善かもしれない。しかしそれぞれの「鬼神」を「祭」ること、「敬」することは、世の中の潤滑油になっていることは間違いない。仁斎にとって「鬼神」を祭ることは、宗教的行為ではなく、倫理的行為であったということもできるだろう。

次に白石を見てみよう。白石には『鬼神論』という独立した著作があり、「鬼神」に並々ならぬ関心を持っていたことが窺える。

それは次のような言葉で始まっている。

鬼神の事まことに言《いい》難し。只いふ事の難《かたき》のみにあらず、聞《きく》事又難し。たゞ聞事のかたきのみに非ず、信ずることまた〳〵難し。信ずる事の難《かたき》ことは、是《これ》しる事のかたきにぞよれる。されば能《よく》信じて後によく聞《きく》とし、よく知りて後によく信《しんず》とす。能《よく》しれらむ人にあらずしては、いかでか能《よく》いふ事を得べき。いふ事誠《まことに》かたしとこそいふべけれ(『鬼神論』)。

〔大意〕鬼神のことは本当に言い難い。ただ言い難いだけでなく、それを聞くこともまた難しい。また聞くことが難しいだけでなく、信ずることもまた難しい。信ずることが難しいのは、これを知ることが難しいことによる。従って、よく信じた後によく聞くこととし、よく知りえた後によく信じられるのだ。よく知っている人でなくしてどうしてよく言うことができようか、言うことは本当に難しいというべきである。

ここに白石の信仰観が露呈されている。即ち、白石自身は信仰者でないということだ。信仰者であれば、ただの一言《ひとこと》であっても帰依することができる。「よく知りて後によく信ず」るようなものではないからである。

しかし白石はよく知ろうとして古書を博捜し、「鬼神」とは何かを説こうとする。根っからの合理主義者にそれは可能なのか。

結論を先にいえば、ほとんど朱子の論をなぞったようなもので、何か目新しい考え方が説かれている訳ではない。また、中国の古典から引用した数々の怪異譚が語られ、いずれも淫祀として退けられているが、ならばそれらがどのような意図で説かれているのか不明である。そして最後に仏教が君臣父子夫婦兄弟の教えもなく自分一人の救済を求める教えであることを批判し、他方日常の人倫関係において孝悌忠信を勧め、「怪力乱神」を語らない儒教の聖人の教えを自賛して締めくくっている。

この程度の結論を導き出すために、厖大な古書を渉猟して本書にまとめたというのなら、それは無駄な努力であったとの感を否めない。

そのことは山片蟠桃《やまがたばんとう》（一七四八―一八二一）によって、次のように見抜かれている。

> 新井白石氏ノ鬼神論ハ、経書《けいしょ》ヲトラズシテ家語《けご》・左伝《さでん》・山海経《せんがいきょう》・神異経《しんいけい》・捜神記《そうじんき》・述異記《じゅついき》・博物志《はくぶつし》・幽明録《ゆうめいろく》・白沢図《はくたくず》・五雑俎《ござっそ》・列仙伝《れっせんでん》・草木子《そうもくし》・夏鼎志《かていし》・楚辞《そじ》・説苑《ぜいえん》・列子《れっし》・抱朴子《ほうぼくし》・斉東野語《さいとうやご》等ノ怪書ニトリテ議論ヲナス。ソノ怪ヲ信ズルコト仏者ノゴトシ。（中略）朱子ノ大儒トイヘドモ、前ニ云ゴトク鬼神ニヲヒテハ陥溺《かんでき》ノ意ヲミル。況《いわん》ヤ白石氏ヲヤ（『夢の代』）。

「陥溺」とは古井戸のような落とし穴に陥ちて溺れている様をいう。

そして蟠桃はこれに続いて、

吾《われ》新井氏ノ鬼神論ヲヨミテ巻ヲ掩《おお》フテ歎息ス。唯コノ人ノ学流博《ひろ》キヲ勉《つと》ムルノミ。ユヘニ鬼神ノ朦朧《もうろう》タル、其約《やく》スル処ヲシラズ。唯渉猟スルノ書ニヲヒテハ一モ取捨スル見《けん》ナクシテ、唯信ジニ信ズルノミ。シカルニ新井氏ニヲヒテカクノゴトシ。況ヤ亦新井氏ナラザルモノヲヤ。ア、世人ノ鬼神ニ溺ル、、イカントモスベカラズ。

〔大意〕私は白石の鬼神論を読み、巻を掩いて歎息せざるをえなかった。ただ広く物知りなだけである。従ってそこに描かれる鬼神は朦朧として捉え所がなく、要するに何かがわからない。渉猟する書物もこれらを取捨する見識がなく、ただ書かれていることを信じているだけのように思える。白石にしてこのようなものであれば、他の者であればどうだろうか、世間の人が鬼神に溺れるのは、このようにいかんともすべからずである。

蟠桃はビジネスマンとして成功した人物である。播磨の農村の次男坊が大坂の商家（升屋）に丁稚奉公し、その働きが主家から認められて番頭にまで出世し、仙台藩との米の取引において藩においても升屋においても利益を生む手法を編み出して、浪花の地に升小（升屋小右衛門）ありといわれるようになった。

その蟠桃が晩年心血を注いで書いたのが、『夢の代』である。この中で蟠桃は最後の二章（無鬼上・無鬼下）において、延々とその「無鬼論」を展開している。その題材は「史記黄帝本紀」の時代から、蟠桃の生きた時代にわたり、教えは、儒教、道教、老荘、仏教、神道、耶蘇教まで、果ては天狗とか妖怪とか民俗や伝承にまで論証が及ぶが、その結論はそれぞれ、「惑フベカラズ」「奇特ナキヲ知ルベシ」「詐《いつわり》ナルコトシルベシ」「神託モ神罰モナシ」「ナンゾカカル怪異ノコトアラン」「鬼神ナキノ証《あかし》」「愚者ノ多キ事シルベシ」など、徹底的に神仏怪異を否定している。

そして蟠桃は『夢の代』全体の最後を次の歌で締めくくっている。

神仏化物《かみほとけばけもの》もなし世の中に奇妙
　ふしぎのことは猶《なお》なし

以上、仁斎、白石、蟠桃は、いずれも「無鬼論」の立場に立っていた。では「有鬼論」を主張したのは誰か。第一章で引用した徂徠の「鬼神」論をあらためて引用してみよう。

鬼神を信ぜざる者は、鬼神を知らざるなり。鬼神に惑ふ者も、また鬼神を知らざるなり。その知らずとなすは均し。世のいはゆる知者は、多く鬼神を信ぜず。いずくんぞ知たるを得ん（『蘐園二筆』）。

「信」と「知」との関係が、白石とはアベコベになっていることに気づく。「世のいはゆる知者」とは、白石のような人物をいう。

徂徠はその『弁名』においてまず次のように説く。

鬼神なる者は、天神・人鬼なり。天神・地示《ちぎ》・人鬼は、周礼に見ゆ。古言なり。地示を言はざる者は、天神に合せてこれを言ふ。凡そ経伝に言ふ所はみな然り。後世、鬼を陰に属し神を陽に属する所以の者は、易にこれあるを以てなり。これ易を知らざる者なり。

〔大意〕鬼神とは、天の神と祖先の霊のことである。それぞれ『周礼』にあり、古代の言葉である。地祇というその土地土地の神は、あえてこれを言わなくても一般に天神に含んで考えられている。後世の鬼は陰の、神は陽の働きであるという説は『易経』を根拠としているが、これは『易経』がわかっていない者である。

次いで、

次いで本章冒頭に引用した仁斎の考え方について、朱子の説（陰陽の霊という所）以外は正しいとし、かつ仁斎が「風雨霜露云々」といっている所は、「鬼神」そのものではなく、「神のなす所」であるとする。

鬼神の説、紛然として已《や》まざる所以の者は、有鬼・無鬼の弁のみ。それ鬼神なる者は、聖人の立つる所なり。あに疑ひを容れんや。故に、鬼なしと謂ふ者は、聖人を信ぜざる者なり。そのこれを信ぜざる所以の故は、すなはち見るべからざるを以てなり。見るべからざるを以てしてこれを疑はば、あにただに鬼のみならんや。天と命とみな然り。故に学者は聖人を信ずるを以て本となす。いやしくも聖人を信ぜずして、その私智を用ひば、すなはち至らざる所なきのみ。

〔大意〕鬼神をめぐる議論が紛々として終わりない理由は、それを有鬼か無鬼かを論じようとするからである。そもそも鬼神とは聖人が制作したものである。そのことに疑いを入れる余地はない。従って鬼は存在しないという者は、聖人を信じない者である。その信じない理由は、それが見ることができないからである。もし見ることができないからといってそれを疑うのであれば、鬼神だけでなく、天とか命も同じことではないか。従って学者は聖人を信じることを基本とする。そうでなく聖人を信ぜずして、私智を勝手におし広げるならば、人は至らざる所なしと傲然となってしまう。

第十章で見たように、文化は「先王」が制作したものである。「鬼神」もまた「先王」が命名して存在することになったのである。何のために「先王」はそれを制作したのか。人間が「鬼神」を中心とした祭祀を必要とするからである。人間は共同体の中で生きている。その共同体の紐帯《ちゅうたい》を強め、再確認するものとして祭祀がある。その祭祀の対象として「鬼神」が必要なのである。

これが徂徠の「有鬼論」である。「鬼神」が存在するか否か、目に見えるか否かを問うているのではない。人間社会の統禦に必要なものなのである。その意味において「鬼神」は「有」るのである。

そのようなものとして「鬼神」を捉えるからこそ、「私智」即ち自己の智を無制限に拡大することは制約されざるを得ない。

第六章でも触れたが、徂徠は「聖人を信仰仕候」（『徂徠先生答問書』）と述べている。その信仰の内容とはかくの如きものなのである。

さらに徂徠は仁斎を批判しつつ次のように続ける。

鬼神なる者は、先王これを立つ。先王の道は、これを天に本づけ、天道を奉じて以てこれを行ひ、その祖考を祀り、これを天に合す。道の由りて出づる所なればなり。故に曰く、「鬼と神とを合するは、教への至りなり」と。故に詩書礼楽は、これを鬼神に本づけざる者あることなし。

〔大意〕鬼神は先王によって制作されたものである。先王の道は、そのよって来たる由来を天に基づくものとする。そして天道を奉じて先王の道を行い、祖先を天に合して祀るのである。天神に祖考（鬼）を合して祀ることに、先王の道の根源がある。だから「鬼と神を合することは、教えの至りである」（『礼記』）といわれるのである。従って詩書礼楽も、その教えを鬼神に基づけないものはないのである。

仁斎は、聖王は「天下を治むるや、民の好む所を好み、民の信ずる所を信じ、天下の心を以て心とな」すとか、「民鬼神を崇べばすなはちこれを崇び、民卜筮《ぼくぜい》を信ずればすなはちこれを信ず」（『語孟字義』）とかいっているが、とんでもない「臆度《おくたく》の見」である。

鬼と神とを合するのは、祭祀共同体にとって必要不可欠であるからであり、民が好んだり崇んだりしているのに合わせている訳ではないのだ。

そして先王の道は詩書礼楽に具体化されているので、それをいちいち仁斎のように「口諄諄として」教え諭すものではないという。

先王の教へは、礼のみ。いま先王の礼に遵《したが》はずして、言語を以てその理を明らかにせんと欲せば、すなはち君子すらなほ能くせず。いはんや民にして戸《こ》ごとにこれを説き、その理を喩《さと》りて鬼神に惑はざらしむるは、これ百孔子といへどもまた能くせざる所なり。

〔大意〕先王の教えは礼のみである。いまこの先王の教えに従わずに、言葉によってその道理を説き聞かせようとするようなことは、君子であっても不可能である。まして民衆を一戸毎に尋ねてその道理も説き、納得させて鬼神に惑わないようにさせることなどは、百人の孔子をもってしても不可能である。

「百孔子」という表現が面白い。

言語の限界と礼の効用が説かれる。

ここでわれわれは徂徠が思い浮かべている祭祀共同体の原初の姿を確認しておこう。

聖人の未だ興起せざるに方《あた》りてや、其の民散じて統なく、母有ることを知りて、父有ることを知らず。子孫の四方に適《ゆ》きて問わず。其の土に居《お》り、其の物を享《う》けて、其の暮むる所を識る莫し。死して葬《ほう》むること無く、亡じて祭ること無し。鳥獣に群《むらが》りて殂落《そらく》し、草木と倶に以て消歇《しょうけつ》す。民是れを以て福《さいわ》い無し。蓋し人極の凝《な》らざるなり。故に聖人の鬼を制して以て其の民を統一し、宗廟を建てて以てこれを居《お》き、烝嘗《じょうしょう》を作りて以てこれを享《まつ》る（「私擬策問鬼神一道」『徂徠集』第十七）。

〔大意〕聖人がまだ生まれていない頃、人民はバラバラでまとまりがなく、母親はわかっているが、父親は誰かわからず、子孫があちこちへ行ってしまっても問題とすることはなく、その土地にあって、その土地に生じるもので生きていて、自分たちがどのようにして生まれてきたかも知らず、また死んでも葬式もなくまた祖先として祀られることもない。鳥や獣に混じって死に草木とともに命を終える。人民に幸いはない、これは人々に中核がないためである。そこで聖人が鬼神を制作して人民を統一し、宗廟を建ててその居場所を設け、烝嘗によってこれを祀ることとしたのである。

ここでいわば文明の始源が語られる。このような原初の姿においても人類は鬼神を必要としていたのである。なお、烝嘗とは、君主が祖霊を祀る礼のことという。烝は冬の祀りで、嘗は秋の祀りとされる。この度新天皇の即位に伴って大嘗祭が執り行われたが、このような礼に忠実に則って行われたものであろう。また新天皇が、合わせて皇室の祖先（「祖考」）とされる天照大神（伊勢神宮）、神武天皇（橿原神宮）、明治天皇（明治神宮）などを拝礼されているのも、この思想の実践であるといってよいだろう。

人間は文明の始源からずっと共同生活をしてきた。これを共同体として捉えれば、徂徠の同時代のその最小単位の姿は「賤き民家之旦那」を中心とした次のような人間集団である。

　まづ父母とは其家の旦那之事と御心得可被成候。賤き民家之旦那を中候はば。其家内には。火車なる姥も御座候。引ずりなる女房も御座候。うかといたしたる太郎子も御座候。いたづらなる三男も有之候。うゐ／＼しき娵《よめ》婦も有之候。又譜第之家来には。年より用にたゝざる片輪なる下部も御座候。幼少より其家にそだてられ恩にあまへ候而中付をも聞ざる若き奴も有之。さりとては埒もなき家之内にて。理非にて正し候はんには。手もつけられぬあきれはてたる事に候。され共其家之眷属に天より授かり候者共にて。何方へも逐出し可申様なく候ゆへ。其家之旦那ならん者は。右之様なる者共をすぐし可申為には。炎天に被レ照。雨雪を凌ぎ。田を耕し。草を刈。苦しき態《わざ》を勤め。人に賤しめらるゝをも恥辱共不存。家内をば随分に目永に見候而年月を送り候。もつとも時ゝはしかり打擲をもいたし候事にて。さのみ慈悲をするとも不存候得共。見放し候心は曽而無之。一生之間右の者共を苦にいたし候事。是天性父母之心はかくのごとく成物にて。たれ／＼も賤き民には珍しからぬ事に御座候（『徂徠先生答問書』）。

〔大意〕まず「父母」とは、一家の主人のこととお考え下さい。賤しい民家の主人に例をとると、その家には、鬼婆のような老女もあり、めかしこんでばかりいる女房もあり、ぼんやりものの長男、遊び好きの三男、または新婚ホヤホヤのういういしい嫁もおりましょう。また譜代の使用人の中には、すっかり年をとって役にも立たなくなった下男もいますし、小さい時からその家で育てられて、かえって恩に甘えて言いつけも聞かなくなった若い使用人もおります。このように何ともしまりのない家内の有様で、こんな家を理非を正して治めようとすると、手もつけられぬとんでもないことになります。しかしこの者どももそれぞれにその家の一員として、天から授かった者なので、どこかへ追い出すわけにもいかず、その家の主人たる者は、この者どもの面倒を見るために、炎天に照らされ、雨雪を凌《しの》ぎ、田を耕し、草を刈り、苦しい労働をいとわず、人にさげすまれるのも恥とも思わず、この者どもを気永に見守って年月を送っております。もっとも時々は叱ったり叩いたりもしますので、それほど慈悲深くも見えませんが、見放してしまうつもりはまったくなく、一生の間、この者どものことを心にかけて過ごします。父母の心というものは本来このようなもので、庶民の間ではこのようなことは少しも珍しくないことなのです。

ここには「民主主義」も、「個人の自由」も、「平等」も存在しない。しかし、この一族郎党を「苦」にする「賤き民家之旦那」の姿は、人間が生きる基本の姿であり、今日においても多かれ少なかれあてはまるであろう。特に日本に数多くある中小企業の経営者のほとんどは、「苦しき態を勤め、人に賤めらるゝをも恥辱とも存ぜず、家内をば随分に目永に見候て年月を送」っているのではないか。これを「封建的」といって非難する人は、代りにどういう生き方が人にあるのかを示してもらいたいと思う。実際今回のコロナ危機においても、わが国においては労使間で雇用の確保が最重要課題と認識され、欧米諸国のように大量の失業者が生まれていないのも、このような意識が根強く残っているからである。

秩序やリーダーシップのない人間集団は、単なる烏合の衆であり、徂徠がイメージした原初の祭祀共同体以下である。そして人が助け合ったり、愛し合ったりするのは、秩序やリーダーシップと矛盾するものではない。

助け合いで特に強調したいのは、わが国最大の課題たるべき少子化対策である。「子どもは国の宝」というが、現在の少子化対策は、核家族あるいは母親対策に偏していて、保育所を増やすとか、児童の数に応じて一定のお金を支給するとか個人を前提とした施策に止まっている。しかし、子どもは本来国の宝であるならば、母親だけが育てるものではなく、一定の「群」、徂徠のいう「賤き民家」から始まって、核でない家族や地域などの人間集団が協同で育てていくものである。そのような考え方に立った施策が講じられてしかるべきであると考える。

今ひとつ助け合いで留意したいのは、かつてわが国に日常的にあった、頼母子講や無尽講の制度である。「近代的」な金融制度に馴染まないことから今日では協同組合的な信用金庫、信用組合などに改組されている（かつて存在した相互銀行もその流れを汲んでいた）が、特に地域の共同体を支える中核としてこれらの組織の大切さはもっと認識されるべきと考える。何もムハマド・ユヌス氏の「スモール・ファイナンス」などを有難がることはないのである。

徂徠は次のような人間社会を前提として人間の共同体を考えているのだ。

相親しみ相愛し相生じ相成し相輔《たす》け相養ひ相匡《ただ》し相救ふ者は、人の性然りとなす（『弁道』）。

そのような共同体と鬼神との関係を単純化していえば、まず国であれば、創建者が神格化されたり、特定の守護神が存在しており、時に応じてその遺徳を偲んだり、守護神の加護に感謝する祭祀を繰り返している人間集団が考えられる。

また民においては同様に、家祖やその家族が代々伝えてきた守り神、場合によっては地域や特定の職業の守り神など、これらを崇め祀るお祭などの行事を毎年忘れずに行っている人間集団である。

そのような人間集団にあっては、「鬼神」は間違いなく存在するのだ。そして中核にこの構造を有する人間集団であって初めて、統一的・調和的な文化や伝統を持った世界が成立しうるのである。

徂徠は、そのような人間の実相を捉え、このような人間集団を統禦する「術」として、「先王の道」を考えたのである。「鬼神」はそのために意図的に制作された手段かもしれない。しかし、その有効性がある限り、それは「存在」するのである。

このような祭祀共同体的人間集団は、いわゆる近代化の流れの中で次第に駆逐されざるを得なかった。今や絶滅の危機に瀕しているともいえよう。

しかしながら今や一方において、グローバリズムの滔々たる流れの中で、それに抗して人々は自らのアイデンティティを、その属する人間集団の祭祀や文化・伝統に求めつつあるようにも見える。すべての人間が、グローバリズムの前提となっているような無色透明の自由、平等、人権、富、物質的な豊かさ、便利さ、効率性などを求めているわけではないのである。そして今回の新型コロナウイルスの災禍は、あらためて悪疫や飢餓や失業などの不安を、誰がどのようにして「相輔《あいたす》」け「相救《あいすく》」ってくれるのかを、見せつけることとなったと思う。

この徂徠の「有鬼」の説は、後世に大きな影響を与えた。

まず後期水戸学である。十九世紀の中葉、四海に西洋船が遊弋《ゆうよく》し、その軍事力の脅威をひしひしと実感する中で、後期水戸学、就中《なかんずく》その代表的論客である会沢正志斎などは、一国の独立を守るために必要なことは民心の統一である。民心を統一するには祭祀共同体を再構築していかなければならないと説いた。それはまさに徂徠の「有鬼」説である。

もう一つは国学である。徂徠の「今言は古言に非ず、今文は古文に非ず」(『弁名』)という古文辞の学が、本居宣長の古代研究を触発し、その『古事記伝』につながったことはよく知られているが、ここでは「鬼神」を正面から取り上げた平田篤胤を取り上げてみよう。

平田篤胤（一七七六―一八四三）は、秋田佐竹藩の大番組頭大和田清兵衛の四男として生まれた。幼名を正吉といった。二十歳の時に秋田を出奔し江戸に出て、車夫や火消人足など様々な職を転々とする。それが寛政十二年（一八〇〇）、備中松山板倉藩の藩士で山鹿流の軍学者であった平田篤穏《あつやす》の養子となり、平田半兵衛篤胤と名乗った。翌年には駿河沼津藩士石橋常房の娘織瀬と結婚している。

篤胤が宣長の書を読み、その国学に傾倒するようになるのは、宣長没後のことで、その嫡子春庭を通して鈴屋《すずのや》入門を果している。それが二十八歳頃のことで、その二年後に著されたのが『鬼神新論』である。

この『鬼神新論』という書名は、白石の『鬼神論』を受けたものだが、白石のように「鬼神」を「解説」したものではなく、「鬼神」に対する信仰宣言といってよい。

第一に強調されるのが、「鬼神」の万能性あるいは絶対性である。

世ノ中の事は、すべて天神地祇の、奇妙《クシビ》なる御所行《ミシワザ》に洩《モレ》たる事なく、別《コト》に迅雷風烈などは、神の荒《アラ》びにして、いとも可畏く、何の故、なにの理に依て、かかるとも、測り難きに依て、畏れ敬《ウヤマ》ひたるなるべし。

〔大意〕世の中のことはすべて天の神、地の神の霊妙な行いに漏れるものではない。急な雷や烈しい風などは、荒ぶる神の行いであって、大変おそれ多いことだ。どうしてか、どのような理窟でこのような荒れかたをするのかはおし測り難いことであるので、神をおそれ敬ったのである。

天ツ神の、世の中の万の事を主宰《ツカサド》り給ふ事、また人の存亡禍福、ミな神の御所為《ミシワザ》にて、実には、人の力に及び難し。

〔大意〕は必要ないだろう。

第二に「霊魂」の存在と、死後の世界のあり方について明確な考えを示したことが注目される。即ち、

> 人の生るる事は、天津神の奇妙《クスシクタエ》なる産霊《ムスビ》の御霊に依りて、父母の生なして、死《シヌ》ればその霊《タマ》、永く幽界《カクリヨ》に帰《オモム》き居るを、人これを祭れば、来り歆《ウク》る事と、在《アリ》の儘《ママ》に心得居りて、強《アナガチ》に其ノ上を穿鑿《タヅネ》でも有るべき物なり。其《ソ》は比ノ上の所は、人の智《サトリ》もては、実に測り難く、知りがたき事なればなり。
>
> 〔大意〕人の生まれることは、天の神の霊妙不思議な万物を産み出す霊の仕業であって、父母から生まれ、死ねばその霊は長く幽界に帰っていく。これを人が祀れば、こちらへやってきて祀りを受けることと、ありのままに心得て、無理にその先を穿鑿《せんさく》せずにおくべきである。それ以上のことは、人智によっておしはかったり知ることが難しいからである。

そして人間は、

> 骨肉は朽て土と成れども、其ノ霊《タマ》は永く存《ノコ》りて、かく幽冥より、現人《ウツシヒト》の所為《シワザ》を、よく見聞居るをや。

とする。篤胤はこのような死後の世界を含めて一貫して「鬼神」の存在を説くという点において、「有鬼論」それも徂徠のような統治の手段ではなく、信仰のあり方としての「鬼神実在論」といってよいだろう。

このような絶対神的な「鬼神」観、さらに死後の世界のイメージは、容易にキリスト教の世界との共振を生む。後に篤胤が作り上げたその世界は『霊の真柱』で展開されるが、そこにキリスト教の深い影響がある

ことは、古くより指摘されてきた（村岡典嗣「平田篤胤の神学に於ける耶蘇教の影響」、『新編日本思想史研究』平凡社、二〇〇四年所収など）。

徂徠との関係に戻ると、篤胤は『鬼神新論』において何ヶ所か、徂徠及びその高弟である太宰春台の書物を引用し、その論を反駁している。

例えば、人間が「鬼神」を敬うのは人間が生まれながらにして備えている本質であり、何も徂徠のいうように聖人に作ってもらわなくてもいいことだ。あるいは「鬼神」を借りてその教えに使おうとしているのは、いかにも漢学者様の癖を抜け切れないのだといった批判である。

一方で、春台が雨乞いの祭りなど、一見愚かなことのように見えるが、人力を尽くした上で神祇の助けを頼むことを、神の感応もあるのだから疎かにすべきではないといっているのは正しいことだとか、徂徠が「人死して造化に帰る」ということについて、変化して何か異なるものになっても、それが全く存在しないものとなる訳ではないといっているのは正しいとか、篤胤は自説に矛盾のない所は評価している。

「鰯の頭も信心から」ということわざがある。俗辞ではあるが、信仰の本質を表わしている。篤胤も「俗《ヨ》の諺《コトワザ》に、鰯の頭も信心から」ということがあり、世の中には鮑とか草鞋《ワラグツ》とかに霊験があることもある。また山田の案山子《かかし》が天下のことをすべて知っているとか、怪異な現象は数多くあるが、すべてこのような奇怪なことがらは、しいてそのいわれを明らかにしようとはせず、「只に神の所為《シワザ》なれば、知れずとして、置くべきなり」として、不可知論で『鬼神新論』を終わっている。大上段で議論を始めた割には平凡な結論となっているので、こちらが狐につままれた様な気がしないでもない。

大坂懐徳堂の創設者「五人衆」の一人である富永芳春（道明寺屋吉左衛門）の三男で、『出定後語』などを著し、若くして亡くなった天才富永仲基（一七一五―四六）に、「加上の説」というものがある。すべて学説はそれ以前の説を前提とし、これに何かをつけ加えこれをしのぐ形で変わってきたものであるという考え方である。仲基は仏典にこれを応用してその前後関係を確定した。

篤胤の『鬼神新論』も、仁斎、白石、徂徠、宣長らの説に「加上」したともいえる。逆にいえば彼らが篤胤に影響を与えたということだ。

しかしながら、彼らと篤胤とを分かつものは、篤胤が「鬼神」を宗教と捉えたことであろう。それによって篤胤国学は人々の心を捉え、幕末草莽の志士達の精神的支柱の一つとなった。人を動かすのは、論理や説得ではなく、熱情や信心であることに注意を払いたい。

以上、見てきたように「鬼神」をどう捉えるかは、論者が人間のどこに着目するかの反映である。筆者が徂徠の「鬼神」論に注目するのは、それが祭祀共同体の中核にあって、その求心力を高めるものだからである。これまでの「合理主義」的な眼を一度拭って、人間存在の本質ともいうべき非合理な部分に気がつけば、そのことの重要性を再認識することができるだろう。

第十八章

相親相愛相生相成相輔相養相匡相救

――徂徠とドン・キホーテ

ドン・キホーテは、これまで人類が創作したキャラクターのうちで、最も有名で多くの人に親しまれている人物であろう。有名ということでいえばハムレットを数えることもできるが、親しまれているものではない。

スペインの田舎町に住む、痩せて頬のこけた初老の男が、騎士道小説を読みふけったあまり、幻想と現実の区別がつかなくなり、自らも遍歴の騎士となって世の中のあらゆる不正に立ち向かい、これを克服して世に永久に語りつがれるような手柄を立てて、名声を得ることこそ我が使命なりとの思いを抱き、古びた鎧に身を包み、これもまた痩せ馬ロシナンテに跨《また が》って冒険の旅に乗り出すというお話である。

随行者は近所に住む農夫で、善良な人間だが、ちょっとばかり脳味噌の足りない男サンチョ・パンサ。ラ・マンチャ地方の風車を邪悪な巨人と思い込んでこれに突進し、ロシナンテともども吹き飛ばされる一件はあまりにも有名だが、その後主従は、その多くが自らが招いたものといえる「冒険」を繰り返していく。

しかし読み進めるに従って、この小説は単なる荒唐無稽な冒険譚ではないことに気づく。作者がそこで展開しているのは、人生論であり処生論であり、文明批評である。序文には友人の言を借りて「君のこの書物のねらいは、騎士道物語が世間と大衆とのあいだで享受している権威と名声を打倒する以外にない」(『ドン・キホーテ』牛島信明訳、岩波文庫、二〇〇一年による。以下同)とあるが、その滑稽や諧謔《かいぎゃく》の外衣の中にはもっと深い文明批判、沈みゆく大国スペインの現状に対する危機感が内包されているように思われるのである。

ここで作者セルバンテスの生涯を簡単にスケッチしておく。

ミゲル・デ・セルバンテス・サアベドラ(一五四七―一六一六)は、マドリッドの近郊アルカラ・デ・エナーレスに生まれた。父ロドリゴは外科医とされるが、骨接ぎ医のようなものだったらしい。アルカラは大学町であったがセルバンテスが大学教育を受けたという記録はない。一五六九年、セルバンテスはイタリアに向かい、翌七〇年ナポリでスペイン歩兵隊に入隊。さらに翌七一年、レパント沖海戦(キプロス島の帰属をめぐりオスマントルコ対スペイン・ヴェネチア連合によって戦われた)に従軍、胸に二ヶ所と左腕に弾丸を受け、以降左腕の自由を失う。七五年退役。帰国途上で海賊に襲われ、以後五年間アルジェの牢獄で捕虜生活を送る。八〇年帰国。その後小説、戯曲に手を染めるが、鳴かず飛ばず。生活の資を得るために「無敵艦隊《アルマーダ》」の食糧徴発官や滞納税金の徴収官などの職を転々とする。なお「無敵艦隊」の敗北(一五八八)は、落日のスペイン帝国の弔鐘となった。

一六〇五年、『ドン・キホーテ』前篇を出版。ベストセラーとなり、たちまち六版を重ねたとされる。セルバンテス五十八歳。一五年、後篇出版。翌一六年没。六十九歳。奇しくも没年の一六一六年に『ハムレット』のシェイクスピア(一五六四―一六一六)も亡くなっている。それに並べるのもどうかとも思うが、徳川家康(一五四二―一六一六)も同年没。

さて、このドン・キホーテと徂徠との関係である。

野口武彦氏に『荻生徂徠――江戸のドン・キホーテ』（中公新書、一九九三年）という著作がある。そこではまず「貨幣経済成立期の世の中で、かたや「騎士道」を謳歌し、こなた「封建井田《せいでん》」を提唱させた二つながらの確信犯的アナクロニズムを対比しておくことは興味深い」とある。

「封建井田」の制とは、第十六章で述べた武士土着論のことである。『太平策』にも、「井田ノ法ハ、万民ヲ土着セシメ、郷党ノ法ヲ以テ、民ノ恩義ヲ厚クシ、風俗ヲナヲス術ナリ」とある。ドン・キホーテも徂徠も、世の中の変化、時代の流れに抗したアナクロニズムの確信犯だと野口氏は捉えているのである。確かにその通りで、彼らの信念に基づいて「騎士道」が復活したり、「封建井田」の制が施行された訳ではなかった。しかしだからといってその生き方や主張が無益だった訳ではない。彼らの主張の中に、貨幣経済やそれによってもたらされるものに対する批判精神が横溢《おういつ》しているし、人間にとって本当に大切なものは何なのか、人々が安らかに生きることができるのはどのような社会なのかなどについて考えるヒントが詰まっているからである。

もとより野口氏もそのことを否定している訳でなく、徂徠の「反時代」性（第一章参照）を強調するイメージキャラクターにドン・キホーテを活用したということなのだろう。

もう一つ野口氏が取り上げているのが、ドン・キホーテとサンチョ・パンサの関係である。「セルバンテスの古典的コンビは、いくら批判しあってもたがいに相手を必要とする人間葛藤から成り立っている。徂徠と春台との師弟関係にも多分にそういうところがあったようだ」とする。

筆者は前段はその通りであろうが、後段は本当にそうか疑問を持つ。

ドン・キホーテとサンチョ・パンサは、見事に対照的に造形されている。かたや痩せて背が高く、メシのことより夢を追う郷士、こなた太ってズングリしており、大食漢でソロバン高い農夫。ただ善良さと滑稽さは共

有している。そして野口氏の言うように彼らは対立すると同時に互いに相手を必要とし、二つで一つの存在なのである。これはまさに第八章で触れた「対待」の思想の具体例である。

この点についてセルバンテス論の権威アメリコ・カストロが次のような指摘を行っていることは興味深い。

対立し反目しあうもの（たとえば無限と有限、崇高と低劣、美と醜、想像物と実物）を表現と視点の統一のなかで同時的に扱うことは、合理的世界、つまり西欧世界の見方とは折り合わない。ところがセム系文学ではアラビア文学でもユダヤ文学でも、そうした例はこと欠かない（アメリコ・カストロ『セルバンテスとスペイン生粋主義』本田誠二訳、法政大学出版局、二〇〇六年）。

ポスト西欧世界を構想する時に欠かせない視点であると考える。

一方、徂徠と春台との関係はそのようなものではない。生い立ちも容貌体格も似たりよったりで、徂徠の「豪邁《ごうまい》卓識」に対して春台は「厳毅端方」（いずれも『先哲叢談』）、ドン・キホーテとサンチョのような対照的な存在ではない。そして何よりも第十四章で見たように、徂徠は春台を何も必要としなかった（「雞肋」視）し、春台は徂徠から何も吸収しなかったのである。

ここでセルバンテスが生きた時代のスペインを想起せねばならないだろう。

一四九二年とは、いうまでもなくコロンブスがアメリカを「発見」した年である。フランスの思想家ジャック・アタリに『１４９２』（訳書『１４９２　西欧文明の世界支配』斎藤広信訳、ちくま学芸文庫、二〇〇九年）という書物がある。一四九二年はいわば「グローバリズム」が開始した年である。この年、スペインではこれ以外に大きな出来事があった。

一つはレコンキスタ（国土回復運動）の完成である。アルハンブラ宮殿が陥落し、イベリア半島最後のイスラム国家（グラナダ王国）が滅亡した。

もう一つは、ユダヤ教徒追放令が発出されたことである。スペイン（カスティリア王国）に異端審問官が設けられたのは一四八〇年に遡る。国土回復運動に伴って取り組まれたのが、イスラム教徒（その改宗者をモリスコという）やユダヤ教徒（その改宗者をコルベルソと呼ぶ）の改宗であった。当初は自発的な改宗を促し、次第にそれを強制していく。すると偽装改宗や隠れ改宗が横行する。これらを摘発し処断するのが異端審問所である。このような組織や役人がいったん生まれると、その活動は際限なく広がり、人類史上でも稀なほど、苛酷で残虐な「改宗者」狩りが横行した。このような異端審問が全土に、そして海外領土に、拡大する契機となったのが、このユダヤ教徒追放令であったとされている。

ユダヤ人とイスラム教徒の追放は、スペインにとって大きな損失となった。ユダヤ人は、交易、金融、会計などの専門家であり、イスラム教徒は、商工業者や学者として活躍していたからである。

この十五世紀末からの百年、スペインは「大航海時代」の主役として「太陽の沈まぬ帝国」を築き上げたが、セルバンテスの生きた十六世紀末には早くもその覇権はイギリスやオランダに取って替られるようになる。その衰退の一因が、この「血の純潔」主義にあったことは間違いない。

セルバンテス自身は、コルベルソの子孫（「新キリスト教徒」）であったのではないかと推測されている。そこでドン・キホーテは、作者の分身とすれば「新キリスト教徒」となり、サンチョは自らもいうように「親代々の古くからのキリスト教徒」、そして思い姫ドゥルシネーアはモリスコ系の名前であるという。カストロはいう。「セルバンテスは、（中略）人間的に結びついた、血筋の差などにこだわらないスペイン人たちを、現実として、あるいは皮肉と哀歓を帯びた、夢想の世界の中で描き出したのである」（カストロ前掲書）と。

しかもセルバンテスは、それが夢想で終わらない手法まで暗示したのではないかと、筆者には思われる。その手法とは、第一に対待的な思想、換言すれば「血の純潔」主義などを否定するいわば相対主義の考え方であり、第二に笑いの効用（笑いのもたらす敵対者間の心の通い合い、自尊と執着の愚かさへの気づき）であり、第三に利他心の感化作用（無私利他の行為にこそ人は魅せられる。その体現者であるドン・キホーテの魅力は、映画「男はつらいよ」の主人公フーテンの寅に似る）である。

このように『ドン・キホーテ』は、単に子ども達が無邪気に絵本で読んで楽しむお伽話でなく、当時のスペイン人達には、「皮肉と哀感を帯びた、夢想」のお伽話として読まれていたのだ。しかもこの「夢想」は四百年を経て未だに「夢想」である。ここにこそ、『ドン・キホーテ』の今日性があるといえるだろう。

これに対して「江戸のドン・キホーテ」の意義はどこにあるのか、その思想の今日性とは何なのか。そこには、今日のわれわれが見失って久しい社会や生活、それを通じて今日の問題を考えるに当って有益な気づきがある。そして、これらを通じて徂徠が考えてきたことの意味をあらためて反芻してみる必要性が今こそ高まっているのではないかとの思いを禁じえない。以下主要な論点について整理してみよう。

第一は、人が生きる場とは何なのかということである。徂徠によれば前章で引用したように、未開の人間社会に「鬼を制」して、文明の光を当て秩序をもたらした者が「聖人」である。その「聖人」の「制作」した「礼楽刑政」によって、人は一個のまとまりを持った祭祀共同体を形成する。それが人の生きる場と観念する。それを家父長的共同体あるいは権威主義的共同体といってもよいだろう。このような祭祀共同体では、全体を個人よりも優先することが当然とされてきた。それを良く表現する言葉が「公」と「私」である。古く「公」と「私」は道義的な対立概念であったという。「公」の「公平」「公正」に対し、「私」には、「私曲」「私欲」

といった言葉が残っていることがそれを示している。

このような社会の捉え方に、多くの日本人は、そして北東アジアの人々も、そう違和感を持たないのではないか。つい最近まで、「近代」が北東アジアを席捲するまで、そのような場で生きてきたからである。

しかし欧米人にとってそれは自明のことでない。共同体の前に個人があり、個人の権利やその所有権の絶対や社会契約によるその保障などが当然のことと考えられているからである。

もう大分前のこととなるが、この欧米人の「個人」意識というものについて、筆者にとって大事な親友であったアメリカ政治史の権威故五十嵐武士氏（東京大学名誉教授、二〇一三年没）と議論したことがあった。氏はたちどころに、その問題だったらその意識の源流となったイギリスの「小農《ペザント》」の歴史を繙《ひもと》く必要があるといって、『イギリス個人主義の起源』（アラン・マクファーレン著、酒田利夫訳、南風社、一九九七年）を読むことを勧めてくれた。

「眼から鱗」とはこのことである。「個人主義」に限らないが、様々な概念を抽象的に捉えるのではなく、その実像を歴史的に把握することを教えられたのである。

この「イギリス個人主義」は、「近代」の発展を主導したイギリス、アメリカという世界に君臨してきた二大覇権国の圧倒的影響力の下で、いわばグローバル・スタンダードとなったといってよいだろう。逆にいえば、今日グローバル・スタンダードとされているものの多くが、アメリカン・スタンダードもしくはアングロ・サクソン・スタンダードにすぎないのであって、その「御威勢」（第十四章）が衰えれば、変わっていかざるをえないのである。そして、その「御威勢」が揺らぎ、その影響力が縮減しつつある中で、これからはこの徂徠が前提としているような共同体の姿が、人が生きる場として見直されてくるのではないかと考える。

そのイギリス、アメリカにおいて、ブレグジットとトランプ現象が相前後して起こったのは歴史の皮肉である。「イギリス個人主義」を基盤にして作り上げられた資本主義やグローバリズムの副作用として、それぞれの国の人が生きる場としての地域の共同体が破壊された所に、これらの現象の真因があるからである。

またよく考えてみると、事は「個人主義」に止まらない。「近代」の価値観の代表である「自由」「平等」「民主主義」「法の支配」「市場経済」などについても、われわれはこれらをどれほど歴史的に把握してきただろうか。欧米への追従に急ぐ余り、あるいは「普遍的価値」と説かれるまま、誰もが何ら疑問を差し挟むことなく、これらを当然視してきたのではなかったか。

さらにいうなら、これらをあたかも連立方程式を解くように、同時達成させる解があるのかどうか。例えば「自由」と「平等」だけ取ってみても、これらを両立させるため、少なくともその定義を明確にする必要があるだろう。例えば「自由」とは他者の「自由」を侵害する「自由」は認められないとか、「自由」な社会では機会の「平等」を確保する必要はあるが、結果の「平等」まで保障するものではないとかである。また「市場経済」と「平等」との相性の悪さは、トマ・ピケティ氏に指摘されずとも、経験的事実であろう。

第二は、人が生きることの意義についてである。徂徠によれば、まず「天地も活物、人も活物」(第十五章)であって、従って無限の変動がこの世の実相であること、その中にあって人間の「気質」というのは、「米は米」「豆は豆」にて用に立つ(第六章)というように無限の多様性があり、それ故に世の中がうまく回っていくこと、そしてそれぞれの人間は自らの「気質」をよく見極め、それを「長養」し「自得」する(第十二章)という段階を踏むことが、人の成長であり、社会としても有用(「棄材なし」)なものとなるのだと説く。そこには、個と共同体との調和があり、人間の幸せは自らの気質の成長にあるとする理想論がある。

対するに「近代」の成長とは、まず第一に経済の成長であり、その尺度であるGDPの成長であった。それを象徴的に示す言葉が「エコノミック・アニマル」であろう。それが「飽食暖衣、逸居して教うることなければ、則ち禽獣に近し」（『小学』）を典拠にしているものかどうかは承知しないが、ひたすら「飽食暖衣」を追求してきたのが、「近代」以降の人間社会の姿であった。しかし、今われわれが直面しているのは、「成長の限界」であり、経済成長のもたらす負の側面、特に気候変動問題の深刻化が、既にさらなる経済成長を許容しない段階に立ち至っていることである。スウェーデンの少女に諭される前に、これまで成長の果実を存分に享受してきた、主として先進国の老人達、特に富裕な老人達はその生き方を変えることを迫られている。またその成長信仰の理論を提供してきた学者は、「有限」の世界を前提とした経済学を作り上げなければならないだろう。言い換えれば、これまで経済的価値ばかりを強調し、社会的価値を蔑ろにしてきたわれわれの生き方には持続可能性がないということである。

そもそも徂徠の「先王の道」は、古代の聖王が「天下を安んずる」あるいは「民を安んずる」目的を持って制作したものであった。ここで「安んずる」というのは、何も民に「飽食暖衣」を保障するものではない。まずは第四章でみたように「天譴」がないことであり、「有限」の資源を争うことがないようにすることである。前者については為政者の徳が求められ、後者についてはそれぞれの位階に応じた振舞い方（「礼」）が求められる。

第十六章で見たように後者の振舞い方とは、例えばそれぞれの貴賤尊卑に従って、その「衣服より家居、器物、食事、供廻り、役席、官禄」（第十六章）等に至るまで差を設け、その枠内で生活することである。このような徂徠の差別意識丸出しのそれこそ「封建的」な考え方は、現代人にとっては受け入れ難いものであろうが、富貴な者はそれなりに、貧賤の者もそれなりに省資源に生きる生き方は今後不可避であるし、それぞれに工夫して受容せざるを得まい。

しかしそれを「政刑」即ち法律や刑罰によって明示し、強制することは出来ることではないし、そもそも手法としても適切でない。それよりはよりソフトな手段、即ち「礼楽」を使うことは出来ないだろうか。「礼楽」は「能く人の心思を易《か》ふ」（第十章）ことができるからである。「礼」と「楽」は、第十章で見たように、人間関係において「礼」は「中」、即ち良識を育て、「楽」は「和」、即ちハーモニーを醸し出す。人間組織の統禦に携わる人々は、常にこれらの活用を考えていくべきであろう。特に「礼」は礼譲という言葉があるように一歩他者に譲る姿勢が求められる。それを利他心といいかえてもよい。地球環境問題への対応も、後世の人々に譲るというちょっとした心づかいで随分変わってくるだろう。具体的には例えば、各地方自治体においてコンパクト・シティの企画に「礼楽」（地域の祭祀）を組み込んで行うとか、省エネ・省資源の技術開発に対する国民的な運動を礼楽的要素を加味して組成するとか、「個人」絶対、「成長」絶対の意識を変えていく仕組みや仕掛けは、考えていけばいくらでもありそうだ。

このような活動を様々な分野で実践し、気がついてみたら、人々の意識がすっかり変わっており、世の中は、これまでのような「成長」とか資源多消費とかを美しくないと感じる人々が多くなっていたという形がとれたら最高であろう。もしそれができたら「聖智ノ人ノスル陰謀ハ陰謀ノ迹ヲ見セズ」（第二章）の好例となるだろう。

第三は、人が働くことの意義についてである。徂徠は飛騨の匠などの技（第三章）を評価し、知行地に土着する武士が「手足も丈夫」になり、「武藝並学文」も他にやることもないのではかどることを指摘し（第十六章）、地に着いた暮しをする人々こそ社会を支える中核であることを強調し、他方、「仕舞屋」など、何も働かずして「南面王の楽」しみを享受する者を「風俗の上甚不宜事也」（第七章）と否定している。そして「一人も家業を勤ぬものなき時、人の心皆実に返る」としていた（第七章）。ここで徂徠は明らかに反「都市」反「貨幣経済」（実物経済優先）の立場に立つ。

これも現代の人々には抵抗のある考え方であろう。まずモノとヒトとの問題からいえば、今日の世界でモノづくりに固執していては、国際競争を戦っていけるものではない。競争力の源泉はむしろ目に見えない知財やノウハウなどにあり、また顧客も機能や効率でなく、商品やサービスの快適さ、それを所有したり使用したりする時の快感などをより重視するようになってきているというのである。その通りであろう。

さはさりながら、やはり徂徠の指摘は重い。人間は太古の昔から道具を作り、それを使ってモノを作り、これらを流通させて社会を営んできたからである。この人間の姿とどこかしらつながっているから、生きることの充実感もまた安心感も持ちうるのである。すべてがデジタル、あるいはバーチャルな世界にそれらが置き換った時、本当にそうなるとは思われないが、人間の精神の均衡は、どこで保たれるのか。

そもそもこの徂徠の労働観は、特殊日本人的なものかもしれない。例えば『論語』に、「君子は器ならず」(為政篇)という言葉がある。器は道具である。道具は下々の者が携わるものであって、リーダーは道具になってはならないのだということのである。現に未だに儒教の影響の根強い中国や韓国では、社会に眼には見えない「君子と器」の差別が残っている。

日本の場合、匠の技とか職人藝を評価する伝統がある。そのよって来たる所に何があるのか。筆者は日本人特有の「本心思想」に起因するものと見ているが、何か証明できるものではない。なお「本心思想」とは、人間は誰もが事の善悪を判別しうる「本心」を持っておりこれを磨き上げるのが人の道であり、人間の救済につながるのだという、基本的には仏教の教えをベースにした考え方で、日本人の思考や行動を深部から規律しているものと考えている(詳しくは筆者の『純和風経営論』〔中央公論新社、二〇一五年〕などを参照されたい)。

儒学者として仏教を排撃した徂徠であるが、その人間観には、日本人が長年にわたり仏教の影響を受けてきた痕跡が窺われるのである。

人間がモノから離れることによって引き起こされる一種の「人間疎外」への対応策を、まだわれわれは見出していないように思う。このことは世の識者がもっと真剣に、切実なものとして考えるべきであろう。トコロとヒトとの関係については、日本人はあまり心配しなくてもよいように思う。東日本大震災で故郷を喪失した人々に対する、日本人の共感の強さを見ていて、そう思うのである。

第四に、人間組織の統禦への示唆である。この点について筆者は、徂徠を日本初の経営学者と見立てて、『荻生徂徠の経営学――祀《まつり》と戎《つわもの》』（日経BP社、二〇一〇年）という著作を公にしたので、ここでは繰り返さないが、第五章、第八章から第十二章、第十六章及び第十七章で人間組織の統禦について触れている。

これを一言でいえば、副題に「祀と戎」とあるように、組織の求心力を高めるための「礼楽」の活用（第十章）であり、今一つは組織の戦闘力を高めるための身体知の理論（第九章）の応用である。

第五に、世界をどう見るかについてである。徂徠の、そして東洋思想の根幹は変易である。陰極まれば陽となり、陽極まれば陰となるように、この世の中は絶えざる変化をその本質とする。そしてその変化は、一方向に経済成長するようなものではなく、ダーウィンの進化論のようなものでもない。その思想の一つの表われが、これまで何度も引用している対待の思想である（第八章など）。それは必ずしも東洋ばかりでなく、カストロによれば、セム系のアラビアやユダヤでも馴染み深い思想なのである。

対待の思想も何か科学的に証明されるようなものではない。「禍福は糾《あざな》える縄の如し」とか「人間万事塞翁が馬」といった故事成句に近い人間の智恵である。それを科学的に証明されていないから、無価値だとか非合理だとか言って排斥するのも、「近代」の一つの病弊である。そもそも人間が非合理な存在であることを無視しているからである。

むしろ反対に、「〇〇原理主義」とか「普遍的価値」とかに頭が支配されてしまうことの方が幼稚なのである。何故ならばひと度それに頭が支配されてしまうと、無限に複雑な世界を把握できなくなり、また身体知のようなものが捨象されてしまうから、そのような集団は新しい発想を生む力を喪失し、結果として人々は退行せざるをえなくなる。『礼記』に、「直情径行する者は、戎狄《じゅうてき》の道なり」という言葉があるが、単一の価値に振り回され、何ものかを無条件に讃美したり追従したりするのは、まさに野蛮人なのである。

最後に、徂徠の方法論の今日的意義である。その特色を一言でいえば、事物に対する総合的把握と、歴史的把握ということであろう。

例えば、その思想の中核である「先王の道」についてみれば、それは「道なる者は統名なり。礼楽刑政凡そ先王の建つる所の者を挙げて、合わせてこれに命《なづ》くる」（第十章）ものと、総合的に捉えられており、またそれは「堯舜に至り、礼楽始めて立つ」とされるように、歴史的に把握されている。

「先王の道」は、「礼楽刑政」と代表されているが、むしろ「凡そ先王の建つる所」全部を総称するものである。政治、経済、社会、文化、風俗、慣習等、人間の生き様とともにある広い意味での文化装置をいう。今の言葉でいえば「複雑系」の体系である。それを「総合」的に捉えるとは、百科全書的にそれらを知ることではない。世界がそのような「総合」により成り立っているという認識の下で、自らの持場持場で知の営みを続けるということである。

総合が何故必要かといえば、そこに新しい知の種が生まれるからである。空海が天長五年（八二八）、京都東寺の東隣りに開いたとされる「綜藝種智院《しゅげいしゅちいん》」が、まさにそのことをその名を以て示している。「綜藝種智」とは、諸藝を総合することによって智恵の種を蒔くという意味で、空海はそこで学ぶべきものとして「五明《ごみょう》」を挙げている（空海「綜藝種智院式并《ならびに》序」）。「五明」とは、因明（論理学）、内明（哲学）、工巧明（理工学）、医方明（医学）、声明（文法学）である。それは儒教でいういわゆる「六藝」、即ち、礼・楽・射・禦・書・数（礼儀・音楽・弓術・馬術・文学・算術）と、また、中世ヨーロッパの大学教育で重視された「リベラルアーツ」の七科、即ち文法、修辞学、弁証法、算術、幾何、音楽、天文学と多くの部分で重なり合っていることに気づく。なお武蔵の「道を行ふ法」の第三が、「諸藝にさはる所」であることは第九章で紹介した。

次に歴史的把握ということでいえば、例えばアレクシ・ド・トクヴィル（一八〇五―五九）の名著に『アメリカのデモクラシー』がある。これは一八三一年、二十五歳のトクヴィルがニューイングランド諸都市を中心としてアメリカ各地を訪ね、政治家・経済人・学者・言論人・宗教家など多くのリーダーと対話を重ね、十九世紀三〇年代、新興国アメリカの政治の仕組みとその実態について一冊の本にまとめたものである。本の題にあるように、これは特定の地域の、また特定の時代の「デモクラシー」のあり方を分析したものであって、「デモクラシー」一般を論じたものではない。そして、そのデモクラシーの性格を規定しているものは、州やましてや連邦の成立以前にピルグリム・ファーザーズとその末裔達が作ってきた自発的結社（先に述べたトランプ現象の真因を生むグラスルーツのコミュニティである）であり、その健全な運営を支えるものが彼らの宗教であると説くように、トクヴィルの眼はその表面的な姿の背後にある真の起動力のようなものに向けられている。

徂徠の『政談』をこの本に擬えれば、それは十八世紀一〇年代の「日本のショーグン・アリストクラシー」とでも称することもできるだろう。ここで徂徠の眼が「表面的な姿の背後にある真の起動力のようなもの」に向けられていたことは、主に十六章において見た通りである。

歴史的把握というのは、このようなトクヴィルや徂徠の方法論をいうのである。さらにいえば、何がしかの価値観や概念を絶対視しないことである。

いよいよ本書も結語を述べる時が来たようだ。

「中庸の徳たるや、其れ至れるかな」（『論語』雍也篇）。孔子は過不及なく極端に走らない生き方を最上のものとしている。ここまで述べてきたことは、「近代」を、またそれを主導してきた様々な価値観や概念を相対化していくために、徂徠の智恵を借りるものであった。もとより徂徠を絶対視している訳でもない。

そしてそのような生き方が浸透してくれれば、人の生きる理想、即ち「相親しみ相愛し相生じ相成し相輔け相養ひ相匡し相救ふ」（第十章、第十四章、第十七章）社会、共同体に少しでも近付くことができるに違いない。

ドン・キホーテの周囲には、ドン・キホーテを「相親・相愛」し、何とか彼をその狂気から救ってやり正気に戻したい（「相匡・相救」）と思っている人物がいた。村の司祭や床屋、学士サンソン・カラスコなどである。カラスコはそのために「銀月の騎士」に扮してドン・キホーテと決闘し、勝利し、ドン・キホーテに郷里の村に帰って成業に就く約束を実行させる。

しかし、そのカラスコに対して「聡明にして裕福な」紳士ドン・アントニオ・モレーノは次のように言ったのだ。


ドン・キホーテが正気になって世にもたらすであろう利益なんぞ、彼の狂気沙汰がわれわれに与える喜びに比べたら物の数ではないってことが、あなたにはお分りにならないんですか？（『ドン・キホーテ』後篇第六十五章）

ここには、ドン・キホーテの狂気を楽しみ、時にはそれに合わせて自らも狂気を装う「聡明にして裕福」な人々、換言すればドン・キホーテと「相親相愛」などの関係性を持たず、自己の利益（喜び）の追求を優先する人々、さらにあえていえば「利益」あるものすべてを市場経済化する人々も存在するということが示されている。しかし、世の中はドン・アントニオのように「聡明にして裕福」な人ばかりでない。そうではない人々の方が圧倒的に多い。そのような人々を含めて、「天下を安んずる」あるいは「民を安んずる」ことを目指したのが、徂徠の政治哲学であった。

郷里に戻ったドン・キホーテは、間もなく病いに倒れ、自らにかつて「善人」というあだ名を付けられていたアロンソ・キハーノに戻ったといって、神の慈悲に感謝しつつ息を引き取った。

対するに徂徠の最期はどうだったのか。

吉宗に『政談』を献上し、享保十二年（一七二七）四月一日には江戸城において将軍拝謁の栄を受けた後、七月頃から徂徠は病床に伏せるようになり、薬石効なく翌享保十三年一月十九日、亡くなった。


是の日、天大いに雪ふる。終に臨みて人に謂ひて曰く、「海内第一流の人物茂卿、将に命を隕《おと》さんとす。天為めに此の世界をして銀ならしむ」と（『先哲叢談』）。

余りに芝居がかっていて真偽の程は定かでないが、その気概は亡くなるまで衰えなかったということであろう。当時徂徠に心酔する者も反撥する者も等しく、さもありなんと納得したのではなかったか。

あとがき

「クルワ」という言葉がある。漢字で書けば曲輪とか廓である。城の周りの囲いとか、遊廓のような周囲を閉ざされた空間を意味する。「クルワ」はこのような物理的な空間ばかりでなく、いわば思想的な空間においても存在する。それは言語、思考、宗教、倫理、制度、慣習など、人間の形成する文化的装置全般において発生する。

そして人は、それぞれその置かれた「クルワ」の中にいると、自然とその「風俗ニ染マ」って、「心ノアワヒモ智恵ノハタラキモ」そこから容易に脱け出すことが出来ないと徂徠は言う（『太平策』）。

徂徠の直面した「クルワ」の一つが朱子学であり、徂徠学の出発点がその「クルワ」を出ることであった。徂徠がその「クルワ」を出るために提唱したのが「古文辞」の学である。即ち、「後世の人は古文辞を識らず。故に今言を以て古言を視る」（朱子学者は古えの言葉の意味を知らずに、自分達が今使っている言葉の意味をもって古えの言葉を解しているのではないか。それで本当にわかったといえるのか）（『弁道』）という一点を衝いて、朱子学の全面的相対化を達成したのである。

このように「クルワ」を出ることによって、「当世ノナリカタチ」が見え、「病ノアリ所明白」になると徂徠は言う（『太平策』）。一方こうした「病」は、「今ノ風俗ノ内ヨリ見ル人ノ目ニハミヘヌ」のである。

今日のわれわれもまた、様々な「クルワ」に囲まれている。例えば西欧「近代」が営々として築き上げてきた「普遍的価値」なども一つの「クルワ」といえる。

即ち、自由、平等、民主主義、市場経済、法の支配、人権の尊重、自由貿易、資本主義、グローバリズムなどが、本当に「普遍的価値」なのかどうか、一度それらの「クルワ」を出て、今一度吟味する必要があるのではないか。「クルワ」を出ることによって、より「当世ノナリカタチ」がよく見えるようになり、「病ノアリ所明白」になるのではないか。

折しもこれらの「普遍的価値」に動揺が見られ、これらを強力に推進してきた人間集団の経済力、軍事力、文化力などに翳りが顕著になってきた現在だからこそ、それは喫緊の課題ではないだろうか。

本書はそのような問題意識から、徂徠の「反時代性」を論《あげつら》い、そこにかえって今日の「時代性」を考えてみたものである。

もとより歴史は同じように繰り返されるものではない。徂徠の直面した現実と同様の現実にわれわれが直面している訳でもない。しかし「当世ノナリカタチ」を把握し、「病ノアリ所明白」にするために「クルワ」を出るという方法論は、何時の時代にも当てはまるものであろう。

このように徂徠の今日的意義は、彼の生きた時代に即した具体的な提言や政策よりは、その方法論にあるといってよい。筆者がそれらを的確に抽出できたかどうか甚だ心許ないが、本書を機により多くの人が徂徠に近づき、彼が残した文章に親しみ、今日の「病ノアリ所」についてそれぞれに思いを至すこととなれば、筆者としての喜び、これに過ぐるものはない。

本書が成るに当り、筆者の問題意識やその営為について、より高みから様々な助言や激励を与えて下さった、東洋思想の泰斗大阪大学名誉教授加地伸行氏と知識創造経営論の権威一橋大学名誉教授野中郁次郎氏に、厚く御礼を申し上げたいと思います。また特に、徂徠の兵学を中心に教えをいただいた愛知教育大学教授前田勉氏、徂徠の人間関係論（「接人」）について様々な気付きを示唆された東京大学准教授高山大毅氏、身体知について筆者の蒙を啓いて下さった放送大学教授魚住孝至氏、宝蔵院流の槍の演武を拝見する機会をいただいた宝蔵院流高田派槍術第二十一代宗家一箭順三氏の各氏には、心より御礼申し上げます。

そして最後に、本書に相応しい二点の挿絵を描いて下さった黒鉄ヒロシ氏には、あらためて深謝申し上げます。

最後の最後に本書をこのような形で世に出ることに御尽力いただいた中央公論新社書籍編集局学芸編集部の郡司典夫氏と、拙稿を丁寧に浄書していただいたジャパンジャーナル編集部木浦江理子氏には大変お世話になりました。あらためて深く御礼申し上げます。

令和二年五月

著　者

舩橋晴雄（ふなばし・はるお）

1946年、東京生まれ。1969年東京大学法学部を卒業し、大蔵省入省。副財務官、国税庁次長、国土交通審議官、一橋大学客員教授などを歴任。現在、シリウス・インスティテュート代表取締役。著書に、『イカロスの墜落のある風景』『日本経済の故郷を歩く』『荻生徂徠の経営学』『中国経済の故郷を歩く』『純和風経営論』『平安人物志』『藝術経営のすゝめ』など。

反《はん》「近代《きんだい》」の思想《しそう》

荻生徂徠《おぎゅうそらい》と現代《げんだい》

2020年6月10日　初版発行

著者……………………舩橋晴雄

発行者…………………松田陽三

発行所…………………中央公論新社

〒100-8152　東京都千代田区大手町1-7-1
電話　販売　03-5299-1730
　　　編集　03-5299-1740
URL　http://www.chuko.co.jp/

印刷……………………大日本印刷

製本……………………大日本印刷

Published by CHUOKORON-SHINSHA, INC.
Printed in Japan　ISBN978-4-12-005312-2　C0095